Die Bonner Republik

Deutsche Geschichte im 20. Jahrhundert

Herausgegeben von

Manfred Görtemaker
Frank-Lothar Kroll
Sönke Neitzel

Band 13

Thomas Brechenmacher

DIE BONNER REPUBLIK

Politisches System und innere Entwicklung der Bundesrepublik

be.bra verlag

Abbildungsnachweis
bpk 13, 27, 55, 96, 128
ullstein bild 148, Titelbild

Bibliografische Information der Deutschen Bibliothek
Die Deutsche Bibliothek verzeichnet diese Publikation in der Deutschen Nationalbibliografie; detaillierte bibliografische Daten sind im Internet über http://dnb.d-nb.de abrufbar.

KulturBrauerei Haus 2
Schönhauser Allee 37, 10435 Berlin
post@bebraverlag.de
Lektorat: Matthias Zimmermann, Berlin
Umschlag und Gesamtgestaltung: hawemannundmosch, Berlin
Satz: typegerecht berlin, Berlin
Schrift: Swift 10/13,9 pt
Druck und Bindung: GGP Media GmbH, Pößneck
ISBN 978-3-89809-413-9

www.bebraverlag.de

Inhaltsverzeichnis

1 Einleitung

Die Ursprünge der Stadt Bonn am Rhein reichen zurück bis in die Römerzeit. Damit gehört Bonn zu den ältesten Städten Deutschlands. Die kleine Stadt am Fuß des Siebengebirges, deren Zentrum am linken Ufer des Rheins liegt, fiel im Laufe ihrer langen Geschichte nie besonders auf. Seit dem 12. Jahrhundert war sie Teil des Erzstiftes Köln, seit 1525 dessen Hauptstadt. Die Erzbischöfe, seit 1583 stets Abkömmlinge des Hauses Wittelsbach, bauten Bonn zur barocken Prachtresidenz aus. 1770 wurde hier Ludwig van Beethoven geboren; 1786 gründete Kurerzbischof Max Franz die nachmals bedeutende Universität, die allerdings in den Wirren der Revolutionszeit geschlossen und erst 1818 von König Friedrich Wilhelm III. von Preußen als »rheinische« Friedrich-Wilhelms-Universität wiedereröffnet wurde. Denn nach dem Ende des Alten Reiches und zwischenzeitlicher französischer Besetzung war Bonn als Teil der »Rheinprovinz« 1815 an Preußen gefallen.

Schwer kriegsgeschädigt trat die etwa 100.000 Einwohner umfassende Universitätsstadt 131 Jahre später, 1946, in das von den Briten aus preußischer Erbmasse neu konstruierte Land Nordrhein-Westfalen über und einer neuen Zukunft als Hauptstadt entgegen, diesmal nicht eines kleinen Kurerzbistums, sondern einer deutschen Republik.[1]

Eine Vorentscheidung für Bonn als Regierungssitz und künftige Bundeshauptstadt fiel mit dem Beschluss der Ministerpräsidenten, hier den verfassunggebenden Parlamentarischen Rat anzusiedeln.[2] Diverse andere Städte waren dafür im Gespräch gewesen: Düsseldorf, Karlsruhe, Lübeck und sogar Celle. Sehr plausible Argumente hatten für Frankfurt am Main gesprochen. Dort tagten die »vorstaatlichen« Organe der vereinigten britischen und amerikanischen Wirtschaftszone – seit Juni 1947 der

Wirtschaftsrat, seit Frühjahr 1948 zusätzlich der Länder- und der Verwaltungsrat –, dort saßen die wichtigsten Einrichtungen der alliierten Militärregierung und dort hätte man auch geschichtspolitisch an die Ursprünge der deutschen Demokratie anknüpfen können: an die erste deutsche verfassunggebende Nationalversammlung, das Paulskirchenparlament von 1848/49. Schließlich aber überwogen die Gegenargumente, möglicherweise sogar der »schlechte Ruf« Frankfurts bei den Ministerpräsidenten;[3] gleichfalls ausschlaggebend waren zweifellos der Wunsch der britischen Besatzungsmacht und die Unterstützung Bonns durch den Ministerpräsidenten von Nordrhein-Westfalen und einen der Gründerväter der Christlich Demokratischen Union (CDU), Karl Arnold.

Konrad Adenauer hatte mit der Erhebung Bonns zum Sitz des Parlamentarischen Rates nichts zu tun, wenngleich ihm, wie vielen bürgerlichen Katholiken, diese Wahl sehr entgegenkam, nicht nur, weil er auf der anderen Rheinseite, in Rhöndorf, wohnte. Die ehemalige fürstbischöfliche Residenzstadt repräsentierte historisch wie mental ein völlig anderes Deutschland als das preußisch-protestantisch-kleindeutsche mit seinem Epizentrum Berlin, das 1871 die Lösung der nationalen »deutschen Frage« gebracht zu haben schien. Bonn stand für die föderalen und regionalen Aspekte der deutschen Geschichte, auch für deren eher kleinräumige Vielfalt. Europapolitisch war die Entscheidung für Bonn ein Plädoyer für die künftige Westorientierung, verlegte man so doch – durch die deutsche Teilung natürlich auch gezwungenermaßen – den Akzent von Oder und Elbe an den Rhein. Durch diese augenfällige »Westverschiebung« kamen historische Dimensionen wieder in den Blick, die durch das wilhelminische Reich und die eskalierenden Konfrontationslagen mit Frankreich verdeckt worden waren: das gemeinsame fränkisch-karolingische Erbe wie die westeuropäischen Stränge der Reichsgeschichte mit den rheinisch-geistlichen Kurfürstentümern und den habsburgisch-burgundischen Verbindungslinien der vorreformatorischen Zeit.

Freilich: Der Tagungsort des Parlamentarischen Rates war nicht automatisch bereits Regierungssitz des neuen Staates. Zwischen den Befürwortern Frankfurts und den Anhängern Bonns tobten weiterhin heftige Debatten, ja eine dritte Stadt, Kassel, rechnete sich zeitweise sogar noch Chancen aus. Nach außen sichtbar wurde die Konkurrenz in einem inoffiziellen Bauwettbewerb zwischen Frankfurt und Bonn, die beide unverzüglich darangingen, einen Plenarsaal für das künftige Parlament zu errichten.

Grundsätzlich sympathisierten die Politiker der Sozialdemokratischen Partei (SPD) eher mit Frankfurt, während die CDU/CSU-Vertreter Bonn favorisierten. Abgesehen von der Gebäudesituation, die in Bonn günstiger schien, sollte die neue Bundeshauptstadt nach Möglichkeit »besatzungsfrei« sein. Dies hatten die Briten für Bonn zugesagt, die Amerikaner für Frankfurt hingegen nicht. Trotz der Aufforderung, die Wahl unter »rein nüchternen und Zweckmäßigkeitsgesichtspunkten«[4] vorzunehmen, schlugen die emotionalen Wellen hoch und standen die Chancen für Frankfurt nicht schlecht. Zuletzt schien jedoch eine von Konrad Adenauer taktisch lancierte Agenturmeldung, derzufolge der SPD-Vorsitzende Kurt Schumacher eine bevorstehende Wahl Frankfurts als Sieg der SPD über die CDU bezeichnet habe, die Reihen der CDU- und CSU-Abgeordneten des Parlamentarischen Rates fest zu schließen. Mit knappen 33 gegen 29 Stimmen fiel am späten Abend des 10. Mai 1949 im Parlamentarischen Rat die Wahl gegen Frankfurt auf Bonn als »vorläufigen Sitz der leitenden Bundesorgane«. Bestätigt wurde diese Entscheidung durch eine Abstimmung des ersten deutschen Bundestages am 3. November 1949.[5] Wie das Grundgesetz, sollte auch die neue Hauptstadt lediglich ein Provisorium sein.

Die westdeutsche Bevölkerung, mit Wohnungsnot und Hunger andere Sorgen gewohnt, quittierte die Wahl des Regierungssitzes mit relativer Gelassenheit. 39 Prozent der Befragten meinten im August 1949, die Hauptstadtfrage solle nicht neu aufgerollt werden; 26 Prozent war diese Frage schlicht gleichgültig; immerhin 22 Prozent hätten jedoch lieber Frankfurt als Bonn in der Rolle der Hauptstadt gesehen.[6]

Bonn, so zog sechs Jahre später, 1955, der Journalist Ernst Samhaber eine erste Bilanz, habe den Charakter einer vorübergehenden, zeitlich begrenzten Lösung noch stärker unterstrichen als Frankfurt am Main. Freilich hätten sich bereits »neue Einflüsse zwangsläufig ergeben, die aus dem Provisorium etwas Endgültiges zu gestalten bestrebt sind. [...] Diese Entwicklung ist unvermeidlich.«[7]

Blieb das Urteil von 1955 über die Hauptstadt Bonn noch in der Schwebe, so zeigte sich in den folgenden Jahren, dass sich die alte Stadt ihrer neuen Rolle auf eigene Art anzuverwandeln wusste: Der nüchterne Pragmatismus der Republik verkörperte sich im Stil ihrer Hauptstadt, in der zurückgenommenen Eleganz ihrer Repräsentationsgebäude, in den einfachen und unprätentiösen Zweckbauten ihres Regierungsviertels, die auf jedes Pathos der Macht ostentativ verzichteten.

Bonn, so war in Krisen der alten Bundesrepublik oft zu hören, sei nicht Weimar. Richtig: In der Geschichte der Demokratie in Deutschland ist Bonn die Antwort auf Weimar, genauer: die Antwort auf Irrtümer der Weimarer Verfassungsväter und die Lehre aus dem Scheitern der ersten deutschen Republik. Richtig ist auch: Die »Bonner Republik« war, anders als »Weimar«, ein Erfolg. Aus den Trümmerfeldern wuchs ein nüchternes Gemeinwesen; das Provisorium von 1949 verstetigte sich über 40 Jahre hinweg in politischen, sozialen und wirtschaftlichen Integrationsprozessen, die keineswegs ohne Krisen abliefen, aber sich in diesen Krisen immer wieder bewährten und Radikalismus von links wie rechts niemals wirklich Raum ließen. Das Ergebnis war ein Staat mit pragmatischem Bewusstsein,[8] für den gerade auch Bonn stand. Der politische Stil der Bonner Republik war wie der seiner Hauptstadt: schlicht und schnörkellos.

Was aber unterschied die Bonner vor allem von der Weimarer Republik? Hatte »Weimar« noch an weithin mangelnder Identifikationsbereitschaft seiner Bürger gelitten, so entwickelte

»Bonn« einen unemotionalen »Verfassungspatriotismus«, auf dessen Basis eine breite Zustimmung zur zweiten Republik auf deutschem Boden wuchs.[9] Das Grundgesetz verkündete keine innerweltlichen Heilsutopien, wollte keine vollkommene Gesellschaft schaffen und schon gar keinen »neuen Menschen«. Hingegen nahm es seine Bürger als freie Individuen ernst und stellte den Schutz dieser Freiheit an die oberste Stelle staatlichen Handelns: »Die Würde des Menschen ist unantastbar.« (Artikel 1) Mit einfachen, aber eindringlichen Worten definierte das Grundgesetz den liberalen Verfassungsstaat als »Garanten der Freiheit« und gab der Bundesrepublik eine politische »Idee« im Einklang mit den »Werten des Westens«.[10] Die Nation war geteilt, aber die Verfassung war »ganz«. »Alle spüren es, die meisten wissen es [...], daß hier die Luft der Freiheit weht«[11], schrieb 1979 der Politologe Dolf Sternberger, der auch den Begriff des »Verfassungspatriotismus« prägte.

»Bonn« steht als Chiffre für die Geschichte des freiheitlich-demokratischen, auch in der Wertbindung »westlichen« deutschen Verfassungsstaates. Kann diese Geschichte erzählt werden, ohne gleichzeitig die der DDR zu erzählen? Das ist möglich, solange diese Frage nicht verwechselt wird mit der nach der Bedeutung der Existenz des zweiten deutschen Staates für die Bundesrepublik. Denn selbstverständlich war die Teilung, wie sie sich in jenem Todesstreifen manifestierte, der sich wie eine offene Schnittwunde von Nord nach Süd durch Deutschland und quer durch seine ehemalige Hauptstadt zog, ein Fundamentalcharakteristikum bundesdeutscher (und auf der anderen Seite natürlich auch DDR-deutscher) Realität. Hunderttausende Familien waren durch Mauer und Todesstreifen über Jahrzehnte hinweg gewaltsam getrennt. Mehr noch: »Mitten in Deutschland« stießen die beiden globalen Macht- und Systemblöcke aufeinander, deren »kalte« Konfrontation nicht nur 1953, 1956, 1961, 1968 und in den Nachrüstungsdebatten der 1980er Jahre banges Zittern ob der Vorstellung auslöste, dieser Konflikt könne »heiß« werden. Ohne diese historisch-politische Grundkonstante zu berücksichtigen, lässt sich eine Geschichte der Bonner Republik in der Tat nicht schreiben.

Im Wechsel der Generationen verblasste allerdings in der Bundesrepublik langsam das Bewusstsein schmerzhafter Teilung. Für viele jüngere Menschen vor allem aus grenzferneren Regionen war die DDR immer weniger vorhanden, zumal dann, wenn Familienbande oder Freundschaftsbeziehungen »nach drüben« nicht bestanden. Mitte der 1980er Jahre war die Vorstellung einer Wiedervereinigung für die meisten Menschen in der Bundesrepublik in weite Ferne gerückt, ja besaß etwas Irreales.[12] Man richtete sich auf eine lange Existenz mit dem Faktum der Zweitstaatlichkeit ein, und Historiker begannen, ein eigenes Geschichtsbild der Bundesrepublik zu entwerfen.[13] Die Ereignisse im Herbst 1989 trafen die meisten Bundesdeutschen nicht besonders gut vorbereitet.[14]

Der vorliegende Band befasst sich mit der inneren politischen Entwicklung der Bundesrepublik Deutschland von ihrer Gründung 1949 bis zum Wendejahr 1989/90. Jene Idee des integrativen, freiheitlichen Verfassungsstaates stellt dabei die Leitperspektive dar. Die zentralen wirtschafts- und sozialpolitischen Vorgänge sind hier mit inbegriffen. Auch kann die innere Entwicklung von den internationalen politischen Zusammenhängen oftmals nicht völlig isoliert betrachtet werden; allerdings stellen die Außenpolitik ebenso wenig wie die Kulturgeschichte der Bonner Republik Schwerpunkte dar. Für beide Bereiche sind eigene Bände innerhalb des Reihenkonzepts vorgesehen.

Ich danke meinen Potsdamer Mitarbeitern Christian Müller und Paula Döhring für wertvolle Mithilfe bei der Literaturbeschaffung und Manuskriptgestaltung.

Potsdam, im Mai 2010
Thomas Brechenmacher

2 Von der Bizone zum Weststaat: Die Entstehung der Bundesrepublik

Am 21. September 1949 nahm Konrad Adenauer im Schloss Petersberg, dem Sitz der Alliierten Hohen Kommission, das Besatzungsstatut entgegen.

An der Wiege der Bundesrepublik Deutschland standen die drei alliierten Westmächte und die Ministerpräsidenten der elf in den Besatzungszonen bereits seit September 1945 wieder oder neu gegründeten westdeutschen Länder.[1] Aufgrund der sich zuspitzenden Systemkonfrontation zwischen den Westmächten und der Sowjetunion rückte das im Potsdamer Abkommen vereinbarte Ziel, ganz Deutschland als wirtschaftliche Einheit zu betrachten und unter gemeinsamer alliierter Kontrolle zu verwalten,[2] in weite Ferne. Erste Weichenstellungen für eine Sonderentwicklung in den von ihr besetzten Gebieten nahm die Sowjetunion seit September 1945 vor: Mit Bodenreform, Enteignungen und der beginnenden Gründung »Volkseigener Betriebe« leitete sie den Umbruch zu einer kommunistischen Staats- und Planwirtschaft ein.[3] Auf der Pariser Vier-Mächte-Konferenz von April bis Juli 1946 trat der schwelende Konflikt schließlich offen zutage, als die Vereinigten Staaten den das Potsdamer Abkommen verletzenden sowjetischen Forderungen[4] nach erheblichen Reparationsleistungen auch aus den westlichen Zonen Deutschlands sowie nach Mitspracherechten in der Verwaltung des Ruhrgebietes entschieden widersprachen. Das sowjetische Angebot, einen zentralistischen Einheitsstaat Deutschland zu errichten, wurde von den westlichen Alliierten, insbesondere auch von Frankreich, abgelehnt und als Lockmittel der Sowjetunion betrachtet, ihren Einfluss auf ganz Deutschland auszudehnen.

Die deutsche Teilung im internationalen Kontext

Am 6. September 1946 verkündete US-Außenminister James F. Byrnes in Stuttgart den Willen seiner Regierung, ein eigenverantwortliches Deutschland in den Kreis der freien Völker zurückzugliedern, und bahnte zugleich den Weg zu dem aus ökonomischen Gründen dringend notwendigen gemeinsamen Wirtschaftsgebiet der Bizone, das mit dem 1. Januar 1947 ins Leben trat.[5] Als administrative Organe der Bizone mit legislativen und exekutiven Befugnissen richteten die USA und Großbritannien einen in Frankfurt tagenden Wirtschaftsrat sowie einen Länderrat ein, der wiederum einen aus Direktoren einzelner Fachverwaltungen bestehenden Verwaltungsrat – eine Art »Bizonenregierung« – zu kontrollieren hatte. Damit waren in der vereinigten amerikanisch-britischen Wirtschaftszone wichtige Vorentscheidungen für eine Staatsgründung getroffen.

Die Truman-Doktrin gab im März 1947 die Antwort auf den Druck der Kommunisten gegenüber Griechenland und der Türkei, positionierte die USA als Sachwalter einer Lebensform der Freiheit und läutete die neue amerikanische Politik der Eindämmung (»containment«) ein. Andererseits richtete sich das amerikanische Angebot umfassender wirtschaftlicher Aufbauhilfe zunächst an ganz Europa; jedoch nötigte die Sowjetunion Polen und die Tschechoslowakei, nicht wie von diesen gewünscht am Marshall-Plan teilzunehmen.

Die Initiative des US-Außenministers zielte – durchaus mit Blick auf die gesamte Weltwirtschaft – darauf ab, die Selbstheilungskräfte der Ökonomien Europas durch Kreditvergabe anzuregen, so dass diese in gemeinsamer Anstrengung die Krise der Nachkriegszeit meistern konnten. Der erzwungene Rückzug der osteuropäischen Länder beschränkte den Marshall-Plan letztlich auf Westeuropa. Die *OEEC (Organization for European Economic Cooperation)* auf der westlichen Seite und der im Januar 1949 als östliches Gegenstück gegründete »Rat für gegenseitige Wirtschaftshilfe« (COMECON) zementierten in der Folgezeit die Ost-West-Spaltung auch auf wirtschaftspolitischem Gebiet.

Nachdem mit der Londoner Außenministerkonferenz im Dezember 1947 ein weiterer – der letzte – Versuch gescheitert war, doch noch zu einem Konsens auf Viermächtebasis zu gelangen, vollzogen die USA und Großbritannien endgültig den Strategiewechsel. Zu einer Londoner Sechs-Mächte-Konferenz ohne sowjetische Vertreter wurden Ende Februar 1948 auch die Beneluxstaaten hinzugezogen. Im Abschlusskommuniqué dieser Konferenz, den »Londoner Empfehlungen« vom Juni 1948, regten die sechs Regierungen die Ausarbeitung einer Verfassung für einen demokratischen, nicht zentralistisch, sondern föderal verfassten Weststaat an. Gleichzeitig empfahl die Versammlung, über die Einbindung der westdeutschen Wirtschaft in ein zu schaffendes europäisches Wirtschaftssystem nachzudenken und den Weg dorthin zunächst über eine internationale Kontrolle des Ruhrgebietes anzubahnen.

Am 1. Juli 1948 legten die Militärgouverneure der Westzonen entsprechend den Londoner Empfehlungen den elf Ministerpräsidenten der Länder ihrer Zonen drei Schriftstücke vor, die den Auftrag enthielten, den Gründungsprozess eines westlichen Teilstaates einzuleiten. Das erste dieser mitunter als »Geburtsurkunden« der Bundesrepublik bezeichneten »Frankfurter Dokumente«[6], »autorisierte« die Ministerpräsidenten der drei westlichen Besatzungszonen, eine »verfassunggebende Versammlung« einzuberufen, um eine »demokratische Verfassung« auszuarbeiten. Die Aufgabe lautete, »für die beteiligten Länder eine Regierungsform des föderalistischen Typs« zu schaffen, »die am besten geeignet ist, die gegenwärtig zerrissene deutsche Einheit schließlich wieder herzustellen«, sowie »die Rechte der beteiligten Länder schützt, eine angemessene Zentral-Instanz schafft und die Garantien der individuellen Rechte und Freiheiten enthält«.[7] Das zweite Dokument forderte die Ministerpräsidenten auf, die Grenzen der einzelnen Länder unter historischen Gesichtspunkten, aber auch mit Rücksicht auf die territoriale Ausgewogenheit der Länder im neuen Staat zu überprüfen und gegebenenfalls Änderungswünsche vorzutragen. Abschließend traf das dritte Dokument erste Regelungen für die künftige Präsenz der Siegermächte und kündigte ein gleichzeitig mit der Verfassung zu erlassendes, definitives Besatzungsstatut an.[8]

Der Auftrag der Alliierten entfachte im Kreis der Ministerpräsidenten keineswegs ungeteilte Begeisterung: Stand nicht zu befürchten, dass ein Weststaat die deutsche Teilung zementierte und einer künftigen Einigung ein unüberwindliches Hindernis in den Weg stellte? Vom 8. bis zum 10. Juli 1948 berieten sich die Ministerpräsidenten in Koblenz. Das zu schaffende staatliche Gebilde, lautete schließlich ihre Antwort an die Militärgouverneure, dürfe lediglich ein Provisorium sein; der westliche Teil könne eine Staatsgründung mit Anspruch auf Gültigkeit für ganz Deutschland nicht vornehmen. Da außerdem die Souveränität des zukünftigen Staates nicht gegeben sei, die Besatzungsherrschaft gemäß Frankfurter Dokument Nr. 3 andauern werde, müssten endgültige Regelungen ohnehin zurückgestellt werden, bis ein Friedensvertrag mit dem gesamten Deutschland geschlossen sei. Aus diesen grundlegenden Prämissen ergab sich das weitere, von den Militärgouverneuren Ende Juli akzeptierte Vorgehen: Die Verfassung des neuen »Gebildes« sollte nicht durch eine vom Volk gewählte verfassunggebende Nationalversammlung erarbeitet, sondern lediglich als eine Art vorläufiges

Statut »für die Verwaltung der vereinigten Westzonen«[9] durch eine Gruppe entsandter Vertreter der Länder geschaffen werden. Folgerichtig sollte die Versammlung auch nicht »Nationalversammlung«, sondern »Parlamentarischer Rat« heißen, und sein Produkt nicht »Verfassung«, sondern »Grundgesetz«. Ebenso sollte dieses Grundgesetz nicht, wie im Frankfurter Dokument Nr. 1 vorgeschlagen, durch ein Referendum des »Staatsvolkes«, sondern nur durch die Parlamente der einzelnen Länder ratifiziert werden.

War aber dieses neue »Gebilde« wirklich ein Staat? Oder bestenfalls ein »Staatsfragment«, wie einer der prägenden Mitgestalter der Grundgesetzes, Carlo Schmid, am 8. September 1948 vor dem Parlamentarischen Rat ausführte? »Wir haben nicht die Verfassung Deutschlands oder Westdeutschlands zu machen; wir haben keinen Staat zu errichten. Wir haben hier etwas zu tun, das uns die Möglichkeit gibt, gewisser Notstände Herr zu werden [...]. Auch ein Staatsfragment muß eine Organisation haben, die geeignet ist, den praktischen Bedürfnissen der inneren Ordnung eines Gebietes gerecht zu werden.«[10] Lange – und aus verständlichen Gründen – zögerten die Väter und Mütter der Bundesrepublik, von einem »Staat« zu sprechen, obwohl sie faktisch nichts anderes unternahmen, als einen Staat zu gründen – mit allen dazu nötigen Verfassungsorganen und einer komplexen rechtsstaatlichen Ordnung der Gewalten.[11] Wenige haben dieses Faktum besser erkannt und anerkannt, als der spätere Bundespräsident Theodor Heuss, der – anders als Carlo Schmid – von Anfang an darauf beharrte, dass jenes Grundgesetz mehr sein müsse als ein Provisorium, um »strukturell [...] etwas Stabileres hier fertigzubringen«[12]. Auf einen Vorschlag von Heuss geht auch der Name des neuen deutschen Staates zurück: Bundesrepublik Deutschland.[13]

Freilich trugen ebenso die äußeren Rahmenbedingungen, unter denen die Arbeit an der Verfassung im Spätsommer 1948 begann, dazu bei, das Zögern zu überwinden. Seit dem 21. Juni verfügte das Gebiet der drei Westzonen über eine gemeinsame

Währung; die damit vollendete wirtschaftliche Verschmelzung des westlichen Territoriums ging der politischen auf überzeugende Weise voran.

Die als »Strafmaßnahme« gegen die westdeutsche Wirtschaftseinheit gedachte Blockade West-Berlins durch sowjetisches Militär wirkte sich allerdings kontraproduktiv auf die Position ihrer Initiatoren aus. Denn die von den USA und Großbritannien eingeleitete Luftbrücke rettete nicht nur die Bevölkerung der eingeschlossenen Stadt durch den Winter 1948/49, sondern stärkte auch in Westdeutschland das Bewusstsein für das Maß der Bedrohung durch den Sowjetkommunismus und damit die Verbundenheit mit den westlichen Besatzungsmächten. Die völlige Blockade der Zufahrtswege nach West-Berlin begann am 24. Juni 1948 und wurde von den Sowjets am 12. Mai 1949 erfolglos abgebrochen – jenem Tag, an dem das Grundgesetz von den Militärgouverneuren formal gebilligt wurde. Die Realität des Systemkonflikts in Gestalt der tagtäglich für jedermann präsenten Berlin-Blockade begleitete den Entstehungsprozess der westdeutschen Verfassung und förderte die überparteiliche Entschlossenheit, diese Verfassung und die darin implizierte Westanbindung des neuen Staates auch zustande zu bringen.[14] Symbolisch dafür steht die berühmte Rede des späteren West-Berliner Oberbürgermeisters Ernst Reuter »Völker der Welt« vom 9. September 1948: »Es gibt nur eine Möglichkeit für uns alle: gemeinsam so lange zusammenzustehen, bis dieser Kampf gewonnen, bis dieser Kampf endlich durch den Sieg über die Feinde, durch den Sieg über die Macht der Finsternis besiegelt ist.«[15]

Als die Berlin-Blockade begann, war indes längst klar, dass die Sowjetunion in der von ihr beherrschten Zone umso mehr auf die Errichtung eines kommunistischen deutschen Oststaates hinarbeitete, je rapider trotz aller Erpressungsversuche die Aussichten auf ein beeinflussbares Gesamtdeutschland schwanden. Zwar wurden alle Schritte des Ostens propagandistisch als Reaktionen auf ein Voranpreschen des Westens dargestellt. Doch entsprach dieser »programmierte Nachvollzug«[16] einer Strategie, die darauf abzielte, den »imperialistischen und militaristischen« Westen als Aggressor anzuprangern. Tatsächlich hatte die Besatzungsmacht in der Sowjetzone durch die Zwangsvereinigung von SPD und Kommunistischer Partei Deutschlands (KPD) zur Sozialistischen Einheitspartei Deutschlands (SED) bereits im April 1946 offenbart, dass die Entwicklung eines freiheitlichen politischen Lebens nicht vorgesehen war. Am 16. November 1946 hatte der Parteivorstand der neuen Einheitspartei den Entwurf zur Verfassung einer »Deutschen Demokratischen Republik« vorgelegt, der freilich noch als Beitrag zu einer gesamtdeutschen Verfassungsdiskussion gedacht war. Der eigentliche Prozess der Verfassunggebung für einen separaten Oststaat erwuchs aus der von der SED und ihren »Massenorganisationen« dominierten »Volkskongreßbewegung für Einheit und gerechten Frieden« und vollzog sich im Wesentlichen parallel zur Arbeit der verfassunggebenden Institutionen im Westen. Scheindemokratisch, durch die Existenz sogenannter bürgerlicher Blockparteien legitimiert, erarbeitete der Verfassungsausschuss des im März 1948 gewählten parlamentsähnlichen »Deutschen Volksrates« einen Entwurf, der nach weiterer Modifikation am 22. Oktober 1948 vom Deutschen Volksrat verabschiedet wurde. Auch wenn sich daran eine weitere Phase der Überarbeitung bis März 1949 anschloss, war die »Verfassung der Deutschen Demokratischen Republik« damit in ihrer Substanz bereits ein halbes Jahr vor dem Grundgesetz fertiggestellt. Allerdings wurde sie in Übereinstimmung mit der Sowjetunion – und als »Antwort« auf die Gründung der Bundesrepublik – erst am 7. Oktober 1949 in Kraft gesetzt.[17]

Der Weg zum Grundgesetz

Der Parlamentarische Rat trat am 1. September 1948 offiziell mit einem Festakt im Lichthof des Zoologischen Museums Alexander Koenig in Bonn zusammen, einem der wenigen unzerstörten und für feierlich-repräsentative Zwecke geeigneten

Gebäude der Stadt.[18] Die eigentliche Arbeit der verfassunggebenden Versammlung fand allerdings in den Räumen der am Rhein gelegenen Pädagogischen Akademie statt, die dann ab Frühjahr 1949 mit Hochdruck zum »Bundeshaus« umgebaut und durch den Anbau eines Plenarsaals ergänzt wurde. In der Aula der Akademie – dem späteren Bundesratssaal – versammelte sich das Plenum des Parlamentarischen Rates. Es bestand aus 65 »ordentlichen«, von den Regierungen der Länder entsandten sowie fünf Berliner Mitgliedern ohne Stimmrecht; je 27 Mitglieder gehörten der CDU/CSU und der SPD an, fünf der Freien Demokratischen Partei (FDP), je zwei dem Zentrum, der Deutschen Partei (DP) und der KPD (Berliner Vertreter: drei SPD, je einer CDU und FDP). Im Parlamentarischen Rat versammelten sich bedeutende Demokraten der Weimarer Republik, wie Theodor Heuss, Konrad Adenauer, Jakob Kaiser, Paul Löbe, Hermann Höpker Aschoff, Anton Pfeiffer und Helene Weber, aber auch Politiker einer jüngeren Generation, wie die späteren Bundesminister Heinrich von Brentano, Thomas Dehler, Hans-Christoph Seebohm und Carlo Schmid sowie – wenn auch als »Nachrücker« eher am Rande – der spätere SPD-Vorsitzende und Oppositionsführer Erich Ollenhauer. Das politische Führungstableau der frühen Bundesrepublik begann sich hier bereits abzuzeichnen, ebenso wie die parlamentarische Arbeit im späteren Bundestag: Die Vertreter der großen Parteien schlossen sich zu Fraktionen zusammen und auch die spätere Fraktionsgemeinschaft der CDU mit der CSU im Bundestag nahm schon hier Gestalt an. Auf eine Absprache der beiden großen Fraktionen ging auch die Besetzung der Führungspositionen im Parlamentarischen Rat zurück. Zum Vorsitzenden des zentralen Hauptausschusses wurde der Justizminister von Württemberg-Hohenzollern, Carlo Schmid (SPD), gewählt, zum Präsidenten des gesamten Parlamentarischen Rates hingegen Konrad Adenauer.

Der 1948 bereits 72-jährige Adenauer war keineswegs unumstritten. Im Mai 1945 war er zunächst von den Amerikanern in sein Amt des Oberbürgermeisters von Köln wiedereingesetzt worden, aus dem ihn die Nationalsozialisten 1933 vertrieben hatten. Allerdings war er wenige Monate später, im Oktober 1945, von den Briten erneut abgesetzt worden – wegen »mangelhafter Pflichterfüllung«[19]. Seither hatte er sich dem Aufbau der neuen Partei CDU in der britischen Besatzungszone gewidmet, hatte als Mitglied des Zonenbeirates wichtige Erfahrungen im Umgang mit den Militärbehörden gesammelt und war schließlich Vorsitzender der mitgliederstarken, gut strukturierten CDU in der britischen Zone sowie Fraktionsvorsitzender der CDU im ersten Landtag von Nordrhein-Westfalen geworden.[20]

Hinter Adenauer stand eine Hausmacht. Wer annahm, den »reaktionären« Adenauer im Amt des Präsidenten des Parlamentarischen Rates auf seiner letzten Position vor dem ehrenvollen Abschied in den Ruhestand zu sehen,[21] sollte sich getäuscht haben. Adenauer nutzte seine eher repräsentative Funktion von Anfang an, um politisch zu agieren. Vor allem aber verstand er es, sich zum fast alleinigen Bindeglied zwischen der verfassunggebenden Versammlung und den alliierten Militärbefehlshabern zu machen. Denn mit deren Zustimmung stand und fiel das gesamte Vorhaben »Grundgesetz«.

Die wesentliche Arbeit des Parlamentarischen Rates erfolgte nicht in dem insgesamt nur zwölfmal tagenden Plenum, sondern in den sieben Ausschüssen, die sich jeweils mit zentralen Themenkomplexen der auszuarbeitenden Verfassung zu beschäftigen hatten: Grundsatzfragen, Verfassungsgerichtshof und Rechtspflege, Organisation des Bundes, Finanzen, Wahlrecht, Besatzungsrecht und Zuständigkeitsabgrenzung. Ihre Ergebnisse flossen im Hauptausschuss, dem eigentlichen Herz der Versammlung, zusammen, der sie zum Entwurf einer Gesamtverfassung vereinigte und schließlich dem Plenum zur endgültigen Abstimmung vorlegte.

Doch bereits bei einem zwischen dem 10. und 25. August 1948 auf der Insel Herrenchiemsee tagenden Verfassungskonvent[22] waren die grundlegenden Fragen vorerörtert worden, die der Parlamentarische Rat dann zu lösen haben sollte, und die sich im Grunde aus den von den Alliierten gestellten Aufgaben ergaben: Staat, »Staatsfragment« oder Provisorium? Wie sollte das Verhältnis von Zentralgewalt und föderaler Struktur aussehen? Welche legislativen und fiskalischen Befugnisse würden beim Bund, welche bei den Ländern liegen? In welcher Form sollte das föderative Element in der Legislative des Bundes verankert sein: als »Senat« aus gewählten oder als Bundesrat aus entsandten Ländervertretern? Sollte an der Spitze des neuen Staates ein personales Oberhaupt stehen oder ein kollektiver Staatsrat? Wie sollte schließlich die Bundesregierung aussehen, und welche Befugnisse der Bundeskanzler haben?[23] Wie die anschließenden Debatten im Parlamentarischen Rat waren die Beratungen auf Herrenchiemsee stets vor dem Hintergrund der verfassungshistorischen Erfahrungen Deutschlands seit 1848, vor allem aber in dem Bestreben geführt worden, die Fehler der Weimarer Verfassung von 1919 nicht ein zweites Mal zu begehen.

Ende August 1948 übergab der Verfassungskonvent seinen Bericht als Arbeitsgrundlage für den Parlamentarischen Rat den Ministerpräsidenten. Trotz der Fraktionsbildungen der Parteien im Parlamentarischen Rat arbeiteten die Ausschüsse von den Arbeitsergebnissen des Verfassungskonvents aus interfraktionell und konsensorientiert.[24] Das Grundgesetz entstand daher als überparteiliches Werk, getragen vom gemeinsamen Willen vor allem der drei großen politischen Strömungen, der Christdemokratie, der Sozialdemokratie und des Liberalismus. In diesem übergreifenden Konsens schon der Geburtsstunde liegt einer der Gründe für Beständigkeit und Erfolg des Verfassungswerkes.

Krisen ergaben sich aus den Interventionen der Alliierten, im November 1948 und noch einmal im April 1949. Beide Male ging es um die zentrale Frage nach der föderalistischen Struktur des neuen Staates, die zugleich eine Frage der Finanzverfassung war: Wie eigenständig sollte, auch in finanzieller Hinsicht, die Bundesebene sein? Je föderalistischer der neue Staat, je schwächer also die Zentralgewalt, so die Annahme der Alliierten, umso geringer sei die Wahrscheinlichkeit, dass sich ein Gewaltregime wie das nationalsozialistische in Deutschland jemals wieder etablieren könne.[25] Schließlich konnte das Plenum des Parlamentarischen Rates am 8. Mai 1949, exakt vier Jahre, nachdem der von Deutschland provozierte verheerende Weltkrieg zu Ende gegangen war, über das Grundgesetz abstimmen. Mit 53 gegen zwölf Stimmen nahmen die Mitglieder den Entwurf an. Die Gegenstimmen kamen von sechs der acht CSU-Mitglieder sowie von den je zwei Abgeordneten des Zentrums, der DP und der KPD. Die beiden Zentrumsabgeordneten sahen im Grundgesetz christliche Werte und vor allem katholische Belange zu wenig berücksichtigt, den DP- und im Wesentlichen auch den CSU-Vertretern war das Grundgesetz zu wenig föderalistisch.

Wie mit den Alliierten vereinbart, ratifizierten die Landtage das Grundgesetz noch im Laufe des Mai. Allein der bayerische Landtag verweigerte seine Zustimmung. Dies war freilich nicht als grundsätzliche Ablehnung zu verstehen: Um die in Bayern vorhandenen stark partikularistischen Strömungen nicht völlig auf das Konto der rivalisierenden Bayernpartei zu lenken, schwenkte die CSU im bayerischen Landtag auf die ablehnende Haltung ein. Da die notwendige Zweidrittelmehrheit der Länder für das Grundgesetz ohnehin gesichert war, glaubte die CSU, sich dieses taktische Verhalten erlauben zu können.[26]

Mit der Verkündung des Grundgesetzes im Bundesgesetzblatt am 23. Mai 1949 trat die Bundesrepublik Deutschland ins Leben.

Staat unter Vorbehalt

Die relativ zügige und trotz aller Hemmnisse schließlich erfolgreiche Erarbeitung des Grundgesetzes durfte nicht darüber hinwegtäuschen, dass die neue, mit dieser Verfassung ausgestattete Republik von den Alliierten keineswegs ohne Weiteres in die Freiheit entlassen werden würde. Abgesehen vom provisorischen Charakter des Teilstaates, dem bereits der Name der Verfassung – »Grundgesetz« – Rechnung trug, blieb ja auch der Kriegszustand mit den Alliierten bestehen. Besonders stark ausgeprägt war das Misstrauen Frankreichs, das den Gedanken an ein wiedererstarktes Deutschland nur schwer ertragen konnte. Noch war schließlich keineswegs sicher, dass nicht Nationalismus oder gar Nationalsozialismus ihr Haupt wieder erheben könnten.

Die Bundesrepublik entstand als ein Staat unter Vorbehalt. Aus wirtschafts- wie sicherheitspolitischen Erwägungen der Alliierten sollte sein industrielles Potential unter Kuratel bleiben. Einerseits erkannten vor allem die Amerikaner und Briten, dass Kohle, Koks, Eisen und Stahl für die dauerhafte ökonomische Gesundung Deutschlands unabdingbare Faktoren waren, andererseits musste den französischen Sicherheitsinteressen Rechnung getragen werden. Als Quadratur dieses Kreises erschien den westalliierten Regierungen gemeinsam mit den Beneluxstaaten die Einrichtung einer internationalen Ruhrbehörde,[27] die das Zentrum der deutschen Schwerindustrie – und damit einer potentiellen Rüstungsindustrie – ihrer Oberaufsicht und Lenkung unterstellte. Das am 28. April 1949, also wenige Tage vor der Abstimmung des Parlamentarischen Rates über das Grundgesetz, verkündete »Ruhrstatut« entzog wesentliche Teile der deutschen Kohle-, Eisen-, und Stahlproduktion dem Zugriff der Bundesrepublik. Diese auf den ersten Blick empfindliche Beschränkung der Handlungsfreiheit des neuen deutschen Staates enthielt allerdings bei nüchterner Betrachtung auch Chancen: Weit schlimmere das Ruhrgebiet betreffende Szenarien, wie etwa eine unmittelbar nach Kriegsende diskutierte vollständige Abtrennung des Territoriums von Deutschland, waren verhindert worden. Die infolge des Potsdamer Abkommens beschlossene Reparations- und Demontagepolitik wurde durch das Ruhrstatut kanalisiert und kontrolliert sowie grundsätzlicher deutscher Mitsprache zugänglich; an Deutschland erging die ausdrückliche Aufforderung, zunächst einen Beobachter, später auch stimmberechtigte Vertreter in die internationale Ruhrbehörde zu entsenden. Noch viel wichtiger war jedoch, dass sich im Ruhrstatut der Kerngedanke zu einer neuen europäischen

Zusammenarbeit in fundamentalen wirtschaftlichen Fragen abzeichnete. Er allein konnte einen Weg aufzeigen, einen der gefährlichsten Sprengsätze im deutsch-französischen Verhältnis zu entschärfen: den Streit um die »Waffenschmiede an der Ruhr«. Der 1950 erfolgte Vorstoß des französischen Außenministers Robert Schuman zur französisch-deutschen Montanunion – nämlich die gesamte deutsche und französische Kohle-, Eisen- und Stahlproduktion einer übernationalen, europäisch erweiterbaren Institution zu unterstellen –, griff diesen Gedanken auf und rückte ihn in einen entwicklungsfähigen, zukunftsweisenden Rahmen.

Dies alles war jedoch im Frühjahr 1949 noch nicht abzusehen gewesen, weshalb das Ruhrstatut zunächst als erhebliche Vorbehaltsklausel gegenüber dem neuen deutschen Staat begriffen wurde. Unter dem Vorsitz des Belgiers Georges Kaeckenbeeck bezog die internationale Ruhrbehörde im Sommer 1949 ihren Sitz in Düsseldorf. Die Anfänge der Bundesrepublik standen noch unter einem zweiten wesentlichen Vorbehalt. Am 12. Mai 1949 gaben die Militärgouverneure Lucius D. Clay, Brian Robertson und Pierre Koenig ihre formale Einwilligung zum Grundgesetz und verkündeten gleichzeitig das lange erwartete Besatzungsstatut.[28] Darin bekundeten die drei Westalliierten ihre Absicht, dem deutschen Volk das »größtmögliche Maß an Selbstregierung« zu gewähren. Dem Bund und den ihm angehörenden Ländern wurden durch die Besatzungsmächte die »volle gesetzgebende, vollziehende und richterliche Gewalt gemäß dem Grundgesetz und ihren Verfassungen« gewährt. Allerdings behielten sich die Alliierten Aufsichts- und Kontrollrechte vor, »um sicherzustellen, daß die Grundziele der [nach wie vor andauernden] Besetzung erreicht werden«. Insbesondere sollten der weitere Prozess der Abrüstung und Entmilitarisierung, die Fragen der Restitution, Reparation sowie der Kontrolle der schwerindustriellen Produktion und des Außenhandels, aber auch der gesamte Bereich der »auswärtigen Angelegenheiten, einschließlich internationaler Abkommen, die von Deutschland oder für

Deutschland abgeschlossenen werden«, der Oberaufsicht der Alliierten unterstehen. Trotz aller, teils gravierenden Beschränkungen, denen der neu gegründete Staat damit unterworfen blieb, gaben die drei Westalliierten mit dem Besatzungsstatut der jungen Republik auch einen Vertrauensvorschuss. Artikel 3 des Dokuments verlieh der »Hoffnung und Erwartung« der drei Besatzungsmächte Ausdruck, keinen Anlass finden zu müssen, »auf anderen Gebieten als auf den ihnen [...] ausdrücklich vorbehaltenen einzugreifen«. Sollten sie freilich eine Gefährdung für die neue demokratische Ordnung in Deutschland erkennen, behielten sie sich das Recht vor, »entsprechende Schritte« zu unternehmen. Die Besorgnisse der Alliierten bezogen sich vor allem darauf, dass aus den Relikten des Nationalsozialismus eine neuerliche Gefährdung der freiheitlich-demokratischen Ordnung erwachsen könnte. Vor diesem Hintergrund lässt sich das Besatzungsstatut auch als eine Verpflichtung der Alliierten lesen, zunächst als oberster Hüter der neuen Verfassung zu fungieren.[29]

Das Besatzungsstatut war wohlwollend und kommunikativ angelegt und es eröffnete dem neuen Staat Spielräume, die dessen erster Kanzler Konrad Adenauer zu nutzen verstand. Die Dauer der Besetzung sollte nicht unbegrenzt sein: Artikel 9 des Statuts versprach eine Überprüfung nach frühestens zwölf, spätestens 18 Monaten. Sollte sich der neue Staat bewähren, sicherten die Alliierten zu, den Besatzungsstatus sukzessive abzubauen. Der Weg zur Souveränität war damit grundsätzlich offen.

Mit dem Inkrafttreten des Besatzungsstatuts am 21. September 1949 trat an die Stelle der alliierten Militärgouverneure die zivile Alliierte Hohe Kommission als oberste Kontrollbehörde der Besatzungsmächte.[30] Die drei Hohen Kommissare, John McCloy (USA), Brian Robertson (Großbritannien, ab Juni 1950 Ivone Kirkpatrick) und André François-Poncet (Frankreich), bezogen Quartier auf dem Petersberg, hoch über Bonn – eine Ortswahl nicht ohne Symbolgehalt. Das Grandhotel auf dem Siebengebirge sollte in den kommenden Jahren zum bevorzugten Pilgerziel des Kanzlers der neuen Republik werden.

3 Die Grundlagen der Bundesrepublik

Mit seiner Unterzeichnung – hier durch Theodor Heuss – und Verkündung trat das Grundgesetz der Bundesrepublik Deutschland am 23. Mai 1949 offiziell in Kraft.

Das Grundgesetz war viel mehr als ein bloßes Ordnungsstatut. Sein Anspruch und seine Wertbindung, wie sie trotz seines erklärt provisorischen Charakters in der Präambel und im Katalog der Grundrechte zum Ausdruck kamen, wiesen weit darüber hinaus. Dies war nicht zuletzt Theodor Heuss zu verdanken, der darauf bestanden hatte, der zu schaffenden »verfassungsmäßigen Rechtsordnung«, insbesondere ihrer Präambel, dem einleitenden »Vorspruch«, eine »gewisse Magie des Wortes«, eine »profane Liturgik« einzuschreiben.[1]

Die zwei herausragendsten Merkmale des Grundgesetzes sind auf einen Blick zu erkennen.[2] In der Präambel wird das deutsche Volk der elf westlichen Bundesländer als der Souverän gekennzeichnet, der sich die Verfassung selbst gegeben habe. Gleichzeitig wird dieses Handeln des Souveräns in einen historischen

Bezugsrahmen gestellt. Einerseits verweisen die einleitenden Worte auf den Provisoriumscharakter des Grundgesetzes – es sei geschaffen, »um dem staatlichen Leben für eine Übergangszeit eine neue Ordnung zu geben« –, andererseits betont es den Anspruch des Souveräns, für das gesamte deutsche Volk gehandelt zu haben, »auch für jene Deutschen, denen mitzuwirken versagt war«.[3] Der Alleinvertretungsanspruch der Bundesrepublik ist in der Präambel des Grundgesetzes festgehalten. Dass mit der Teilstaatsgründung keine Zementierung der deutschen Spaltung verbunden sei, hebt die Präambel ebenfalls und grundsätzlich hervor: »Das gesamte Deutsche Volk bleibt aufgefordert, in freier Selbstbestimmung die Einheit und Freiheit Deutschlands zu vollenden.« Als Ziel des politischen Wollens entwirft die Präambel ein in Freiheit geeintes Deutschland, das als »gleichberechtigtes Glied in einem vereinten Europa« dem Frieden der Welt dienen wolle. Damit bildet auch das Streben nach europäischer Integration eine im Verfassungstext von 1949 festgelegte verbindliche Verpflichtung.

Die Verfassungsordnung

Das Handeln des Souveräns steht jedoch nicht allein in einer konkreten historischen Situation: Viel wichtiger noch erscheint die Rückbindung der neu erarbeiteten Verfassung an überzeitliche, unabänderliche Werte und Normen. Schon die Präambel betont das Verantwortungsbewusstsein des Souveräns »vor Gott und den Menschen«; Artikel 1 der Grundrechte formuliert schließlich das verbindliche Menschenbild und das Staatsverständnis des Grundgesetzes: »Die Würde des Menschen ist unantastbar. Sie zu achten und zu schützen ist die Verpflichtung aller staatlichen Gewalt.« Die in den folgenden 18 Artikeln ausgeführten Grundrechte sind »als unmittelbar geltendes Recht« (Art. 1,3) der Verfügungsgewalt des Souveräns weitestgehend entzogen. Zwar erlaubt das Grundgesetz, sie unter bestimmten Umständen und in Einzelfällen einzuschränken, nicht jedoch, sie »in ihrem Wesensgehalt« anzutasten (Art. 19,2).[4] Sehr deutlich formuliert das Grundgesetz allerdings, dass derjenige die Grundrechte verwirkt, der sie »zum Kampfe gegen die freiheitlich demokratische Grundordnung mißbraucht« (Art. 18). Jeglichem Zugriff entzogen sind gemäß Artikel 79 die Grundsätze der beiden Artikel 1 (Würde des Menschen) und 20 (Rechtsstaatsprinzip).

Die Entscheidung, die Grundrechte als Manifestation eines universell gültigen und deshalb unantastbaren Menschenrechts an den Anfang der Verfassung zu stellen, fiel bewusst in der Auseinandersetzung mit der Tradition der deutschen Verfassungsgeschichte und speziell der Weimarer Reichsverfassung von 1919. Die Verfassung des deutschen Kaiserreiches hatte keinerlei Grundrechtekatalog enthalten und war ein reines »Organisationsstatut« gewesen. In der Paulskirchenverfassung von 1849 sowie in der Weimarer Verfassung waren die Grundrechte zwar garantiert gewesen, jedoch nur an nachgeordneter Stelle und vor allem, ohne einer illegitimen Ausübung der legislativen Gewalt entzogen zu sein, in der die Verfassung gegen sich selbst und zu ihrem eigenen Schaden eingesetzt wurde.[5] Sehr lebendig stand den Vätern und Müttern des Grundgesetzes dabei die Erfahrung des Jahres 1933 vor Augen, als der Reichstag, formal verfassungskonform, mit Zweidrittelmehrheit dem Ermächtigungsgesetz Hitlers zugestimmt und damit nicht nur die Grundrechte außer Kraft gesetzt, sondern auch sich selbst als Organ der Legislative entmachtet hatte.

Fast beschwörend – wiederum in »magischen Worten« – nimmt der einzigartige Artikel 20 dieses Motiv noch einmal auf und baut eine zusätzliche Sicherung ein: Die vom souveränen Volk ausgehende Staatsgewalt wird durch verfassungsmäßige Organe der Legislative, Exekutive und Judikative ausgeübt. Dass die gesetzgebende Gewalt an die verfassungsmäßige Ordnung rückgebunden ist, die vollziehende und die rechtsprechende an die Gesetze, erscheint selbstverständlich; doch über die Bindung an das »positive Recht« (die Gesetze) hinaus verpflichtet

Artikel 20,3 Exekutive und Judikative noch einmal auf »das Recht«, also auf die höhere Rechtsordnung der Grundrechte. Dass Artikel 20,3 damit inhaltlich Artikel 1,3 wiederholt, zeigt, welche immense Bedeutung die verfassunggebenden Organe – aus historischen Gründen – einer unabänderlichen Rückbindung der Staatsgewalt an eine »höhere Ordnung« beimaßen, um Missbrauch und Aushöhlung des Grundgesetzes zu unterbinden. In den Artikeln 1 und 20 ist der »Geist des Grundgesetzes« zu finden.

Bevor die Verfassungsorgane sich konstituieren, übt der Souverän sein Recht durch »Wahlen und Abstimmungen« aus (Art. 20,2). Wenn in Artikel 21 auch die Parteien als Organe »politischer Willensbildung« Verfassungsrang erhalten, stecken dahinter wiederum historische und auch aktuelle Erfahrungen. Eine Einheitspartei nach dem Modell der SED lehnten die Verfassungsväter der Bundesrepublik ab; die ebenfalls durch das Grundgesetz auf demokratischen Charakter und Verfassungstreue verpflichteten Parteien galten als Garanten des Pluralismus. Zur »wehrhaften Demokratie« – ebenso eine Lehre aus »Weimar« – zählte auch das Recht des Bundesverfassungsgerichts, diese Konformität zu überprüfen und gegebenenfalls die Verfassungswidrigkeit einer Partei festzustellen. Die große Grundgesetzergänzung vom Juni 1968 – als »Notstandsverfassung« Gegenstand der vielleicht erbittertsten politisch-gesellschaftlichen Debatte der Bonner Republik – präzisierte das bereits in Artikel 18 formulierte Prinzip der wehrhaften Demokratie, indem sie als Artikel 20,4 hinzufügte: »Gegen jeden, der es unternimmt, diese [freiheitlich-demokratische, ThB] Ordnung zu beseitigen, haben alle Deutschen das Recht zum Widerstand, wenn andere Abhilfe nicht möglich ist.«

Ein wesentliches, von den Alliierten ausdrücklich gewünschtes Strukturmerkmal der Bundesrepublik stellt der Föderalismus dar, dessen Prinzipien im zweiten Hauptteil des Grundgesetzes, »Der Bund und die Länder« (Art. 20 bis 37), niedergelegt sind. Als Kompromisslösung angesichts der weit auseinandergehenden Auffassungen über die Gestalt des Föderalismus ergab sich eine komplexe Bund-Länder-Struktur, deren Wesenskern »in der Gewaltenteilung [...] im Sinne von Machtbegrenzung und Kontrolle der Machtausübung«[6] liegt. Grundsätzlich gilt das Prinzip der Subsidiarität. »Alles dasjenige, was das kleinere Organ tun kann«, so definierte es Konrad Adenauer 1952, »muß vom kleineren Organ getan werden«.[7]

Die föderale Struktur der Bundesrepublik ist dem Grundgesetz unabänderlich eingeschrieben (Art. 20,1). Die Mitwirkung der Länder an der Legislative des Bundes erfolgt über den Bundesrat (Art. 50), der sich aus Gesandten, in der Regel den Ministerpräsidenten und Angehörigen der einzelnen Landesregierungen zusammensetzt. Der Bundesrat verfügt, ebenso wie der Bundestag und die Bundesregierung, über das Recht der Gesetzesinitiative (Art. 76,1). Im Prozess der Gesetzgebung kommt ihm die Funktion eines föderalen Gegengewichtes zum Parlament zu; er übt diese Funktion aus, indem er gegen Gesetzesbeschlüsse des Bundestages Einspruch erhebt – der mit gleicher Mehrheit des Bundestages allerdings zurückgewiesen werden kann (Art. 77,4) – oder einen Vermittlungsausschuss anruft. In diversen Fällen, vor allem der Verwaltungs-, Finanz- und Verteidigungsgesetzgebung sowie bei Änderungen des Grundgesetzes gemäß Art. 79, ist der Bundesrat sogar explizit zustimmungspflichtig (u.a. Art. 84, 87, 104).

Auch die Debatte des Parlamentarischen Rates über die Finanzverfassung war letzten Endes eine Auseinandersetzung über die Gestalt des deutschen Föderalismus. Die Besatzungsmächte hatten eine sehr viel ausgeprägtere Autonomie der Länder in Finanzfragen gewünscht, als der Finanzausschuss anzubieten bereit war. Vor allem der ehemalige preußische Finanzminister Hermann Höpker Aschoff setzte eine stärker bundeszentrierte Finanzgesetzgebung durch.[8] Zwar definierten in der ersten Fassung des Grundgesetzes die Artikel 105 und 106, welche Steuern und Abgaben dem Bund und welche den Ländern zukommen sollten. Jedoch konnte der Bund qua Gesetz

Teile der für die Länder vorgesehenen Steuern zur Deckung eigener Ausgaben beanspruchen (Art. 106,3) oder im Zuge des Länderfinanzausgleichs durch Umverteilung Mittel von steuerstarken auf steuerschwache Länder übertragen (Art. 106,4). Freilich bedurfte und bedarf es auch in der seit 1955 mehrfach reformierten Finanzgesetzgebung auf diesen Gebieten stets der Zustimmung des Bundesrates (Art. 105,3).

Dass Bund und Länder sich im bundesdeutschen Föderalismus nicht diametral gegenüberstehen, sondern sich gegenseitig durchdringen, beschränken und in zentralen, v.a. den legislativen und fiskalischen Bereichen ergänzen, sind Strukturmerkmale, die 1949 eher aus der Notwendigkeit zum Kompromiss denn aus zielgerichteter Planung hervorgingen. Dies gilt auch für den Kern der demokratisch-rechtsstaatlichen Verfassung, die Gewaltenteilung. Exekutive (Bundesregierung), Legislative (Bundestag, Bundesrat) und Judikative (Bundesverfassungsgericht) sind im Grundgesetz selbstverständlich geteilt, doch gleichzeitig – organisatorisch wie funktional – verschränkt. So wirkt etwa der Bundesrat an der Gesetzgebung mit, obwohl seine Mitglieder Gesandte von Exekutivorganen, der Länderregierungen, sind. Über das Instrument der Rechtsverordnung (Art. 80) kann andererseits die Bundesregierung, nach Ermächtigung durch den Bundestag, in bestimmten Bereichen selbst legislativ tätig werden. Hingegen besitzt das Bundesverfassungsgericht die Befugnis, Gesetze auf ihre Verfassungskonformität zu prüfen und gegebenenfalls aufzuheben (Art. 100).

Mit Blick auf seine zentralen Elemente zeigt sich das Grundgesetz von einem sehr individuellen System der »checks and balances« durchzogen. In einem Höchstmaß den historischen Erfahrungen Deutschlands verpflichtet, erscheint dabei das Verhältnis Staatsoberhaupt – Regierungschef – Regierung – Parlament. Dass der Bundeskanzler als Leiter der Exekutive vom legislativen Organ »Bundestag« gewählt wird, lässt sich gleichfalls als Aspekt der Gewaltenverschränkung verstehen. Historisch gesehen verbirgt sich dahinter das Bestreben, die Ernennung von nicht durch parlamentarische Mehrheiten getragenen Kanzlern durch das Staatsoberhaupt zu verhindern. Mehr noch als im Kaiserreich hatte eine solche Verfassungskonstruktion in den sogenannten Präsidialkabinetten der Weimarer Republik unheilvolle Wirkungen gezeitigt.

Dem Bestreben, Präsidialkabinette zu vermeiden, entspricht die Begrenzung der Befugnisse des Bundespräsidenten (Art. 54–61). Die Funktion des Staatsoberhauptes wurde im Wesentlichen darauf beschränkt, die Bundesrepublik im Sinne des Völkerrechts zu repräsentieren; allerdings darf nicht übersehen werden, dass auch der Bundespräsident durch sein Gegenzeichnungsrecht (Art. 82) eine in Streitfällen nicht unwichtige Rolle im Prozess der Gesetzgebung spielen kann. Jegliches Ausnahmerecht aber – wie etwa im Notverordnungsparagrafen 48 der Weimarer Reichsverfassung –, das ihn in die Position eines machtvollen »Ersatzkaisers« hätte versetzen können, blieb dem Bundespräsidenten versagt. Ebendieser Logik entspricht auch, die Wahl des Staatsoberhauptes einem allein zu diesem Zweck geschaffenen Verfassungsorgan anzuvertrauen: der Bundesversammlung (Art. 54). Der Bundespräsident ist auf diese Weise der politischen Sphäre des Wahlkampfes entrückt, geht aber gleichwohl aus einer Wahl durch einen repräsentativen Querschnitt »des Volkes« hervor: Gesellt sich doch in der Bundesversammlung zu den Bundestagsabgeordneten eine gleiche Anzahl von Wählern, die aus den Ländern entsandt werden, oftmals Honoratioren aus Gesellschaft, Wirtschaft, Kultur und Sport.

Reduzierten die Väter der Verfassung derart die Rolle des Staatsoberhauptes, stärkten sie auf der anderen Seite die Stellung des Regierungschefs. Auch dabei lenkte sie eine historische Erfahrung. In der Weimarer Republik konnten sowohl der Reichskanzler als auch einzelne Minister durch ein Misstrauensvotum ihres Amtes enthoben werden (Art. 54 WV), was unter den Bedingungen zunehmender Radikalisierung und Fragmentierung gegen Ende der 1920er Jahre das politische Leben zunehmend gelähmt hatte. Um häufige Regierungskrisen durch parlamentarische Misstrauensanträge zu vermeiden, lässt deshalb das Grundgesetz die Ministeranklage nicht zu, sondern räumt allein ein gegen den Kanzler gerichtetes Misstrauensvotum ein, das stets die gesamte Regierung zur Debatte stellt und sich daher in minder gewichtigen Fällen wie von selbst verbietet. Außerdem muss das Misstrauensvotum »konstruktiv« sein: Es gelingt nur, wenn der Bundestag an die Stelle des alten sogleich einen neuen Bundeskanzler wählt (Art. 67). Eine neue Regierungsmehrheit muss also gewährleistet sein, bevor die alte Regierung durch einen Misstrauensantrag aus dem Amt gehoben werden kann.

Um der Einheitlichkeit, der Geschlossenheit und damit auch der Handlungsfähigkeit der Bundesregierung willen verschiebt das Grundgesetz die Gewichte innerhalb der Exekutive auf den Bundeskanzler. Da dieser die Verantwortung für das Regierungshandeln insgesamt vor dem Parlament trägt, schreibt ihm die Verfassung im Artikel 65 konsequenterweise auch erhöhte Kompetenz, nämlich die sogenannte »Richtlinienkompetenz«, zu. Die Ressortverantwortlichkeit der Bundesminister bleibt dabei erhalten, ist jedoch eine Ebene tiefer angesiedelt: »Innerhalb dieser Richtlinien leitet jeder Bundesminister seinen Geschäftsbereich selbständig und unter eigener Verantwortung.« Diese spezifische Konstruktion der Exekutive führte zum Schlagwort der »Kanzlerdemokratie«. Besonders Konrad Adenauer galt oftmals der Vorwurf der Opposition, zu »undemokratisch« oder gar »autoritär« zu regieren. Für Adenauer selbst war dies lediglich eine Frage der Interpretation des Artikels 65, den er zugunsten seiner Handlungsfähigkeit – auch zur Disziplinierung der eigenen Kabinettsmitglieder – sehr weitreichend auslegte.[9]

Der Bau der Gewaltenverschränkung erhält seinen Schlussstein durch die Regelungen zur Judikative (Art. 92 bis 104), insbesondere zum Organ des Bundesverfassungsgerichts als dem »Hüter der Verfassung« (Artikel 92 bis 94). Aufbau, Kompetenzen und Verfahren des obersten deutschen Gerichts überantwortet das Grundgesetz in Artikel 94,2 einem gesonderten Gesetz, das im März 1951 in Kraft trat; erst danach nahm das Bundesverfassungsgericht unter seinem ersten Präsidenten Hermann Höpker Aschoff im September 1951 seine Arbeit auf. Abseits des Zentrums der Macht, in Karlsruhe, angesiedelt, erarbeitete es sich einen bedeutenden Stellenwert für den bundesrepublikanischen Verfassungspatriotismus: Die Richter in den roten Roben genossen das zunehmende Vertrauen der Bürger – gegen Ende der Bonner Republik, 1988, folgte das Bundesverfassungsgericht in der Höhe der Wertschätzung der Bundesbürger gegenüber den Verfassungsorganen ihres Staates unmittelbar auf den Bundespräsidenten und lag deutlich vor Bundesrat, Bundestag und Bundesregierung.[10]

Änderungen des Grundgesetzes sind nach Artikel 79,2 nur mit Zweidrittelmehrheit des Bundestages und des Bundesrates möglich. Sie können ausschließlich in Form von Gesetzen erfolgen, die den Wortlaut des Grundgesetzes ändern oder ergänzen (Art. 79,1). In den 40 Jahren der Bonner Republik wurde durch vielfältige Umarbeitung und Erweiterung des Grundgesetzes die Verfassungsgesetzgebung auf eigentümliche Weise fortgeführt, ohne dass damit das Grundgesetz in seinem Wesenskern angetastet worden wäre. Als stetig entwicklungsbedürftig erwies sich der Föderalismus, dessen erste große Reform in der Neugestaltung der Finanzverfassung durch die Große Koalition vom Mai 1969 zu sehen ist. Viel aufsehenerregender und öffentlich heftig umstritten waren die Grundgesetzänderungen anlässlich der Wehrgesetzgebung in den 1950er Jahren sowie der »Notstandsgesetzgebung« in der zweiten Hälfte der 1960er Jahre.[11]

Theodor Heuss fasste zum Abschluss der Arbeit des Parlamentarischen Rates zusammen: »Das ist eine bescheidene Sicherung der Einheit, die wir jetzt erreicht haben, aber daß sie erreicht wurde, ist ein Glück, wenn sie vom guten Willen derer getragen bleibt, die jetzt sich zur Einheit gefunden haben. Man mag sagen, ein Kompromiß, aber ein Kompromiß der guten Möglichkeiten.«[12]

Die territoriale Ordnung

Die Bundesrepublik umfasste am Tag ihrer Gründung die Länder Baden, Bayern, Hessen, Niedersachsen, Nordrhein-Westfalen, Rheinland-Pfalz, Schleswig-Holstein, Württemberg-Baden, Württemberg-Hohenzollern sowie die Stadtstaaten Bremen und Hamburg.

West-Berlin blieb bis 1990 formal der Oberhoheit der drei Mächte USA, Großbritannien und Frankreich unterstellt und war kein Teil der Bundesrepublik.[13] Nach dem Ende der Besatzungsherrschaft 1955 gingen die Rechte der Hohen Kommissare an die Botschafter der drei Mächte in der Bundesrepublik über. Schon 1951 war mit den Alliierten geklärt worden, dass Bundesgesetze auf dem Weg einer »Mantelgesetzgebung« auch in West-Berlin übernommen werden konnten.[14] Seit 1952 war die »Stellung des Landes Berlin im Finanzsystem des Bundes« geregelt,[15] und am 5. Mai 1955 erklärten die Alliierten, Machtbefugnisse »normalerweise« nur noch auf den Gebieten der Sicherheit, Abrüstung und Entmilitarisierung sowie der Außenbeziehungen Berlins auszuüben, der Stadt im Übrigen jedoch die Übernahme der Bundesgesetzgebung zu erlauben, um »den Berliner Behörden die größtmögliche Freiheit zu gewähren, die mit der besonderen Lage Berlins vereinbar« sei. Allerdings standen diese Zugeständnisse unter dem Vorbehalt der Alliierten, außerordentliche Maßnahmen zu ergreifen, sollte sich dies zur »Sicherung der öffentlichen Ordnung und zur Erhaltung des Status und der Sicherheit Berlins, seiner Wirtschaft, seines Handels und seiner Verbindungslinien« als notwendig erweisen.[16]

Den Anspruch der Bundesrepublik auf Berlin brachte Bonn regelmäßig zum Ausdruck, mit besonderer Symbolkraft immer dann, wenn es galt, den Bundespräsidenten zu wählen: 1954, 1959, 1964 und 1969 fanden die Bundespräsidentenwahlen demonstrativ in West-Berlin statt, was wiederum von der DDR als Affront begriffen wurde. Erst nach dem Übergang zur »Neuen Ostpolitik« unter Willy Brandt und Walter Scheel und entsprechend den Vereinbarungen des Vier-Mächte-Abkommens vom

3. September 1971 wurden die Wahlen nach Bonn verlegt, zum ersten Mal 1974 zur Wahl Scheels. Das Vier-Mächte-Abkommen – das letzte Verfassungsdokument über Berlin vor der Wiedervereinigung – bekräftigte noch einmal ausdrücklich, dass die drei Westsektoren Berlins keine »konstitutiven Teile« der Bundesrepublik seien und nicht von ihr regiert würden. Die folgenreichsten Neuregelungen des Abkommens betrafen den Transitverkehr und den Verkehr zwischen West- und Ost-Berlin. Daneben galt unverändert die Versicherung der Westalliierten, die Bindungen zwischen den Westsektoren Berlins und der Bundesrepublik Deutschland aufrechtzuerhalten und zu entwickeln.[17]

Obwohl Artikel 29 des Grundgesetzes eine Neugliederung des Bundesgebietes vorsah, blieb aufgrund alliierten Vorbehalts die Länderstruktur der Bundesrepublik von 1949 bis auf zwei Veränderungen im Westen und Südwesten der Republik unangestastet. 1952 entstand durch eine Volksabstimmung der Südweststaat Baden-Württemberg als drittgrößter Flächenstaat der Bundesrepublik. Auf etwas verwickelten Wegen fanden hier zwei deutsche Teilstaaten zueinander, deren Verhältnis im 19. und frühen 20. Jahrhundert keineswegs derart eng gewesen war, dass eine Vereinigung als natürlich empfunden worden wäre. Jene Dynamik, die schließlich Baden-Württemberg hervorbrachte, ergab sich aus der eigenwilligen Logik der Zonenarithmetik. Durch den Zuschnitt der französischen Besatzungszone waren nach 1945 das im amerikanischen Sektor gelegene Land Württemberg-(Nord)Baden – mit Stuttgart als Hauptstadt – sowie im französischen Sektor die kleinen Länder Württemberg-Hohenzollern (Tübingen) und (Süd)Baden (Freiburg) entstanden. Die Grenze dieser unnatürlichen Konstruktion verlief entlang der Zonengrenze mitten durch die alten Länder Baden und Württemberg. Die Landespolitiker versuchten diesen Zustand zu überwinden und beide Länder in ihrer ursprünglichen Gestalt wiederherzustellen. Durch die Fusion eines Teils Württembergs mit dem nördlichen Baden im amerikanischen Sektor war freilich bereits ein Präzedenzfall geschaffen; diese Verbindung wieder aufzulösen, erwies sich als verfassungsrechtlich schwierig. So entstand noch vor der Gründung der Bundesrepublik die Idee eines großen Südweststaates, der alle Teile Württembergs und Badens in sich vereinigte und dessen Gestaltung schließlich durch Artikel 118 GG einer Vereinbarung der beteiligten Länder sowie im Falle der Uneinigkeit einer Volksbefragung überantwortet wurde. Bis zuletzt lehnte das im französischen Sektor gelegene (Süd-)Baden eine Fusion mit Württemberg energisch ab, während das nördliche Baden die neue Ordnung akzeptierte. Die am 19. Dezember 1951 durchgeführte Volksabstimmung ergab – gegen Südbaden – eine klare Mehrheit für die Vereinigung, so dass das Land Baden-Württemberg im April 1952 mit einer Regierung unter dem FDP-Politiker Reinhold Maier ins Leben trat.[18]

Als sehr viel stärker europapolitisch aufgeladen erwies sich die Frage nach der Zukunft des Saarlandes, war hier doch ein empfindlicher Nerv der deutsch-französischen Beziehungen berührt. Das Ziel Frankreichs hatte zunächst darin bestanden, dem Saarland einen Autonomiestatus zu verschaffen, es faktisch jedoch zu annektieren, um seinen Reichtum an Bodenschätzen wirtschaftlich nutzen zu können. Durch die Ausgliederung des Gebietes aus der französischen Besatzungszone bereits 1945 und die Saarverfassung von 1947, die sich in der Präambel zur »organischen Einordnung des Saarlandes in den Wirtschaftsbereich der französischen Republik« bekannte, schien dieses Ziel erreichbar. Einen weiteren Schritt zu einer Saar-Autonomie um den Preis wirtschaftlicher, militärischer wie (außen-)politischer Abhängigkeit von Paris stellten die zwischen der französischen und der saarländischen Regierung unter Ministerpräsident Johannes Hoffmann vereinbarten Saar-Konventionen vom 3. März 1950 dar, die zu einer schweren Krise in den Beziehungen Frankreichs zur Bundesrepublik führten. Durch Schuman-Plan und Montanunion ließ sich diese zwar in ihrer wirtschaftspolitischen Brisanz entschärfen, jedoch blieb die grundsätzliche Frage nach der staatlichen Zugehörigkeit oder Selbständigkeit des Saarlandes bestehen. Der Europarat, in den sowohl die Bundesrepublik als auch das Saarland 1950 zunächst nur als assoziierte Mitglieder aufgenommen worden waren, drängte darauf, die Problematik durch Verhandlungen endgültig zu bewältigen; Bonn beharrte auf der Ansicht, das Saarland sei deutsches Staatsgebiet und ohne deutsche Zustimmung könne über seine Zukunft nichts beschlossen werden. Von dieser Position schien Adenauer im Rahmen der Pariser Verträge von 1954 abzurücken, als er zusammen mit Frankreich das Saarstatut unterzeichnete, in dem beide Staaten die Absicht erklärten, dem Saarland innerhalb der neu zu gründenden Westeuropäischen Union (WEU) einen »europäischen Status« zu verleihen. Adenauer erntete für diese Haltung harsche innenpolitische Kritik, denn die Vorteile lagen dadurch weiterhin bei Frankreich. Das Saarstatut zementierte die besonderen wirtschaftlichen Verbindungen zwischen dem Saarland und Frankreich, insbesondere die gemeinsame Währungs- und Zollunion.[19] Entsprechend war die Vereinbarung auch als Zugeständnis der Bundesregierung gegenüber Frankreich zu sehen, um dessen Zustimmung zur Wiederbewaffnung Deutschlands im Rahmen von WEU und NATO (North Atlantic Treaty Organization) zu erreichen. Allerdings schrieb das Statut das letzte Wort einem Volksentscheid zu, der am 23.10.1955 – für Frankreich völlig überraschend – mit einer Zweidrittelmehrheit gegen die »Europäisierung« des Saarlandes endete. Dieses Votum wurde politisch als Wunsch der saarländischen Bevölkerung nach einer Vereinigung mit der Bundesrepublik interpretiert, so dass schließlich ein Vertrag zwischen Frankreich und der Bundesrepublik vom 27. Oktober 1956 den sukzessiven Eintritt des Saarlandes zunächst in den Geltungsbereich des Grundgesetzes sowie nach einer Übergangsfrist auch in den Wirtschafts- und Währungsbereich der Bundesrepublik regelte. Seit dem 1. Januar 1957 war das Saarland das zehnte Bundesland. Dass der Übergang des Saarlandes an die Bundesrepublik nach dem eindeutigen Ausgang der Volksabstimmung ohne eine weitere Belastung des deutsch-französischen Verhältnisses vor sich ging, gilt als »Beweis dafür, wie sehr sich die gegenseitigen Beziehungen inzwischen entspannt und normalisiert hatten«[20].

Nachdem auch Ruhrstatut und -behörde bereits am 21.12.1951 abgeschafft und die Souveränität der Bundesrepublik mit dem Inkrafttreten der Pariser Verträge im Mai 1955 erreicht worden waren, nahm die Bundesrepublik mit der Eingliederung des Saarlandes ihre endgültige territoriale Gestalt an, deren Integrität im Rahmen der Westbindung und des europäischen Integrationsprozesses nun völkerrechtlich gesichert war. Davon unberührt waren freilich die weiterhin offenen und umstrittenen Fragen nach dem Status Berlins und der Interpretation des Alleinvertretungsanspruchs für den Teil Deutschlands hinter dem Eisernen Vorhang einschließlich der ehemaligen deutschen Ostgebiete. Für die innere Entwicklung der Bundesrepublik bedeuteten die Veränderungen im Südwesten gewisse Verschiebungen in der Tektonik des Bundesrates. Durch die Fusion des Landes Baden-Württemberg war neben Bayern, Nordrhein-Westfalen und Niedersachsen ein viertes großes und bevölkerungsreiches Land in der Bundesrepublik entstanden, das mit fünf Stimmen im Bundesrat vertreten war, während mit dem Saarland ein Land mit geringer Bevölkerungszahl (unter zwei Millionen Einwohner) hinzukam, das die Gruppe der mit je drei Stimmen im Bundesrat eher überproportional repräsentierten kleinen Länder verstärkte.

Die wirtschaftliche und soziale Ordnung

Ebenso wie Demokratie, Rechtsstaat und Föderalismus ist das Sozialstaatsprinzip der Verfassung eingeschrieben: »Die Bundesrepublik ist ein demokratischer und sozialer Bundesstaat.« (Art. 20,1) Alle Regierungen der Bonner Republik, auch die sozialliberale Koalition zwischen 1969 und 1982, versuchten, wenngleich mit unterschiedlichen Akzentuierungen, dieses Staatsziel von der gleichen Grundlage aus zu erreichen: dem

Prinzip der sozialen Marktwirtschaft. Die klare Absage galt dabei sowohl einem ungezügelten, zu Monopolbildungen neigenden Kapitalismus als auch jeglicher Form sozialistischer Planwirtschaft. Freie Entfaltung der Wirtschaft innerhalb eines vom Staat gesetzten Ordnungsrahmens sollte »Wohlstand für alle« gewährleisten. Dahinter stand die Vorstellung von einem in sozialer Verantwortung handelnden freien Individuum, wobei der Staat aufgerufen war, die für alle gültigen Regeln aufzustellen und ökonomischen Fehlentwicklungen – wie beispielsweise der Kartellbildung – ordnungspolitisch, jedoch nicht ideologieverhaftet entgegenzusteuern. Als Vater der sozialen Marktwirtschaft und mit ihr des beispiellosen Wirtschaftswunders der 1950er und 1960er Jahre gilt gemeinhin Wirtschaftsminister Ludwig Erhard. Im Wesentlichen führte Erhard bereits bestehende ordnungsökonomische Denkansätze zusammen, setzte sie um und popularisierte sie zugleich zu einem Narrativ, welches das Selbstverständnis der Bundesrepublik in der Ära Adenauer maßgeblich mitbestimmte. Das Schlagwort von der »sozialen Marktwirtschaft« selbst hatte der Nationalökonom und spätere Leiter der Grundsatzabteilung sowie Staatssekretär im Bundeswirtschaftsministerium Alfred Müller-Armack bereits 1947 geprägt. Marktwirtschaft, so Müller-Armack, sei per se immer schon sozial, weil sie »durch die Anregung der Produktion, die Erhöhung der Erzeugung, die Steigerung der Beschäftigung«[21] zum Wohle aller beitrage. »Auf dem Wege über den Wettbewerb«, schrieb Ludwig Erhard in seinem 1957 erschienenen Buch *Wohlstand für alle,* werde »eine Sozialisierung des Fortschritts und des Gewinns bewirkt und dazu noch das persönliche Leistungsstreben wachgehalten. Immanenter Bestandteil der Überzeugung, auf solche Art den Wohlstand am besten mehren zu können, ist das Verlangen, allen arbeitenden Menschen nach Maßgabe der fortschreitenden Produktivität auch einen ständig wachsenden Lohn zukommen zu lassen.«[22]

Marktwirtschaft war im Lichte dieser Maxime gleichzeitig Sozialpolitik, denn »eine breitgeschichtete Massenkaufkraft« sei das beste Mittel, »die alte konservative soziale Struktur endgültig zu überwinden«, so dass schließlich »das Ressentiment zwischen ›arm‹ und ›reich‹ überwunden werden« könne.[23]

Das wirtschaftspolitische Denken Erhards und Müller-Armacks wurzelte in der Tradition des sogenannten Ordoliberalismus, dessen Grundsätze seit der Zeit der Weimarer Republik entwickelt worden waren.[24] Nicht nur in der desaströsen ökonomischen Situation mit ihrem enormen Wiederbeschaffungsbedarf an Konsumgütern, sondern auch in der geistigen Disposition der Bundesrepublik in den Nachkriegsjahren fiel der Versuch des Ordoliberalismus, Freiheit und soziale Verantwortung zu verbinden, auf besonders fruchtbaren Boden. Hatten doch die Allmachts- und Planungsphantasien des Nationalsozialismus eine säkulare Katastrophe heraufbeschworen und schickte sich auf der anderen Seite des Eisernen Vorhangs das »überlebende« totalitäre System, der Sowjetkommunismus, an, die personale Freiheit des Einzelnen weiterhin einer kollektivistischen Ideologie unterzuordnen. Erhard, der korpulente, unablässig Zigarren rauchende Wirtschaftsminister, traf den Nerv der Zeit: Das Wirtschaftswunder der ersten 20 Jahre der Bundesrepublik war nicht ausschließlich ein Effekt der sozialen Marktwirtschaft, doch ohne diese hätte sich das »Wunder« wohl kaum in annähernd nachdrücklicher Weise entfalten können.

Zur Ordnungsökonomie gesellte sich ein zweites für die Bundesrepublik maßgebliches Verbindungsglied zwischen Wirtschaft und Gesellschaft. Den Stellenwert des Menschen in der Gesellschaft definierte nicht nur dessen Rolle als ökonomisches Subjekt, sondern – dem übergeordnet – ein Grundverständnis vom freien und verantwortungsvollen Individuum. Dieses wurde wesentlich aus der katholischen Soziallehre und ihrem sozialethischen Pendant auf evangelischer Seite abgeleitet. Beide, ordoliberales Denken und christliches Menschenbild, flossen dann vor allem in der Programmatik der CDU zusammen. Als Basisprinzipien der katholischen Soziallehre gelten Subsidiarität und Solidarität im Dienste des Gemeinwohls; die Grundvorstellung der sozialen Ordnung läßt sich als ein Gleichgewichtsverhältnis dieser zwei Prinzipien beschreiben. Fast mehr noch denn als Prinzip des bundesdeutschen Föderalismus erscheint die Forderung nach Subsidiarität dabei als Regulativ sowohl der Wirtschafts- als auch der Sozialordnung: Leistung des Einzelnen wo und soweit möglich, Leistung des Staates, wo nötig.

In vielen sozialpolitischen Debatten der Bundesrepublik reduzierte sich diese Frage letztlich auf das Verhältnis von privater und öffentlicher Sozialfürsorge.[25] Das dahinterstehende Grundsätzliche ist besser aus Artikel 6 des Grundgesetzes zu entnehmen: Wenn darin Ehe und Familie unter den »besonderen Schutz der staatlichen Ordnung« gestellt werden, ist dies als besonderer Ausdruck von Subsidiarität und Solidarität im Lichte eines christlichen Menschenbildes zu verstehen. Ehe und Familie, auch im weiteren Sinn der »Großfamilie«, bildeten dem Verständnis der Verfassungsväter nach den jeglicher staatlichen Intervention vorangestellten natürlichen sozialen Schutzraum des Individuums, den klassischen Hort der sozialen Subsidiarität.

Doch auch alle anderen Prinzipien des bundesdeutschen Sozialstaates, seien es der Generationenvertrag im Rentenwesen oder die Sozialpartnerschaft zwischen Arbeitgebern und Arbeitnehmern, sind auf das Zusammenspiel von Solidarität und Subsidiarität unter bestimmten ökonomischen Voraussetzungen angewiesen: Wachstum, stabile Arbeitsverhältnisse, hohe Beschäftigungsraten, demografisches Gleichgewicht. Je mehr sich, besonders seit den 1970er Jahren, diese Voraussetzungen änderten und der lenkende und fürsorgende Staat eine immer größere Rolle beanspruchte, umso mehr trat das Leitbild des selbstverantwortlichen freien Individuums in den Hintergrund und begann die Forderung nach Solidarität das Postulat der Subsidiarität zu übertönen. Gerade unter den wirtschaftlichen Krisenbedingungen der 1970er und 1980er Jahre stieß der Sozialstaat damit jedoch immer öfter an die Grenzen seiner Leistungsfähigkeit. Solidarität ohne Subsidiarität sei sinnlos, resümierte der langjährige Bundestagspräsident Eugen Gerstenmaier 1981 und bezog damit Stellung zu einer Fundamentalproblematik, die den bundesdeutschen Sozialstaat bis in die Gegenwart belastet. »Wo die Solidarität nach dem Grundsatz der materiellen Gleichheit [...], zwangsweise verwirklicht wird, verliert sie sofort ihren sittlichen Wert, ihre auf Einsicht gegründete Bejahung.«[26]

Die politische Willensbildung

Durch Artikel 21 des Grundgesetzes rückten die politischen Parteien in eine wichtige und schließlich derart ausgebaute Position im Prozess der politischen Willensbildung, dass »Parteiendemokratie« geradewegs zu einem Symbol des politischen Systems der Bonner Republik wurde.[27] Aus den von der Lizenzierungspolitik der Alliierten in den einzelnen Besatzungszonen bestimmten Anfängen mit zunächst nur regional tätigen Parteigruppierungen entwickelte sich, begünstigt auch durch die bundesweit gültige Fünf-Prozent-Klausel, bald das für die Bonner Republik typische Drei-Parteien-System aus CDU/CSU, SPD und FDP. Als dessen Hochphase gelten die 1960er und 1970er Jahre. In den 1980er Jahren ließ die integrative Kraft des Dreiparteiensystems nach, und aus der ökologischen und pazifistischen Protestbewegung heraus entstand die Partei der Grünen, der es dauerhaft gelang, die Fünf-Prozent-Hürden zu nehmen und in die Landtage, 1983 auch zum ersten Mal in den Bundestag einzuziehen.[28]

Demokratische Parteien waren in den Besatzungszonen bald nach dem Zusammenbruch des nationalsozialistischen Deutschland wieder zugelassen worden, schon im Juni 1945 in der sowjetischen, im Laufe des zweiten Halbjahres 1945 schließlich auch in den drei westlichen Zonen. Maßgeblich für die Entwicklung und Neuorientierung der traditionsreichsten deutschen Partei, der SPD[29], wirkte im Westen der schwer kriegsversehrte und von der Haft im Konzentrationslager gezeichnete Kurt Schumacher. Er verurteilte die Zwangsvereinigung der SPD mit der KPD zur SED in der Sowjetzone aufs Schärfste; unter seiner Führung lehnte die SPD jegliche Zusammenarbeit mit den Kommunisten kompromisslos ab und begann ihren Weg von einer sozialistischen Arbeiterpartei zu einer Volkspartei der linken Mitte, die sich neue Wählergruppen, vor allem aus dem Bereich der wachsenden Schicht der Angestellten aber auch akademischer Berufe, erschloss. Als wichtige Vordenker in diese Richtung agierten Schumachers Nachfolger im Parteivorsitz Erich Ollenhauer, und neben ihm Carlo Schmid, Fritz Erler und Herbert Wehner. Der lange Abschied der SPD von der Doktrin des Marxismus fand seinen Abschluss im Godesberger Programm von 1959. In diesem, bis 1989 gültigen Grundsatzprogramm bekannte sich die SPD zu einem »demokratischen Sozialismus«, der in »christlicher Ethik«, »Humanismus« und »klassischer Philosophie« verwurzelt sei und »keine letzten Wahrheiten« verkünden wolle.[30] Das Ziel der nationalen Einheit hielt die SPD hoch, in den Verfassungsdebatten argumentierte sie eher zentralistisch als föderalistisch, wirtschaftspolitisch verfocht sie klar staatsdirigistische Auffassungen, und trat damit der marktwirtschaftlichen Position der CDU entgegen. Das Godesberger Programm entwickelte die Idee einer »freien Gemeinwirtschaft«, in der durch öffentliche Unternehmen und öffentliche Kontrolle der freien Wirtschaft die »Macht der Großwirtschaft«[31] gebändigt werden sollte.

Die zweite Massenpartei des Kaiserreichs und der Weimarer Republik, das katholische Zentrum, erstand nach Kriegsende nur noch als fragmentierte Gruppierung wieder. Während die traditionalistischen Anhänger des Zentrums sich gegen den konfessionsverbindenden Ansatz der CDU richteten, wollte sein überkonfessionell orientierter progressiver Flügel wirtschaftspolitisch eine Mittelposition zwischen SPD und CDU einnehmen und viel stärker auf die Verstaatlichung der Schlüsselindustrien drängen, als dies bei der CDU der Fall war. Ein tragfähiges politisches Konzept zwischen den beiden Volksparteien war aber auf diese Weise nicht zu begründen, und so spielte das Zentrum bereits ab der zweiten Bundestagswahl 1953 keine Rolle mehr.[32]

Noch schwerer als diese programmatischen Fragen wog freilich, dass die Anhänger der Zentrumspartei keine wirkliche politische Idee als Reaktion auf die Ereignisse der Jahre 1933 bis 1945 entwickeln konnten. Eine überzeugende Antwort schien hingegen diejenige der »christlichen Demokratie« zu sein, unter deren Banner das bürgerliche Lager – nicht nur in Deutschland – sich nun überkonfessionell zu sammeln begann. Dabei wurden Gedanken umgesetzt, die bereits lange vor der Zeit der NS-Diktatur diskutiert, durch diese aber erst katalysiert worden waren: Die Brücke zur überkonfessionellen christlich-demokratischen Partei bildete die gemeinsame Erfahrung der Verfolgung sowie des Aufbegehrens und der Widerständigkeit von Christen beider großer Konfessionen gegen das totalitäre nationalsozialistische Regime. Der neuen Partei CDU flossen neben dem größten Teil des alten Zentrums auch Anhänger aus dem Lager des rechten Liberalismus, der früheren Deutschen Volkspartei (DVP), ja sogar der Deutschnationalen Volkspartei (DNVP) zu. Freilich lief dies nicht immer reibungslos ab, war hier doch ein sehr breites Spektrum an politischen Orientierungen und Interessen auf einen politischen Kurs der Mitte hin zu integrieren. Auch die soziale Vielfalt der Mitglieder war groß – von christlichen Gewerkschaftlern bis zu Großindustriellen, von Mittelständlern über Bäuerliche hin zu hohen Beamten und leitenden Angestellten –, und schließlich bestimmte der Konflikt zwischen Katholiken und Protestanten noch lange Zeit das Erscheinungsbild der CDU. Dass die Integrationsleistung schließlich doch gelang, hing wesentlich mit dem Erfolg der Politik Adenauers und Erhards zusammen. Hinter diesen Identifikationsfiguren verschwanden die inneren Differenzen der einzelnen Interessengruppen keineswegs, aber sie traten zurück, so dass die CDU nicht selten vor allem als »Kanzlerwahlverein«[33] wahrgenommen wurde.

Die CDU, in ihren Anfängen sehr viel föderalistischer strukturiert als die SPD, entstand aus verschiedenen regionalen Gruppierungen, als deren wichtigste zunächst die Berliner um Andreas Hermes, Jakob Kaiser und Heinrich Krone hervortrat.[34]

Fast zeitgleich bildeten sich sowohl in der sowjetischen als auch in den drei westlichen Besatzungszonen weitere Gruppen, so im Rheinland, in Westfalen, in Hessen und in Bayern, wo Adam Stegerwald in Würzburg am 13. Oktober 1945 die Christlich-Soziale Union (CSU) gründete.

Während die CDU in der Sowjetischen Besatzungszone (SBZ) unter den Bedingungen der beginnenden SED-Diktatur eine eigene Entwicklung in Richtung Blockpartei einschlug und die Berliner CDU in der geteilten Stadt zerrissen wurde, gelangte im Westen alsbald die CDU der britischen Besatzungszone in die Führungsrolle. Unter maßgeblicher Beteiligung und schließlich Vorsitz Konrad Adenauers organisierte sich die neue Partei hier zuerst überregional und übernahm auch in programmatischer Hinsicht eine Vorreiterrolle. Ihr Ahlener Programm vom Februar 1947 war noch deutlich geprägt von gemeinwirtschaftlichen Vorstellungen, die der Idee eines »christlichen Sozialismus« entgegenkommen sollten; seinen Kern bildete ein den Grundsätzen des Christentums entsprechendes Menschenbild, in dessen Zentrum die Freiheit des Einzelnen stand, die freilich politisch, wirtschaftlich und sozial verantwortungsgebunden dem Gemeinwohl zu dienen habe.[35] »Planung und Lenkung der Wirtschaft«, hieß es darin, werde »auf lange Zeit in erheblichem Umfange notwendig sein«.[36]

Erst unter dem Einfluss der von Ludwig Erhard dominierten Arbeit der Verwaltung für Wirtschaft des Frankfurter Wirtschaftsrates, aber auch – von Adenauers strategischem Blick erkannt – angesichts der Notwendigkeit, sich im beginnenden ersten Bundestagswahlkampf deutlicher von den Vorstellungen der SPD abzusetzen, erfolgte die Wende hin zum klaren Bekenntnis zur »sozialen Marktwirtschaft«. Spätestens mit den Düsseldorfer Leitsätzen vom 15. Juli 1949 wurde die in Adenauers Auffassung 1949 zur Wahl stehende Alternative »Marktwirtschaft oder Planwirtschaft«[37] programmatisch entschieden, jedoch ohne sich dabei vom christlichen Menschenbild des Ahlener Programms abzuwenden.

Als gesamtdeutsche Partei konstituierte sich die CDU erst 1950, nachdem die christlich-demokratischen Parteien der Länder bereits im Parlamentarischen Rat und im Bundestagswahlkampf 1949 zusammengearbeitet hatten. Auf dem ersten gesamtdeutschen Parteitag in Goslar wurde Konrad Adenauer zum Bundesvorsitzenden gewählt, ein Amt, das er bis 1966 innehatte. Ihm folgten bis 1989 Ludwig Erhard, Kurt Georg Kiesinger, Rainer Barzel und Helmut Kohl.

Die Zwei-Parteien-Formation der christlichen Demokratie in Deutschland, CDU und – auf Bayern beschränkt – CSU, etablierte sich fest, ebenso wie die Zusammenarbeit beider Parteien auf Bundesebene, mit wichtigen Ministerposten für die CSU in der Bundesregierung, aber auch in Gestalt der Fraktionsgemeinschaft im Bundestag. In den frühen Jahren der Bonner Republik kämpfte die CSU schwer gegen den Anspruch der konkurrierenden Bayernpartei, die in der Tradition der 1919 entstandenen Bayerischen Volkspartei (BVP) viel stärker föderalistisch und separatistisch argumentierte und bei den Landtagswahlen 1950 und 1954 sogar eine ernsthafte Konkurrenz für die CSU darstellte.[38] Doch auf die Dauer gelang es der CSU, diesen bayerischen Partikularismus zu absorbieren, unter anderem eben dadurch, dass sie selbst partikular blieb und damit offenbar einem bayerischen Grundbedürfnis entsprach.[39] Programmatisch war die CSU in ihren Anfängen sehr viel mehr berufsständisch orientiert als die CDU und propagierte die »besondere Förderung des Klein- und Mittelbetriebes« als »Grundlage einer gesunden Wirtschaft«.[40] Unter ihrem Vorsitzenden Franz Josef Strauß (seit 1961) und dem CSU-Ministerpräsidenten Alfons Goppel (1962 bis 1978) entwickelte sich die CSU jedoch zum Motor einer rasanten technologischen Modernisierung des Freistaates, mit dauerhaft absoluten Mehrheiten in den Landtagswahlen seit 1970. Der daraus resultierende veränderte bundespolitische Anspruch führte in den 1970er Jahren zu heftigen Auseinandersetzungen mit der Schwesterpartei CDU und schließlich zur – vorübergehenden – Aufkündigung der Fraktionsgemeinschaft im Kreuther

Trennungsbeschluss nach der Bundestagswahl von 1976. Auch die Kanzlerkandidatur Franz Josef Strauß' im Jahr 1980 war eine mittelbare Folge der Konflikte zwischen den beiden Parteien.[41]

Der deutsche Liberalismus, seit den Tagen der Bismarckschen Reichsgründung in einen nationalliberalen und einen linksliberalen Flügel gespalten, formte sich parteipolitisch kurz vor der Gründung der Bundesrepublik im November 1948 neu als FDP, aus einem Zusammenschluss der liberalen und demokratischen Parteien der drei Westzonen. Federführend war dabei der im Südwesten traditionell stark verwurzelte, die bürgerlichen Freiheitsrechte betonende republikanische Liberalismus, als dessen herausragender Repräsentant der erste Parteivorsitzende Theodor Heuss gelten kann. Die historische Grundproblematik des Liberalismus, als Honoratiorenbewegung über keine politische Massenbasis zu verfügen, konnte aber auch die FDP nicht lösen. Der Liberalismus blieb eine potentiell gefährdete »dritte Kraft«. Im Grundsatz eher zentralistisch denn föderalistisch, kulturpolitisch gegen jeglichen Konfessionalismus agierend, wirtschaftspolitisch entschieden liberal und in ihrer Klientel wirtschaftsbürgerlich-individualistisch ohne ausgeprägte landsmannschaftliche Wählerstämme, zeigte sich die FDP über die gesamte Bonner Republik hinweg von dem inneren Riss zwischen bürgerlichen Freiheitsrechtlern und Nationalliberalen geprägt.[42] In den Auseinandersetzungen um die Deutschlandpolitik der 1950er Jahre setzte sich zunächst die nationale Richtung durch, deren Forderungen unter Thomas Dehler und Reinhold Maier in teils erbitterten Gegensatz zur Politik Adenauers gerieten und die FDP 1956/57 aus der Regierung katapultierten. Ihre nationale Haltung brachte die FDP keineswegs in einen Gegensatz zur SPD, im Gegenteil: In einzelnen Bundesländern koalierten die Liberalen bereits während der 1950er Jahre mit den Sozialdemokraten.[43] Unter Erich Mende (Parteivorsitzender von 1960 bis 1967) fand die FDP 1961 wiederum in die Regierungskoalition mit der CDU/CSU. Während der Zeit der Großen Koalition in eine existenzbedrohende Lage als Oppositionspartei gedrängt, setzte sich mit dem Parteivorsitzenden Walter Scheel der »linke« Flügel durch, der schließlich den Weg in die sozialliberale Koalition auf Bundesebene öffnete. Ein Zeichen für den fundamentalen Wandel der FDP während der zweiten Hälfte der 1960er Jahre war auch, dass ein großer Teil ihrer extrem nationalistischen Wähler seit 1966 zunehmend die neu gegründete Nationaldemokratische Partei Deutschlands (NPD) bevorzugte.[44]

Politisch extreme, verfassungsfeindliche Parteien wie die NPD und die KPD/DKP (Deutsche Kommunistische Partei) blieben dauerhaft ohne Erfolg. Die KPD wurde durch ein Urteil des Bundesverfassungsgerichts vom 17. August 1956 verboten; ihre Wiederzulassung bzw. Neugründung als DKP 1968 ist im Zusammenhang mit der Protestbewegung jener Jahre und schließlich vor dem Hintergrund der Neuen Ostpolitik der Regierung Brandt/Scheel zu sehen. Allerdings konnte auch die DKP auf Bundesebene nie mehr als 0,3 Prozent der Wählerstimmen auf sich vereinigen.[45] Ähnliches gilt für die rechtsradikale Sozialistische Reichspartei (SRP, Verbot 1953) und die im November 1964 gegründete NPD, mit einer Ausnahme: Zwischen 1966 und 1968 zog die NPD mit Wahlergebnissen bis fast zehn Prozent in sieben Länderparlamente ein; auf Bundesebene erreichte sie 1969 4,3 Prozent und scheiterte knapp an der Fünf-Prozent-Hürde. Das Erstarken des Rechtsradikalismus blieb jedoch eine vorübergehende Erscheinung, die als Protestwahlverhalten während der Zeit der Großen Koalition zu sehen ist. Bereits bei der Bundestagswahl 1972 fiel die NPD wieder auf 0,6 Prozent zurück.

Eine demgegenüber etwas andere Rolle spielten im ersten Jahrzehnt der Bundesrepublik kleinere Klientel-Parteien wie die Deutsche Partei (DP), der Bund der Heimatvertriebenen und Entrechteten (BHE, bundespolitisch als Gesamtdeutscher Block/BHE) oder die Wirtschaftliche Aufbau-Vereinigung (WAV) des querulatorischen bayerischen Rechtsanwalts Alfred Loritz. Die konservative DP ging 1947 aus der Niedersächsischen Landespartei (NLD) hervor, die an die welfische Tradition des Königreichs Hannover anknüpfte und mit der Gründung des Landes Niedersachsen aus der Erbmasse Preußens ihr politisches Hauptziel eigentlich bereits erreicht hatte. 1949, 1953 und 1957 war die DP als kleiner Koalitionspartner in der Bundesregierung vertreten, ging aber Anfang der 1960er Jahre schließlich in der CDU auf.[46] Ähnliches galt für den 1950 gegründeten BHE, eine Vertriebenenpartei, die im Unterschied zur DP sehr bald auch auf Bundesebene operierte und in einzelnen Landtagswahlen, wie auch der Bundestagswahl von 1953, teils beachtliche Erfolge erzielen konnte. Der BHE verstand sich als Interessenvertretung der Vertriebenen, als »Partei- des Menschen und Völkerrechts«[47]; im zweiten Kabinett Adenauer stellte er mit Theodor Oberländer – der 1960 wegen seiner NS-Vergangenheit zurücktrat[48] – den Vertriebenenminister. Die fortschreitende Integration der Vertriebenen und Flüchtlinge in die bundesrepublikanische Gesellschaft entzog freilich dem BHE die Klientel, so dass die Partei sukzessive in die Bedeutungslosigkeit sank, wobei deren exponierte Vertreter wie Oberländer zur CDU übertraten.[49] Auch die WAV, der 1949 über die bayerische Landesliste der Einzug in den Bundestag gelungen war, zielte auf Stimmen aus dem Lager der Vertriebenen ab. Die kleine Fraktion zerfiel jedoch bereits während der ersten Legislaturperiode; ihre Mitglieder gingen entweder zur DP oder zum BHE über.[50]

Zwischen 1961 und 1980 errang keine der Kleinparteien mehr ein Bundestagsmandat; erst mit den Grünen wandelte sich ab 1983 das etablierte Drei- zum Vier-Parteien-System.[51] Die lange Dominanz der zwei großen Volksparteien mit dem »Zünglein an der Waage« FDP hing zweifellos mit den Integrationsleistungen zusammen, zu denen beide fähig waren. Während die CDU programmatisch von Anfang an als Großpartei der Mitte definiert war, öffnete sich die SPD besonders seit 1959 für neu aufsteigende gesellschaftliche Gruppen. Eine entscheidende Rolle bei der Herausbildung des Drei-Parteien-Systems spielte aber auch das Wahlrecht – und darin vor allem die Fünf-Prozent-Klausel, die seit 1953 für das gesamte Bundesgebiet galt: Seit diesem Jahr musste eine Partei auf Bundesebene fünf Prozent der Zweitstimmen (oder eine bestimmte Anzahl von Direktmandaten) gewinnen, um in den Bundestag einzuziehen. Auch die Länder übernahmen nach und nach diese Sperrklausel, die – ebenfalls als Reaktion auf die Erfahrungen der Weimarer Zeit – eine Aufsplitterung der in den Parlamenten vertretenen Parteien verhindern und damit Radikalisierungstendenzen vorbeugen sollte. Das »personalisierte Verhältniswahlrecht«, die Kombination aus einfacher Mehrheitswahl von Direktkandidaten im Wahlkreis und Listenwahl, verhinderte zwar die Entwicklung hin zu einem Zwei-Parteien-System angelsächsischer Prägung, stabilisierte andererseits jedoch in Verbindung mit der Fünf-Prozent-Klausel das Drei-Parteien-System. Bestrebungen, auf ein reines Mehrheitswahlrecht umzustellen, das die großen Parteien eindeutig begünstigte, wurden bereits während der 1950er Jahre und mit besonderem Nachdruck während der Zeit der Großen Koalition zwischen 1966 und 1969 verfolgt.[52] Allerdings gaben zuletzt stets taktische Erwägungen den Ausschlag dafür, das personalisierte Verhältniswahlrecht beizubehalten. Nach dem Wechsel zur sozialliberalen Koalition von 1969 war die SPD verständlicherweise nicht mehr bereit, die Überlegungen aus der Zeit der Großen Koalition fortzusetzen, hätte sich doch das reine Mehrheitswahlrecht klar zuungunsten des neuen Partners FDP ausgewirkt. 1970 wurde das Alter für die aktive Teilnahme von 21 auf 18 Jahre gesenkt. Diese Maßnahme blieb in der Bundestagswahl 1972 nicht ohne Einfluss auf das Ergebnis der regierenden SPD, die in der Gruppe der 18- bis 24-Jährigen die höchsten Stimmanteile – fast 55 Prozent – erzielen konnte.[53]

Bei aller Dominanz der Volksparteien in der Bonner Republik darf jedoch nicht übersehen werden, dass sich die Parteien selbst niemals zu Massenorganisationen entwickelten. Nach den Erfahrungen der NS-Zeit, aber auch vor dem Hintergrund der Entwicklung im SED-Staat blieben die Bundesbürger aktiver Mitgliedschaft und aktivem Engagement in einer Partei gegenüber distanziert, auch wenn sie sich weltanschaulich und in ihrem Wahlverhalten mehrheitlich lange Zeit einzelnen Parteien gegenüber festlegten. 1968/69 gehörten der SPD etwa 760.000 Mitglieder, der CDU/CSU 350.000 und der FDP 57.000 an; die Zahl der Wahlberechtigten belief sich gleichzeitig auf etwa 40 Millionen. Bis 1976 (SPD) und 1983 (CDU/CSU) stieg die Zahl der Partei-Mitglieder – bei etwa gleichbleibender Gesamtbevölkerung – noch deutlich an, entwickelte sich danach jedoch wieder rückläufig. Einen Mitgliederstand über eine Million erreichte die SPD nur 1976, die CDU/CSU hingegen nie (Höchststand: 917.000, 1983).[54] Die Parteien der alten Bundesrepublik banden Wähler, im wesentlichen Stammwähler, nicht Mitglieder.

Anders sahen die Mitgliederzahlen von Gewerkschaften und Verbänden aus. Den im Deutschen Gewerkschaftsbund (DGB) zusammengeschlossenen Einzelgewerkschaften gehörten bereits 1953 mehr als sechs Millionen Mitglieder an; diese Zahl stieg bis zum Jahr 1980 auf fast 7,9 Millionen. Von wenigen Jahren abgesehen waren über die meiste Zeit der alten Bundesrepublik stets deutlich über 30 Prozent aller abhängig Beschäftigten in einer Gewerkschaft organisiert, die meisten in den »Großen«: IG Metall und Öffentliche Dienste, Transport und Verkehr (ÖTV). Aber auch die Deutsche Angestelltengewerkschaft (DAG) konnte bis 1989 eine halbe Million Mitglieder gewinnen und der Deutsche Beamtenbund (DBB) sogar um 800.000.[55] Den Arbeitnehmerorganisationen stellten sich eine Vielzahl branchenspezifischer Arbeitgeberverbände gegenüber, die sich wiederum in Dachverbänden zusammenschlossen. Als Spitzenverband der privaten gewerblichen Arbeitgeber existiert seit 1950 die Bundesvereinigung der Deutschen Arbeitgeberverbände (BDA) sowie für die Industrieunternehmen seit dem gleichen Jahr der Bundesverband der deutschen Industrie (BDI).

Im Unterschied zu den Parteien sind Gewerkschaften und Unternehmerverbände keine grundgesetzlich definierten Organe der politischen Willensbildung; ihre Sphäre ist die autonome Sozialpartnerschaft der Arbeitnehmer und Arbeitgeber, gemäß Art. 9, Abs. 3 GG unter dem Schutz der Verfassung stehend und eine Konsequenz des ordoliberalen Subsidiaritätsprinzips. Weil es hierbei für viele Menschen auf sehr direkte Weise um Arbeit, Lohn und Brot geht, erklärt sich der hohe Organisationsgrad von selbst. Durch die außerordentliche sozialpolitische Relevanz der von ihnen vertretenen Interessen wuchs diesen Organisationen faktisch auch politische Macht zu, die etwa durch Arbeitskämpfe konkrete Gestalt annehmen konnte.

Neben und parallel dazu entwickelte sich in der Bonner Republik ein weit gefächertes Spektrum an Vereinen, Verbänden und Interessenvertretungen – vom Allgemeinen Deutschen Automobil-Club (ADAC) über die Wohlfahrtsverbände bis hin zum Deutschen Sportbund (DSB) oder zum 1975 gegründeten BUND Naturschutz, usw. –, die durch das Gewicht ihrer Mitglieder, Medienpräsenz und eigene Vertreter an den Regierungssitzen versuchten, sich politisch Gehör zu verschaffen. Auch der Lobbyismus ist Teil des politischen Systems der Bundesrepublik von Anfang an, so dass neben die Kanzler- und die Parteiendemokratie die Verbändedemokratie als eines seiner Charakteristika tritt. Ob der Einfluß des Verbandslobbyismus der Demokratie im Sinne der Konsensbildung nützlich oder im Sinne eines parallelen »Verbändestaates« schädlich sei, war Thema einer oft und engagiert geführten, aber nie eindeutig beantworteten öffentlichen Debatte der Bonner Republik.[56]

4 Gründerjahre und Ära Adenauer: »Keine Experimente!« (1949–1963/66)

Bundeskanzler Konrad Adenauer (li.) prägte das politische Profil der Bundesrepublik in den ersten 14 Jahren. Sein Wirtschaftsminister Ludwig Erhard wurde zum »Vater« des deutschen Wirtschaftswunders.

Aus der Perspektive einer an Strukturen und Entwicklungsprozessen orientierten Geschichtsschreibung mag es problematisch erscheinen, die ersten 14 Jahre der Bundesrepublik Deutschland ganz im Zeichen des ersten Bundeskanzlers, Konrad Adenauer, zu verstehen.[1] Doch auch, wer den personalistischen Ansatz akzeptiert, könnte stichhaltige Gründe dafür anführen, eine »Ära Adenauer« erst im Frühjahr 1953 – mit der Rückkehr des Kanzlers von seiner USA-Reise – Gestalt annehmen zu lassen[2] oder gar erst 1955 nach Adenauers Erfolg in Moskau, der die umjubelte Heimkehr der letzten deutschen Kriegsgefangenen brachte. Beide Jahre verhalfen dem »Alten aus Rhöndorf« zu gewaltigen Popularitätsschüben, ging doch jetzt die Saat seiner »Politik der Geduld« für jedermann sichtbar auf.[3] Nur knapp zehn Jahre nach dem Untergang des nationalsozialistischen

Terrorregimes war ein neuer, demokratischer deutscher Staat – wenngleich nur als Teilstaat – in den Kreis der freiheitlichen westlichen Demokratien getreten, souverän und mit blühender Wirtschaftskraft.

Dies alles war selbstverständlich nicht allein Adenauers Verdienst und so in den ersten Jahren nach 1949 auch keineswegs absehbar oder gar planbar gewesen. Die Rolle der Westalliierten, zumal der Vereinigten Staaten bei Wiederaufbau und Wiedereingliederung Deutschlands sollte keineswegs außer Acht bleiben.

Aber der Kanzler war doch derjenige, der den Weg zur Souveränität mit wirtschaftlicher und militärischer Westbindung, zur europäischen Integration und zur marktwirtschaftlichen wie gleichermaßen sozialen Ordnung im Inneren als verantwortlicher Gestalter der deutschen Politik von Anfang an beschritten hatte – vielfach gegen große Widerstände, oftmals eigenwillig, mitunter auch eigenbrötlerisch, taktisch wendig, in den Zielvorstellungen jedoch stets unbeirrbar. Mit dem Gewinn der absoluten Mehrheit für die CDU/CSU in der Bundestagswahl 1957 unter der Devise »Keine Experimente!« erreichte Adenauer den Höhepunkt seiner Macht und seines Ansehens. Sein großer politischer Gegenspieler der frühen Jahre, der SPD-Vorsitzende Kurt Schumacher, war bereits im August 1952 an den Spätfolgen der Misshandlungen, die er in nationalsozialistischer Lagerhaft erlitten hatte, gestorben. Ein Adenauer an Gestaltungskraft und Durchsetzungswillen wirklich ebenbürtiger Politiker kam, ungeachtet vieler politischer Talente, vor Willy Brandt nicht in Sicht. Deshalb scheint es – trotz berechtigter Einwände – gerechtfertigt, die gesamten 14 Jahre seiner Kanzlerschaft als Ära Adenauer zu begreifen.[4]

Die drei Kanzlerjahre Ludwig Erhards werden hier als Epilog zur Ära Adenauer verstanden. Erst mit dem Regierungseintritt der SPD in die Große Koalition Ende 1966 begann außen-, innen- und wirtschaftspolitisch ein wirklich neuer Abschnitt in der Geschichte der Bundesrepublik.

Regierungsbildung und erste Schritte

Die Wahl zum ersten deutschen Bundestag am 14. August 1949 mobilisierte mehr als drei Viertel (78,5 Prozent) der rund 31 Millionen Wahlberechtigten. Nicht zur Wahl zugelassen war die Bevölkerung West-Berlins aufgrund des Vier-Mächte-Status der Stadt. Allerdings – und diese Regelung bestand bis zur Bundestagswahl 1987 – entsandte das Berliner Abgeordnetenhaus acht (seit 1953: 22) Abgeordnete mit begrenztem Stimmrecht in den Deutschen Bundestag.[5] Die Fünf-Prozent-Klausel existierte auf Bundesebene noch nicht, und so zogen von 19, teils nur regional zur Wahl angetretenen Parteien immerhin elf in das Parlament ein, unter ihnen im bürgerlichen Lager die Deutsche Zentrumspartei (DZP), die partikularistische Bayernpartei (BP) und die in Niedersachsen verwurzelte konservative Deutsche Partei (DP). Den knappen Wahlsieg errangen CDU/CSU mit 31,0 Prozent vor SPD mit 29,2 und FDP mit 11,9 Prozent. Kommunistisch wählten lediglich 5,7 Prozent, während die kleineren (meist konservativ-bürgerlichen) Parteien immerhin etwa 23 Prozent auf sich vereinigen konnten.[6] Das dominante Thema des Wahlkampfes war die Überwindung des sozialen Elends und die Frage nach der künftigen Wirtschaftsordnung Deutschlands gewesen. Der Wahlausgang zeigte, dass die Bürger des neuen Staates kommunistischen Ordnungsvorstellungen mit deutlicher Ablehnung gegenüberstanden; er zeigte aber auch, dass das von der CDU/CSU mit den Düsseldorfer Leitsätzen endgültig vollzogene Bekenntnis zur sozialen Marktwirtschaft zunächst noch nicht die volle Unterstützung der Bevölkerung fand. Die von der SPD propagierte Alternative zum »sinnlosen Wort von der sozialen Marktwirtschaft« lautete Planung, Sozialisierung der großen Industrien und Bodenreform, allerdings unter klarer Abgrenzung von den »Methoden [...] in der Ostzone« sowie, mit scharfer Polemik, gegen die als Helfershelfer eines neuen ausbeuterischen Kapitalismus plakatierten (West-)Alliierten.[7] Diese Mischung aus anti-sowjetkommunistischem Sozialismus und gegen die Alliierten gerichteten, stark national akzentuierten Tönen brachte der SPD zwar nicht, wie vielfach prognostiziert, den Wahlsieg, aber doch ein dem der CDU/CSU fast gleichwertiges Ergebnis.

Angesichts des knappen Wahlausgangs verwundert es nicht, dass sich auch innerhalb der CDU gewichtige Stimmen dafür aussprachen, die erste Regierung der neuen Republik aus einer Koalition der beiden großen politischen Kräfte, CDU/CSU und SPD zu bilden.[8] Dagegen pochten Adenauer und Erhard auf die Notwendigkeit einer profilierten Opposition für eine funktionierende Demokratie. Vor allem waren jedoch die beiderseitigen wirtschaftspolitischen Vorstellungen in keiner Weise miteinander kompatibel. Da nicht zuletzt auch der SPD-Vorsitzende Kurt Schumacher eine klar ablehnende Haltung zur Frage der Großen Koalition bezog,[9] war dieser Möglichkeit einer Regierungsbildung von Anfang an kaum mehr als hypothetischer Charakter beschieden.

Bei einem Treffen im Rhöndorfer Privathaus Adenauers am 21. August 1949 schworen der spätere Kanzler und sein zukünftiger Wirtschaftsminister schließlich die führenden Politiker der CDU und CSU auf den Kurs einer »kleinen Koalition« aus CDU/CSU, FDP und DP ein. Abschließend einigten sich die Versammelten darauf, die Wahl Konrad Adenauers zum Bundeskanzler sowie des FDP-Vorsitzenden Theodor Heuss zum Bundespräsidenten anzustreben.[10]

Mit seinem Plädoyer, das höchste, repräsentative Amt des neuen Staates mit Theodor Heuss zu besetzen, wollte Adenauer nicht allein ein koalitionspolitisches Signal geben. Der aus dem Württembergischen stammende Heuss (geboren 1884) repräsentierte die bedeutende Tradition des südwestdeutschen parlamentarischen Linksliberalismus. Als Reichstagsabgeordneter der Deutschen Demokratischen Partei (DDP) und der Deutschen Staatspartei (DStP) während der Weimarer Republik war Heuss ein überzeugter Republikaner, der dem Nationalsozialismus in erklärter Opposition gegenübergetreten war.[11] Gemeinsam mit Adenauer und Carlo Schmid zählte Heuss zu den drei herausragenden Impulsgebern im Parlamentarischen Rat und bei der Entstehung des Grundgesetzes. Seine politische Laufbahn wie auch sein weitverzweigtes journalistisches und schriftstellerisches Werk ließen ihn vorzüglich geeignet erscheinen, die Rolle einer Integrationsfigur für das liberale, nicht dezidiert christliche Bildungsbürgertum auszufüllen.[12] Den Einwand, Heuss sei nicht kirchenfreundlich genug, wischte Adenauer mit der Bemerkung beiseite: »Er hat eine sehr christlich denkende Frau, das genügt.«[13] Für die junge Bundesrepublik war die Wahl des Mannes mit dem schlohweißen Schopf ein Glücksgriff: Mit seinem milden und väterlichen Wesen, seiner schwäbisch gefärbten, weichen Artikulation und seiner heiteren Grunddisposition bildete der bald auch auf Briefmarken im täglichen Leben allgegenwärtige »Papa Heuss« einen Kontrapunkt zu dem oft schroff und sarkastisch auftretenden rheinischen Katholiken Adenauer. Die erste Bundesversammlung wählte Heuss am 12. September 1949 im zweiten Wahlgang gegen Kurt Schumacher zum Bundespräsidenten. Für seine im Amt erworbene große Reputation spricht, dass er im Juli 1954 mit dem überwältigenden, von keinem späteren Kandidaten mehr erreichten Wert von fast 85 Prozent der Stimmen wiedergewählt wurde.

Nach dem Zusammentreten von Bundestag und Bundesrat wählten die Koalitionspartner am 15. September 1949 Konrad Adenauer mit nur einer Stimme Mehrheit zum ersten Kanzler der Bundesrepublik Deutschland. Am 20. September schließlich empfingen die Bundesminister des ersten Kabinetts Adenauer ihre Ernennungsurkunden aus der Hand des Bundespräsidenten. Damit waren die zentralen legislativen und exekutiven Verfassungsorgane der Bundesrepublik Deutschland konstituiert.

In seiner ersten Regierungserklärung am 20. September 1949 bezeichnete Adenauer die Integration der Vertriebenen sowie den Wohnungsbau als dringlichste Aufgaben der inneren Politik. Diesen Erfordernissen entsprechend seien »zeitbedingte« Ministerien geschaffen worden, die nach der Lösung ihrer jeweiligen Aufgabe »wieder verschwinden« könnten: Zum Minister für die Angelegenheiten der Vertriebenen wurde der aus Breslau stammende, frühere Zentrumspolitiker Hans Lukaschek ernannt, zum Minister für Wohnungsbau Eberhard Wildermuth (FDP). Darüber hinaus wurde ein Ministerium für Angelegenheiten des Marshall-Plans eingerichtet, das 1957 in Ministerium für wirtschaftliche Zusammenarbeit umbenannt wurde. Der Minister, Franz Blücher (FDP), war gleichzeitig Stellvertreter des Bundeskanzlers. Der Berliner Jakob Kaiser, durchaus ein innerparteilicher Kritiker Adenauers,[14] erhielt das Ministerium für Gesamtdeutsche Fragen. Die klassischen Schlüsselressorts bekleideten Thomas Dehler (FDP), Justiz, der ehemalige Oberbürgermeister von Essen, nordrheinwestfälische Justizminister und protestantische Kirchenaktivist Gustav Heinemann (CDU), Inneres, der erste bayerische Nachkriegsministerpräsident Fritz Schäffer (CSU), Finanzen, sowie als »Superminister« Ludwig Erhard im Wirtschaftsministerium. Aufgrund des Besatzungsstatuts war der Bundesrepublik keine eigenständige Außenpolitik erlaubt, weshalb dem ersten Kabinett ein Außenminister fehlte. Adenauer übernahm diese Position nach der Revision des Besatzungsstatuts im März 1951 in Personalunion mit dem Amt des Bundeskanzlers. Erst mit der Erreichung der vollen Souveränität im Juni 1955 trennte er sich von dieser Aufgabe und berief den CDU/CSU-Fraktionsvorsitzenden Heinrich von Brentano zum Außenminister.

Auf den Teppich: Der Weg zur Souveränität

Die beiden wichtigsten Aufgaben, vor denen die Bundesregierung 1949 stand, waren unmittelbar miteinander verflochten: Dem neuen Staat war eine sichere Existenzgrundlage zu schaffen, auf deren Basis die vor allem wirtschafts- und sozialpolitischen Probleme dauerhaft gelöst werden konnten. Außen- und Innenpolitik hingen dabei untrennbar zusammen. Deutschland war ein in seinen Souveränitätsrechten stark beschränktes, besetztes Land. Ungeachtet der Aufbauhilfe durch den Marshall-Plan war seine Wirtschaftskraft nach wie vor gefährdet – durch die Entschädigungsforderungen der Alliierten, drohende Demontagen großer Industrieanlagen sowie das Ruhrstatut, das Deutschland die freie Nutzung seines bedeutendsten Industriegebiets verwehrte. Gezielte Entwicklungs- und Sicherheitspolitik nach innen war deshalb ohne gleichzeitiges Streben nach völkerrechtlicher Autonomie unmöglich.

Adenauers Ziel bestand darin, die Bundesrepublik zu einem sicheren, den Alliierten gegenüber auf gleicher Augenhöhe stehenden, frei handlungsfähigen Staat zu machen. Diesen Anspruch zeigte der neu ernannte Bundeskanzler schon bei seinem ersten Auftritt auf dem Petersberg am 21. September 1949, als er anlässlich der feierlichen Überreichung des Besatzungsstatuts durch die Hohen Kommissare die verbredete Zeremonie missachtete und sogleich mit auf den Teppich trat, der zunächst allein den Hohen Kommissaren vorbehalten sein sollte.[15]

Der Weg zur Souveränität konnte Adenauers Überzeugung nach immer nur in Kooperation mit den westlichen Alliierten, niemals gegen sie, gegangen werden. Darin lag einer der wesentlichen Streitpunkte in der Auseinandersetzung mit der Opposition. Schumacher warf Adenauer vor, den Alliierten gegenüber zu nachgiebig zu sein, ihnen zu viele unnötige Zugeständnisse zu machen. Diese Auseinandersetzung fand einen ihrer Höhepunkte in der Bundestagsdebatte über das Petersberger Abkommen vom 24./25. November 1949, als Schumacher dem Regierungschef entgegenschleuderte, er sei »der Bundeskanzler der Alliierten«[16].

Anders als Adenauer glaubte Schumacher, die Alliierten würden angesichts der Entwicklung der weltpolitischen Lage früher oder später ohnehin gezwungen sein, sich für die Sicherheit und Stabilität Westdeutschlands einzusetzen, ohne dass dafür Zugeständnisse der Bundesregierung notwendig seien. Erhebliche Vorbehalte hatte Schumacher jedoch gegen die von Adenauer in Zusammenarbeit mit dem französischen Außenminister Robert Schuman forcierte Politik der europäischen Integration über den Weg einer Montanunion. Diesen »regionalen Spezialpakt« lehnte er als »konservativ, klerikal, kapitalistisch und kartellistisch« ab.[17] Schumacher war ein leidenschaftlicher Demokrat und deutscher Patriot, der das Ziel der Einheit hoch stellte, sich aber nicht von der Propaganda der Sowjetunion den Blick für die Realitäten vernebeln ließ.[18] Wenn auch seine Argumentation nicht immer widerspruchsfrei ausfiel, war er doch ein mitreißender Redner, der geborene Widerpart Adenauers, der personifizierte Oppositionsführer.

Das Petersberger Abkommen vom November 1949 bildete den ersten Schritt der »geduldigen Politik« Adenauers in Richtung einer Revision des Besatzungsstatuts und der angestrebten Souveränität. Das zwischen dem Bundeskanzler und den Hohen Kommissaren geschlossene Abkommen bekräftigte zunächst den beiderseitigen Willen, »die Bundesrepublik als friedliebendes Mitglied in die europäische Gemeinschaft einzugliedern«[19]. Damit war das Tor geöffnet zum Eintritt des westdeutschen Staates in internationale Organisationen, aber auch für die sukzessive Aufnahme von zunächst konsularischen und Handelsbeziehungen zu anderen Ländern. Viel entscheidender für den Augenblick war jedoch, dass sich Deutschland im Petersberger Abkommen bereit erklärte, als ordentliches Mitglied der internationalen Ruhrbehörde beizutreten, und im Gegenzug die Hohen Kommissare zusicherten, die Demontagen einer Reihe von zentralen Industriebetrieben einzustellen. Besonders diese Zusicherung erwies sich als eine für die deutsche Wirtschaft schlichtweg lebenswichtige Konzession.

Die Rahmenkonstanten der Politik Adenauers lauteten: feste Einbindung einer souveränen Bundesrepublik in westliche Bündnisse sowie europäische Integration und Verteidigungsfähigkeit, auch durch einen eigenen deutschen Beitrag. Bis 1955 konnten diese Ziele trotz aller außen- wie innenpolitischen Hemmnisse erreicht werden:[20] Bereits 1950 zeichnete sich ab, dass die westlichen Alliierten an einer baldigen Beendigung des Kriegszustandes mit der Bundesrepublik (als Nachfolgestaat des

Deutschen Reichs) interessiert waren. Als Katalysator für die weiteren Entwicklungen wirkte im Mai 1950 die Initiative des französischen Außenministers Schuman, eine französisch-deutsche Montanunion als Keimzelle einer künftigen europäischen Föderation zu schaffen – durch Zusammenlegung der gesamten Kohle-, Eisen- und Stahlproduktion beider Länder unter eine gemeinsame oberste Aufsichtsbehörde, die wiederum anderen europäischen Ländern zum Beitritt offenstehen sollte.[21] Der visionäre Schuman-Plan bot die – von Adenauer sogleich erkannte – Möglichkeit, Bewegung sowohl in die Ruhrgebiets- als auch in die Saarfrage zu bringen. Außerdem ebnete er den Weg der Bundesrepublik in das bis dahin wichtigste politische Gremium europäischer Zusammenarbeit: den seit 1949 bestehenden Europarat.

Die Aufnahme der Bundesrepublik in den Europarat zunächst als assoziiertes Mitglied, vom Bundestag am 15. Juni 1950 gegen die Stimmen der SPD und KPD gebilligt, setzte ihrerseits einen weiteren Verhandlungsprozess mit den Alliierten in Gang, an dessen Ende im März 1951 die Revision des Besatzungsstatuts stand. Für die Alliierten erwiesen sich dabei nicht allein die Anerkennung der Vorkriegsschulden des Deutschen Reiches durch die Bundesrepublik – endgültig geregelt im Londoner Schuldenabkommen vom Februar 1953 – und die Planung künftiger Rohstoffverteilung als ausschlaggebend. Vor dem Hintergrund des im Juni 1950 ausgebrochenen Koreakrieges spielte auch die erklärte Bereitschaft der Bundesregierung eine wichtige Rolle, künftig eigene Anstrengungen zur gemeinsamen Verteidigung Westeuropas zu unternehmen. Wichtigstes Ergebnis der neu gewonnenen Bewegungsfreiheit war die Einrichtung des Auswärtigen Amtes noch im selben Monat. Seit Mai 1951 verfügte die Bundesrepublik schließlich auch über einen vollberechtigten Mitgliedssitz im Europarat.

Am 18. April 1951 unterzeichneten Adenauer und Schuman in Paris den Vertrag über die Gründung der Europäischen Gemeinschaft für Kohle und Stahl. Damit war auch der bisherigen

Ruhrregelung der Boden entzogen, so dass sowohl Ruhrstatut als auch Ruhrbehörde im Dezember 1951 abgeschafft werden konnten. Adenauer sah mit der Unterzeichnung des Montanunion-Vertrages einen »neuen Abschnitt der europäischen Geschichte«[22] eröffnet. Diesem Gefühl trugen alsbald auch die Alliierten Rechnung: Großbritannien ging voran und beendete den Kriegszustand mit Deutschland am 9. Juli 1951; Frankreich und die USA zogen am 13. Juli und am 19. Oktober nach.

Aber noch galt das Besatzungsstatut – ein Friedensvertrag konnte nur im Einvernehmen aller *vier* Alliierten mit dem *ganzen* Deutschland geschlossen werden; und dieser stand kaum in Aussicht. Wenn die drei westlichen Alliierten seit Herbst 1951 eine Art »vorläufigen Friedensvertrag« mit der Bundesrepublik ansteuerten, geschah dies im Hinblick auf den vor allem von den USA seit Ende 1950 zunehmend geforderten deutschen Verteidigungsbeitrag, der durch deutsche Truppenkontingente innerhalb der NATO-Verbände zu erbringen sei. Frankreich, von der Vorstellung einer zu eigenständigen deutschen Wiederbewaffnung wenig angetan, stellte mit dem Pleven-Plan das Projekt einer europäischen Verbundarmee zur Diskussion, die allerdings französisch dominiert sein sollte. In welcher Form eine Wiederbewaffnung Deutschlands letztlich erfolgte, das Besatzungsstatut musste vorher aufgehoben sein, da es implizit von der Entmilitarisierung Deutschlands als einem der Hauptzwecke der Besetzung ausging.[23] Folglich ging es bei den weiteren Verhandlungen darum, mit der Bundesrepublik einen »Grundlagenvertrag« zu schließen, der wiederum Deutschland in die Lage versetzte, als souveränes völkerrechtliches Subjekt durch ein internationales Abkommen einer europäischen Verteidigungsgemeinschaft beizutreten. Der am 26. Mai 1952 in Bonn unterzeichnete Deutschlandvertrag war deshalb die unverzichtbare Voraussetzung für den nur einen Tag später in Paris geschlossenen Vertrag über die Einrichtung einer Europäischen Verteidigungsgemeinschaft (EVG)[24]. Durch das knapp vier Monate später, am 10. September 1952, unterzeichnete Luxemburger Abkommen über Wiedergutmachungsleistungen an die jüdischen Opfer des Nationalsozialismus, gewann die Bundesrepublik zusätzliches moralisches Ansehen als ein Staat, der sich seiner historischen Verantwortung zu stellen versuchte.

Mit dem Inkrafttreten des Deutschlandvertrages gewährten die drei Mächte USA, Großbritannien und Frankreich der Bundesrepublik volle Souveränität, beendeten das Besatzungsregime und lösten die Alliierte Hohe Kommission auf. Die Rechte »in bezug auf Berlin und auf Deutschland als Ganzes« verblieben jedoch bei den Alliierten. Damit – und mit der in einer Präambel festgehaltenen ausdrücklichen Verpflichtung, die »Wiederherstellung eines völlig freien und vereinigten Deutschlands auf friedlichem Wege und die Herbeiführung einer frei vereinbarten friedensvertraglichen Regelung« anzustreben –, war die »deutsche Frage« ausdrücklich offengehalten und die Vier-Mächte-Tektonik gewahrt.[25] Wie eng Deutschland- und EVG-Vertrag aneinander gekoppelt waren, kam auch dadurch zum Ausdruck, dass beide Abkommen nur gemeinsam nach einem erfolgreichen Ratifikationsprozess in allen beteiligten Signatarstaaten in Kraft treten konnten.[26]

An genau dieser Hürde scheiterte jedoch das Vertragswerk, als sich die französische Nationalversammlung am 30. August 1954 mit deutlicher Mehrheit gegen die Abtretung französischer Souveränitätsrechte an eine überstaatliche Organisation im Rahmen eines europäischen Verteidigungsbündnisses aussprach. Damit waren das EVG-Projekt definitiv und auch der Deutschlandvertrag vorerst gescheitert. Die folgende, nachgerade blitzartige Rettung der Politik Adenauers und Schumans war im Wesentlichen Winston Churchill zu verdanken:[27] Eine von ihm prompt einberufene Londoner Neun-Mächte-Konferenz entschärfte die Krise, indem aufbauend auf dem Brüsseler Pakt von 1948 die Westeuropäische Union als europäischer Beistandspakt ohne gemeinsame Armee geschaffen wurde, in dessen Verbund die Bundesrepublik der NATO beitreten konnte. Nachdem diese im Vertragswerk von Paris festgelegte Konstruktion Ende 1954 durch die französische Nationalversammlung angenommen worden war, trat der Deutschlandvertrag in modifizierter Form zusammen mit den anderen Pariser Verträgen (WEU-Beitritt, NATO-Beitritt, Saarstatut) am 5. Mai 1955 in Kraft.[28] Noch am gleichen Tag teilte Bundeskanzler Adenauer Bundestagspräsident Gerstenmaier offiziell mit: »Das Besatzungsregime ist damit beendet. Die Bundesrepublik Deutschland ist souverän!«[29]

Die innere Debatte um die Wiederbewaffnung und die Gründung der Bundeswehr

Die Jahre bis zur Erlangung der Souveränität der Bundesrepublik waren geprägt von schweren innenpolitischen Auseinandersetzungen über die Politik Adenauers; selbst nach 1955 flauten diese Diskussionen nicht ab.[30] Die Kritiker, auch aus dem eigenen Lager, hielten dem Bundeskanzler entgegen, die deutsche Teilung sei ihm gleichgültig, ja seine Politik verspiele sogar jede Chance auf eine Wiedervereinigung.

Als besonders kontrovers erwies sich im Rahmen der Westintegrationsdebatte die Frage der Wiederbewaffnung, waren mit ihr doch besondere Legitimationsprobleme berührt. Mit zwei Memoranden an die Alliierte Hohe Kommission, in denen Adenauer Ende August 1950, beunruhigt vom Bedrohungsszenario des Koreakrieges, die Aufstellung deutscher Truppenkontingente als Teil einer westeuropäischen Verteidigungsstrategie in Aussicht stellte, schlitterte der Bundeskanzler in die erste ernsthafte Regierungskrise der Bundesrepublik. Noch im selben Monat kündigte Bundesinnenminister Gustav Heinemann, der als Präses der Synode der Evangelischen Kirche in Deutschland (EKD) gleichzeitig einer der herausgehobenen protestantischen Kirchenfunktionäre Deutschlands war, seinen Rücktritt an. Er protestierte damit nicht nur inhaltlich gegen die Wiederbewaffnungspolitik des Bundeskanzlers, sondern auch gegen dessen Amtsführung: Adenauer habe in dieser wichtigen Frage allein entschieden, ohne sein Kabinett zu konsultieren.[31]

Heinemann, der spätere Bundespräsident, entwickelte sich in der Folgezeit zu einem der prononciertesten Gegner Adenauers. 1952 trat er aus der CDU aus und gründete eine Gesamtdeutsche Volkspartei (GVP) , mit dem Ziel, einer strikt pazifistischen Neutralitätspolitik als Voraussetzung einer Wiedervereinigung zum Durchbruch zu verhelfen. Aufgrund mangelnder Resonanz löste er die Partei bereits fünf Jahre später wieder auf und trat in die SPD ein.[32]

Zum politischen Argument gegen die Wiederbewaffnung – diese sei ein Hindernis für die Wiedervereinigung – gesellte sich zu Beginn der 1950er Jahre ein vor allem durch führende deutsche Protestanten vorgebrachtes sozial-pazifistisches: Deutschland dürfe weder aus sozialen noch aus historischen Gründen wieder bewaffnet werden. Das Land müsse vielmehr innerlich und gesellschaftlich befriedet werden, ohne durch Remilitarisierung die Gefahr eines Bruderkrieges heraufzubeschwören, forderte beispielsweise Pfarrer Heinrich Albertz auf dem evangelischen Kirchentag im August 1950.[33] Gott, so stand als theologisches Argument im Hintergrund, habe den Deutschen die Waffen zweimal aus der Hand geschlagen; jetzt sei Zeit für »Buße und Umkehr«[34]. Ähnlich argumentierten auch die Pastoren Martin Niemöller und Helmut Gollwitzer, die zusammen mit Gustav Heinemann, dem Soziologen Alfred Weber und dem SPD-Vorsitzenden Erich Ollenhauer zu den wichtigsten Aktivisten der sogenannten »Paulskirchenbewegung« zählten, die Anfang 1955 außerparlamentarisch gegen die Pariser Verträge protestierte. Das Ziel der deutschen Wiedervereinigung, erklärte das Manifest dieser »Gesamtdeutschen Bewegung«, müsse in jedem Fall einer militärisch akzentuierten Westbindung übergeordnet werden.[35]

Freilich wandte sich auch Adenauer nicht gegen den Gedanken eines geeinten Deutschlands, im Gegenteil; allerdings vertrat er die Auffassung, dass eine Wiedervereinigung in Freiheit ausschließlich aus einer Position der Stärke heraus erfolgen könne. Nur so sei die Bundesrepublik in der Lage, dem Bestreben der Sowjetunion zu begegnen, ihre Einflusssphäre über ganz Deutschland hinaus auszudehnen und damit Europa zu beherrschen. Das hieß, wie Eugen Gerstenmaier später formulierte: 1) Freiheit, 2) Frieden, 3) Einheit.[36] Diese Hierarchie der Werte umzudrehen und die Einheit vor die Freiheit zu stellen, lehnte der Bundeskanzler kategorisch ab. Die regelmäßigen Angebote der Sowjetregierung, die Wiedervereinigung Deutschlands um den Preis seiner Neutralisierung zuzulassen, etwa in der berühmten Stalin-Note vom März 1952 – zwei Monate vor der Unterzeichnung des Deutschlandvertrages – oder in der »Erklärung zur deutschen Frage« vom Januar 1955 – wenige Wochen vor der Ratifikation der Pariser Verträge durch den Bundestag – wies er aus genau jenem Grund zurück. Zu Recht, wie für die Stalin-Note jüngst anhand der sowjetischen Akten nachgewiesen wurde: Eine Einigung Deutschlands, wie vom Westen gefordert, aufgrund wirklich freier Wahlen herbeizuführen, wäre von der Sowjetunion zweifellos nicht akzeptiert worden.[37]

Dennoch stand die öffentliche Meinung dem Thema Wiederbewaffnung lange Zeit mit großer Skepsis, wenn nicht gar Ablehnung gegenüber. Die unbezweifelbaren ersten Erfolge der Politik Adenauers und der gewachsene politische Spielraum der Bundesrepublik führten jedoch zu einem allmählichen Stimmungsumschwung. Auch die ersten Früchte der sozialen Marktwirtschaft trugen zum Ausgang der Bundestagswahl von 1953 bei. Eindrucksvoll wirkten daneben die Ratifizierung von Deutschland- und EVG-Vertrag durch den Bundestag im März – gegen die Stimmen der SPD – sowie die triumphale Reise Adenauers in die USA im April dieses Jahres. Wie wenig ernst die politischen Beteuerungen der »friedliebenden« UdSSR zu nehmen waren, zeigte schließlich der Arbeiteraufstand in Ost-Berlin vom 17. Juni 1953, der mit Sowjet-Panzern blutig niedergeschlagen wurde. Vor diesem Hintergrund – im August 1953 wurde der 17. Juni in der Bundesrepublik zum jährlichen Gedenktag für »Einheit in Freiheit« erhoben – ist das Ergebnis von 45,2 Prozent für die CDU/CSU (gegenüber 31 Prozent 1949) in der Bundestagswahl vom 6. September 1953 als überwältigende Zustimmung zur Politik der Bundesregierung zu werten. Die SPD schnitt hingegen mit nur 28,8 Prozent sogar noch schlechter ab als vier Jahre zuvor.

Adenauer setzte zunächst seine Regierung mit der alten Koalition aus CDU/CSU, FDP und DP, ergänzt um den BHE, fort. Die durch den Rücktritt Heinemanns entstandene Lücke, hatte die CDU bereits vor der Wahl auf überzeugende Weise wieder geschlossen. War die Berufung des EKD-Vorsitzenden ins Kabinett seinerzeit mit dem Ziel erfolgt, den deutschen Protestantismus in die vermeintlich »katholikenlastige« Regierung der Bundesrepublik einzubinden, übernahmen nach Heinemanns Rücktritt zwei andere prominente Protestanten diese Bindegliedfunktion: Hermann Ehlers und Eugen Gerstenmaier. Weder der Kirchenjurist Ehlers noch der Theologe Gerstenmaier – beide hatten sich während des Dritten Reiches in der Bekennenden Kirche und in Widerstandskreisen aktiv engagiert – waren »Abendländer«, beide plädierten mehr als Adenauer für einen Dialog mit dem Osten und standen einem christlich-gefärbten Reichsgedanken nahe.[38] Allerdings betrieben weder Ehlers noch Gerstenmaier eine protestantische Gesinnungsopposition in der Wiederbewaffnungsfrage; sie agierten *in* der CDU und grundsätzlich loyal gegenüber Adenauer. Dies wiederum half, viele Protestanten für den europapolitischen Kurs des Kanzlers zu gewinnen. Hermann Ehlers, Präsident des deutschen Bundestages seit 1950, wurde sogar als potentieller Adenauer-Nachfolger gehandelt. Er starb überraschend 1954 im Alter von nur 50 Jahren. Eugen Gerstenmaier folgte ihm im Amt nach und präsidierte dem Bundestag bis 1969.

Dem Inkrafttreten der Pariser Verträge folgte relativ zügig der Aufbau der Bundeswehr. Zum ersten Verteidigungsminister wurde im Juni 1955 der CDU-Politiker Theodor Blank ernannt, der als Beauftragter des Bundeskanzlers für Sicherheitsfragen bereits seit 1950 die »Dienststelle für die mit der Vermehrung der alliierten Truppen zusammenhängenden Fragen« (Amt

Blank) geleitet hatte. Doch Blank scheiterte an einer zu ambitionierten, realistisch kaum durchführbaren Aufbauplanung für die neue Armee, so dass Adenauer bereits im Oktober 1956 genötigt war, ihn durch seinen bisherigen Minister für Atomfragen, den jungen »CSU-Wilden« Franz Josef Strauß zu ersetzen. Unter Strauß' selbstbewusster Führung begann der Ausbau der Bundeswehr zu einer Verteidigungsarmee neuen Typs, die nicht nur in die internationalen Bündnisse integriert war, sondern vor allem auch in den neuen demokratischen Staat Bundesrepublik. Entscheidend war dabei die Einbindung der Bundeswehr in die Ordnung des Grundgesetzes: Nicht mehr »Staat im Staate«, sollte die neue Streitmacht klar der Kontrolle der rechtsstaatlichen Institutionen unterworfen sein. Durch das vor allem von Wolf Graf von Baudissin entworfene Konzept der »Inneren Führung« wurde der Soldat zum mündigen, politisch gebildeten »Staatsbürger in Uniform«. Dieses Konzept fand Eingang in die alltägliche Ausbildung der Rekruten, aber auch in das akademische Studium der Offiziere, das diese seit 1973 an den Bundeswehrhochschulen in Hamburg und München zu absolvieren hatten.[39]

Parallel zum organisatorischen und infrastrukturellen Aufbau der Bundeswehr verlief ein umfangreicher Gesetzgebungsprozess: Mit einem Ergänzungsgesetz wurde im März 1956 die Wehrverfassung in das Grundgesetz eingeschrieben. Im Juli 1956 folgte das Wehrpflichtgesetz, das auch das Recht auf Wehrdienstverweigerung mit gleichzeitiger Zivildienstpflicht einführte. Hatten mit dem 2. Januar 1956 aufgrund der Gesetzeslage zunächst nur Freiwilligenverbände ihren Dienst aufgenommen, konnten zum ersten April 1957 die ersten Wehrpflichtigen zum damals zwölfmonatigen Wehrdienst einberufen werden.

Die Zustimmung der bundesdeutschen Öffentlichkeit zu Wiederbewaffnung und Bundeswehr wuchs, besonders angesichts der Ereignisse in Ungarn im Herbst 1956 sowie nach dem Mauerbau im Herbst 1961.[40] Auch parlamentarisch war die Einführung der Bundeswehr mit der für Grundgesetzänderungen notwendigen Zweidrittelmehrheit erfolgt. Die lautstarke Opposition war damit freilich nicht zum Verstummen gebracht. In eine neue Runde traten die Auseinandersetzungen mit den nationalpolitischen und pazifistischen Kritikern Adenauers, als in der zweiten Hälfte der 1950er Jahre die Ausrüstung der Bundeswehr mit Atomwaffen bzw. die Stationierung von atomaren Sprengköpfen auf deutschem Boden unter NATO-Oberbefehl diskutiert und Ende März 1958 vom Bundestag schließlich beschlossen wurde.[41] In den Wahlkampf 1957 zog die SPD mit einem ganz auf die Kritik an Atombewaffnung und Wettrüsten zugeschnittenen Kinospot – ihre Botschaft lautete unverändert: Die Militarisierungspolitik der Bundesregierung verhindere eine Wiedervereinigung in Frieden. Ein außerparlamentarisches Protestbündnis »Kampf dem Atomtod« aus SPD, Gewerkschaften, Heinemanns GVP und Kirchenvertretern versuchte 1957/58, allerdings ohne nachhaltigen Erfolg, die Bevölkerung zum Widerstand gegen die Atombewaffnungspläne zu mobilisieren.

»Wohlstand für alle!« – Sozialpolitik und Wirtschaftswunder

Das zweite große innenpolitische Feld der Ära Adenauer bildete die Wirtschafts- und Sozialpolitik. Deutschland war im Jahr 1949 ein zerstörtes, von bitterer sozialer Not geprägtes Land. Bombenlöcher und Ruinen bestimmten auch vier Jahre nach Kriegsende das Straßenbild, Armut, Hunger und Kriegsnarben das Aussehen der Menschen. Doch war zum Zeitpunkt der Gründung der Bundesrepublik der Wiederaufbau längst eingeleitet, hatten Marshall-Plan und Währungsreform das spätere sogenannte »Wirtschaftswunder« bereits vorbereitet.

Maßgebliche Weichenstellungen in Richtung der sozialen Marktwirtschaft als der prägenden ökonomischen Ordnung des kommenden Staates hatte der Frankfurter Wirtschaftsrat schon seit 1948 vorgenommen. Besondere Signalwirkung entfaltete dabei das Frankfurter Leitsätze-Gesetz, das der Wirtschaftsrat am 18. Juni 1948 mit relativ knapper Mehrheit verabschiedet hatte und das die Prinzipien für das wirtschaftliche Leben in der Bizone nach der unmittelbar bevorstehenden Währungsreform formulierte. So verpflichtete es dazu, staatliche Zwangsbewirtschaftung und Preisfestsetzung zugunsten des marktwirtschaftlichen Wettbewerbs aufzugeben. Allerdings behielt sich der Staat vor, unter sozialen Gesichtspunkten zum Schutz Schwächerer und gegen monopolartige Kartellbildung regulativ einzugreifen.[42] Im Kern war damit die soziale Marktwirtschaft in der vereinigten Wirtschaftszone bereits eingeführt; das »Wunder« der vollen Schaufenster am Tag nach der Währungsreform läßt sich im Wesentlichen auf dieses Gesetz zurückführen: Die Zeit des Schwarzmarktes fand mit ihm ihr Ende, die Warenpreise regelten sich fortan auf dem freien Markt.

Das Leitsätze-Gesetz war das Kind Ludwig Erhards, seiner ordnungsökonomischen Prinzipien und seiner politischen Überzeugungskraft. Erhard, 1897 in Fürth geboren, hatte nach dem Studium der Betriebswirtschaft und Nationalökonomie lange Jahre in der Konsumforschung gearbeitet. 1945 war er als Wirtschaftsminister in das bayerische Kabinett eingetreten und hatte von dieser Position aus wichtige Aufgaben bei der ökonomischen Konsolidierung der Bizone, unter anderem bei der Vorbereitung der Währungsreform, übernommen. Seit Anfang 1948 war er Direktor der bizonalen Verwaltung für Wirtschaft. Zum ersten deutschen Bundestag kandidierte Erhard für die CDU in einem Wahlkreis in Württemberg-Baden, ohne Mitglied dieser Partei zu sein. 1949 trat er als Wirtschaftsminister in die Bundesregierung ein und bekleidete dieses Amt ohne Unterbrechung bis zu seiner Wahl zum Bundeskanzler am 16. Oktober 1963.

Über Nacht gefüllte Warenregale bedeuteten aber keineswegs sogleich »Wohlstand für alle«. Auch die soziale Marktwirtschaft bedurfte einer gewissen Anlaufphase, um ihre Wirkungen zu entfalten. Gerade die ersten Jahre der Bundesrepublik verliefen in wirtschaftlicher Hinsicht sehr schwierig. Die Winter 1949/50 und 1950/51 waren noch einmal ausgesprochene Krisenwinter mit hoher Arbeitslosigkeit, Lebensmittelknappheit, Kälte und Wohnungsnot. Diese Schwierigkeiten gaben den Verfechtern einer planwirtschaftlichen Ordnung und heftigen Kritikern Erhards, vor allem in der SPD, Auftrieb. Allerdings gelang es Adenauer, die Geschlossenheit der Gegner zu stören, indem er den Gewerkschaften eines ihrer Prestigeprojekte zugestand: die paritätische Mitbestimmung der Arbeitnehmer in der Montanindustrie.[43] Das auf gemeinsame Kölner Jahre und ein für beide bitteres Schicksal während der Zeit des Nationalsozialismus zurückgehende gute Verhältnis Adenauers zu DGB-Chef Hans Böckler half, die soziale Marktwirtschaft über die erste kritische Zeit zu retten.

Als staatliches Konjunkturprogramm, um die drängende Arbeitslosigkeit und Wohnungsnot zu beheben, flossen im Frühjahr 1950 mehr als drei Milliarden DM in Arbeitsbeschaffungsmaßnahmen im sozialen Wohnungsbau. Ebenso wie das zweite Wohnungsbauprogramm von 1956 oder die schon 1952 durch das Betriebsverfassungsgesetz eingeführte umfassende Arbeitnehmermitbestimmung in Betriebsräten war dies eine Maßnahme zur sozialen Gestaltung der Marktwirtschaft.

Unter den Rahmenbedingungen des enormen Wiederaufbaubedarfs, aber auch vor dem Hintergrund eines globalen Konjunkturaufschwungs (»Korea-Boom«) seit 1950, griffen sehr bald die von Erhard popagierten Mechanismen des freien Marktes und nahm die wirtschaftliche Entwicklung rasant Fahrt auf. Die Arbeitslosenquote sank zwischen 1950 und 1962 kontinuierlich von rund elf auf schließlich 0,7 Prozent, was seit 1956 faktisch Vollbeschäftigung bedeutete; das bundesdeutsche Bruttosozialprodukt nahm im gleichen Zeitraum um mehr als das Dreifache zu. Die Produktivität pro Erwerbstätiger stieg im Jahresdurchschnitt um 5,8 Prozent; die Steigerungsraten der Löhne und Gehälter lagen anhaltend über denen der Lebenshaltungskosten, so dass den Bürgern zunehmend finanzielle Spielräume für Konsumausgaben blieben.[44] 1962/63 besaßen 80 Prozent aller

Vier-Personen-Haushalte ein Radio, 74 Prozent einen Staubsauger und 63 Prozent einen Kühlschrank. Noch erstaunlicher ist, dass im selben Jahr bereits fast 42 Prozent aller Vier-Personen-Haushalte über ein Fernsehgerät und fast 38 Prozent über einen eigenen Pkw verfügten – von den Haushalten mit einem Einkommen von mehr als 1200 DM monatlich sogar 68 Prozent![45] Das automobile Erfolgsmodell »made in Germany« hieß VW Käfer: Seit 1948 in Wolfsburg und ab 1964 zusätzlich im Werk Emden serienmäßig produziert, errang dieses funktionale und unverwüstliche Auto bald weltweite Symbolkraft für das bundesdeutsche Wirtschaftswunder. Ende 1955 waren bereits mehr als eine Million Käfer vom Werksband gefahren. Als Familienvehikel diente der Käfer auch dazu, viele Bundesbürger in ihrer zunehmenden Freizeit – die durchschnittliche Wochenarbeitszeit nahm bis 1975 kontinuierlich ab – hinaus in die Welt zu führen, vor allem ihrem Urlaubstraumziel entgegen: Italien.

Zum infrastrukturellen gesellte sich als weitere große Herausforderung der Nachkriegsjahre der soziale Wiederaufbau, der vielfach schlicht ein Neuaufbau sein musste. Im Vordergrund stand die Versorgung der Kriegsopfer und hier vor allem die große Frage der Integration der aus den deutschen Ostgebieten Vertriebenen sowie der aus der SBZ bzw. der DDR Geflohenen. 1950 hatte die Bundesrepublik bereits etwas mehr als 9,5 Millionen Vertriebene und Flüchtlinge (acht Millionen Vertriebene, 1,6 Millionen Flüchtlinge) einzugliedern; bis 1961 kamen noch einmal etwa 2,5 Millionen hinzu (eine/1,5 Millionen), so dass deren Anteil in einzelnen Regionen bis auf 20 Prozent der gesamten Bevölkerung stieg.[46] Waren außerordentlich viele Vertriebene und Flüchtlinge zunächst in Schleswig-Holstein, Niedersachsen und Bayern angekommen, wurde während der 1950er Jahre versucht, durch Umsiedlung eine gerechtere Verteilung gemäß der Größe und wirtschaftlichen Leistungsfähigkeit der einzelnen Bundesländer zu erreichen; vor allem Nordrhein-Westfalen und Baden-Württemberg, aber auch Rheinland-Pfalz und die beiden Stadtstaaten erhielten umfangreichere Kontingente zugewiesen.[47]

Zu den historisch bedeutendsten Leistungen der frühen Bundesrepublik zählt zweifellos der Lastenausgleich. Hinter dem spröden Terminus verbirgt sich eine solidarische Entschädigungsanstrengung sondergleichen, getragen von denjenigen, denen die Wirrnisse des Krieges, oftmals nur durch Zufall, Vermögenswerte, insbesondere Immobilienvermögen, belassen hatten, zugunsten der Kriegsopfer, die in ihrer wirtschaftlichen Existenz erheblich geschädigt worden waren. Das Lastenausgleichsgesetz, in Kraft seit dem 1. September 1952, begünstigte unterschiedliche Gruppen von Kriegsopfern, nicht allein Flüchtlinge und Vertriebene. Als hilfreich erwies sich dabei, dass keine unmittelbare Umverteilung von bestehenden sehr hohen Vermögen vorgenommen wurde, sondern die Abgabepflichtigen eine auf 30 Jahre gestreckte Solidarleistung zu entrichten hatten, die ihrerseits wiederum aus den jährlichen Zinsgewinnen der Vermögensanlagen bestritten werden konnte. Die durch die Lastenausgleichsabgaben gesammelten Mittel wurden auf Antrag in Form von Entschädigungsleistungen, Darlehen, Renten oder Wohnraumbeihilfen an die unterschiedlichen Gruppen von Kriegsopfern ausbezahlt; bis 1989 flossen aus diesem Fonds mehr als 143 Milliarden DM.[48]

Der Lastenausgleich trug maßgeblich zur sozialen Homogenisierung der bundesdeutschen Nachkriegsgesellschaft bei. Zwar konnten die Unterstützungen vielfach nur die größte Not lindern, aber das war doch meist der erste Schritt, um nach den katastrophalen Kriegserlebnissen auch materiell wieder Fuß zu fassen. Für die Vertriebenen und Flüchtlinge, die nicht allein ihre Heimat, sondern fast immer ihr gesamtes Hab und Gut verloren hatten, bedeuteten die Ausgleichsleistungen eine wichtige Beihilfe zur Integration. 1961 war der Anteil der Angestellten innerhalb der Gruppe der Vertriebenen genauso groß wie unter den Erwerbspersonen insgesamt; bei den Beamten war er sogar deutlich größer.[49] Dies bedeutete, dass Vertriebene und Flüchtlinge gerade in den aufstrebenden Klassen des neuen Mittelstandes proportional, ja teils sogar überproportional repräsentiert waren und damit eine wichtige Rolle für Entwicklung und Modernisierung der Bundesrepublik spielten. Ähnliche Integrationsaufgaben erfüllte zusätzlich ein Paket weiterer Gesetze zur Entschädigung der körperlich Kriegsversehrten und der Opfer des Nationalsozialismus sowie zur Regelung der formalen Rechtsstellung der Vertriebenen und Flüchtlinge.[50]

Für die zweite Legislaturperiode hatte sich der Bundeskanzler die Aufgabe gestellt, ein »umfassendes Sozialprogramm«[51] vorzulegen. Dieses Projekt blieb jedoch, im Wesentlichen aufgrund der zeitraubenden europa- und wehrpolitischen Beanspruchungen, ein Stiefkind der Politik. Immerhin wurde aber noch in der alten Amtszeit der Mutterschutz gesetzlich verankert sowie die Arbeitslosenversicherung und die Bundesanstalt für Arbeit nach ihren Vorbildern in der Weimarer Republik wieder eingerichtet (1952). Von 1954 an wurde Kindergeld ab dem dritten Kind bezahlt, von 1961 an ab dem zweiten. Seit 1957 galt als Grundsatz des bürgerlichen Rechts, der Maxime des Grundgesetzes folgend, die Gleichberechtigung von Mann und Frau.[52] Weitere wichtige sozialpolitische Schritte bildeten das Bundessozialhilfegesetz von 1961 sowie das Gesetz zur Förderung der Vermögensbildung aus dem gleichen Jahr. Wohnraum- und Wohneigentumsförderung, Mietrecht und sozialer Wohnungsbau stellten zudem über die gesamten Jahre hinweg einen Schwerpunkt staatlicher Sozialpolitik dar.[53] Dies alles entfaltete konsolidierende Wirkung für die neu entstehende bundesrepublikanische Gesellschaft, trug zu gesicherten Lebensumständen der meisten und zum Wohlstand sehr vieler bei. Ein umfassendes sozialpolitisches Reformprogramm brachte jedoch auch der umtriebige Theodor Blank als Minister für Arbeit und Sozialordnung zwischen 1957 und 1965 nicht auf den Weg.

Ein solches Programm hätte sich grundsätzlich mit der Frage befassen müssen, wie weit die soziale Komponente der Marktwirtschaft in Form staatlicher Subventionen und Transferleistungen überhaupt gefahrlos ausdehnbar sei. Eugen Gerstenmaier warnte bereits auf dem CDU-Parteitag in Kiel 1958 davor, dass die Grenzen eines vertretbaren staatlichen Eingreifens bald überschritten sein könnten.[54] Aus der Luft gegriffen war dies nicht: Schon 1955 waren Probleme mit einem Defizit des Lastenausgleichfonds erkennbar.[55] Der Umfang der Sozialleistungen umfasste 1955 mit 9,8 Milliarden DM bereits ein Drittel des Gesamthaushalts.[56] Gerstenmaiers Mahnung verhallte in einer Zeit des schier unbegrenzten Wirtschaftswachstums jedoch fast ungehört. Die Umstellung der Renten auf ein dynamisches Verfahren seit 1957, sicherlich die markanteste sozialpolitische Maßnahme der späten 1950er Jahre, trug der Problematik der Sozialleistungen immerhin insofern Rechnung, als der Übergang zum Modell des Generationenvertrages – an die Rentner ausbezahlt wird jeweils das von der arbeitenden Generation prozentual vom Arbeitslohn einbehaltene und zusammen mit den Arbeitgeberbeiträgen einbezahlte Geld – von einer staatlichen Subvention weitgehend absah. Die dadurch mögliche gleichzeitige »Dynamisierung« der Renten, also ihre Kopplung an die Entwicklung der Bruttoarbeitslöhne, konnte freilich auf Dauer nur funktionieren, solange eine ausreichend hohe Zahl von Arbeitnehmern in die Versicherung einzahlte und der Nachwuchs an Arbeitskräften gesichert war. Steigende Renten waren in Zeiten wirtschaftlicher Prosperität eine billige Wohltat des Sozialstaates; ihre Höhe in weniger blühenden Zeiten auch wieder abzusenken, konnte sich hingegen zu einem veritablen sozialpolitischen Problem auswachsen.

Die Einführung der dynamischen Rente 1957 löste auf Anhieb das drückende Problem der Altersarmut von Millionen Rentnern. War die staatliche Rente nach den bisherigen Systemen nichts anderes als ein magerer Zuschuss zur Verhinderung der größten Not gewesen, versorgte die dynamische Rente die ältere Generation nun mit veritablen Alterseinkünften, die sie in die Lage versetzten, ihren gewohnten Lebensstandard weitgehend aufrechtzuerhalten und als Konsumenten an den volkswirtschaftlichen Kreisläufen weiterhin teilzuhaben. Durch die Rentenreform stiegen die durchschnittlichen Rentenbezüge von

Arbeitern sofort um etwa 65 Prozent, die der Angestellten sogar um 72 Prozent.[57]

Der bundesdeutsche Wirtschaftsmotor »brummte« 1957. Bereits 1955 war – mit Italien – der erste Anwerbevertrag für »Gastarbeiter« geschlossen worden, um einem Arbeitskräftemangel vor allem im Bereich gering qualifizierter Tätigkeiten vorzubeugen. Weitere solcher Abkommen folgten, 1960 mit Griechenland und Spanien, 1961 mit der Türkei, 1964 mit Portugal, 1968 mit Jugoslawien. Bis zur Wirtschaftskrise von 1973 kamen mehr als 2,5 Millionen ausländische Arbeitnehmer in der Bundesrepublik an, und mit ihnen etablierte sich eine neue soziale Gruppe, deren Integration zu einer zunehmend wichtigen gesellschaftspolitischen Aufgabe wurde.

Krisen um Berlin und Deutschland

In der Bundestagswahl 1957 errang Konrad Adenauer seinen größten Triumph: die absolute Mehrheit für CDU und CSU mit 50,2 Prozent.[58] Der »Keine Experimente«-Wahlkampf war aufgegangen. Freilich konnten die Regierungsparteien nicht nur mit Parolen, sondern auch mit realen Pfunden wuchern. Im September 1955 hatte Adenauer in Moskau die Freilassung der letzten deutschen Kriegsgefangenen sowie etwa 20.000 ziviler Internierter erreicht. Mit der Rückgliederung des Saarlandes zum 1. Januar 1957 war des Kanzlers heftig umstrittene, vielen zu »europäische« Saarpolitik zuletzt doch im Sinne Deutschlands aufgegangen. Die Einführung der dynamischen Rente galt als direkt im Geldbeutel greifbares Resultat der sozialen Marktwirtschaft und der durch sie bescherten vorzüglichen Wirtschaftslage. Und schließlich hatten die Römischen Verträge im März des Wahljahres mit der Gründung der Europäischen Wirtschaftsgemeinschaft (EWG) die europäische Einigung einen großen Schritt vorangebracht.

Mit ihrem schwachen Wahlergebnis von 7,7 Prozent ging die FDP 1957 endgültig in die Opposition, nachdem bereits im Februar 1956 ein Zerwürfnis über den Koalitionswechsel der FDP in Nordrhein-Westfalen hin zur SPD die Bundestagsfraktion gespalten hatte. Zusammen mit den im Amt verbleibenden FDP-Ministern hatten 16 Abgeordnete die Freie Volkspartei (FVP) gegründet, die ihrerseits 1957 zusammen mit der DP zur Wahl antrat – und mit dieser im Laufe der Legislaturperiode von der Bildfläche verschwand.

Die Politik der Westintegration hatte sich für die Bundesrepublik als richtig erwiesen; der Kalte Krieg war in der Mitte Europas nicht eskaliert, im Gegenteil: Die Bonner Verhandlungsposition gegenüber Moskau hatte sich nach den Pariser Verträgen sogar gebessert. Unmittelbar nach deren Inkrafttreten hatte die Sowjetunion Interesse an der Aufnahme diplomatischer Beziehungen mit der Bundesrepublik signalisiert. Dieses Angebot war freilich nicht ohne Pferdefuß, zielte es doch darauf ab, den Alleinvertretungsanspruch der Bundesrepublik zu unterlaufen und die Zwei-Staaten-Situation zu zementieren. Die Existenz zweier deutscher Staaten, so die Strategie von Josef Stalins Nachfolger Nikita Chruschtschow, sei Realität, und das Verhandeln über eine Wiedervereinigung müsse von den beiden Staaten gleichberechtigt geführt werden. Dabei seien die »sozialen Errungenschaften«[59] der DDR gebührend in Rechnung zu stellen. Der sowjetische Hegemon ermächtigte seinen ostdeutschen Satellitenstaat dazu, »selbständig« mit der Bundesrepublik über eine gemeinsame staatliche Zukunft zu verhandeln – eine im Westen völlig unannehmbare Forderung.

Angesichts der Erfahrungen des 17. Juni 1953 und bald auch der Niederschlagung des Aufstands in Ungarn im Oktober 1956 musste das Misstrauen gegen diese von der Sowjetunion gewährte »Verhandlungsfreiheit« groß sein. Im Übrigen widersprach die sowjetische Position sowohl dem Potsdamer Abkommen als auch dem Deutschlandvertrag. Eine endgültige Neuordnung Gesamtdeutschlands im Rahmen eines Friedensvertrages konnte ausschließlich im Einvernehmen mit allen vier Siegermächten erfolgen.

Ihrer Maxime entsprechend hatte die Sowjetunion im September 1955 die Souveränität der DDR anerkannt; die Bundesrepublik antwortete mit der Hallstein-Doktrin: Diplomatische Beziehungen zur DDR aufzunehmen, betrachtete Bonn fortan als »unfreundlichen Akt« und kündigte an, mit Staaten, die entsprechende Schritte unternahmen ihrerseits keine diplomatischen Beziehungen unterhalten oder aber bestehende Beziehungen abbrechen zu wollen.[60] Der Gegenvorschlag seitens der Bundesregierung und der drei Westalliierten lautete nach wie vor: freie und geheime Wahlen in ganz Deutschland zu einer verfassunggebenden Nationalversammlung und Einbindung des gesamten Deutschland in ein europäisches Sicherheitssystem, faktisch in die NATO. Ende Juli 1957 bekräftigten die westlichen Alliierten und die Bundesrepublik in einer »Berliner Erklärung« diese Position ein weiteres Mal. Sie wurde von der Sowjetunion ebenso stereotyp zurückgewiesen, denn zweifellos hätten freie Wahlen in der DDR das sofortige Ende des SED-Regimes und seiner »sozialen Errungenschaften« bedeutet.

Auch die innenpolitischen Auseinandersetzungen über die Wiedervereinigungsfrage verloren angesichts dieser Entwicklungen nicht an Heftigkeit. Thomas Dehler und Gustav Heinemann erhoben in einer erregten Bundestagsdebatte am 23. Januar 1958 schwere Vorwürfe gegen die Regierung: Sie sei an einer Wiedervereinigung nicht ernsthaft interessiert, ja steuere geradewegs auf einen Krieg mit der Sowjetunion zu.[61]

Indessen ging die Aggression keineswegs vom Westen, sondern wiederum von der sowjetischen Seite aus. Zehn Monate nach dieser Debatte eröffnete das sogenannte »Chruschtschow-Ultimatum« vom 27. November 1958 die nach 1948/49 zweite große Berlin-Krise. Der sowjetische Staatschef kündigte den Vier-Mächte-Status Berlins und forderte die Westmächte ultimativ auf, West-Berlin in eine Freie Stadt zu verwandeln. Geschehe dies nicht, werde die Sowjetunion ein separates Abkommen mit der DDR schließen und ihre eigenen Berlin-Rechte an den ostdeutschen Staat abtreten, der dann »seine Souveränität zu Lande, zu Wasser und in der Luft ausüben«[62] müsse. Dies war nichts anderes als die Drohung, die Zufahrtswege zu West-Berlin erneut abzuriegeln.

Das Chruschtschow-Ultimatum bedeutete einen tiefen »Barometersturz« in der west-östlichen Großwetterlage.[63] Auch wenn die Bundesrepublik das taktische Manöver durchaus zu erkennen wusste, mit dem die Sowjetführung die Vertragsfestigkeit des westlichen Bündnisses testen wollte, war doch mit diesem Schachzug auch die gesamte Vier-Mächte-Tektonik Berlins, wie sie sich in den vertraglichen Vereinbarungen der Siegermächte etabliert hatte, infrage gestellt. Deutschlandpolitisch schwenkte die Sowjetunion nun sogar von der »Zwei-Staaten-« auf eine »Drei-Staaten-Theorie« (DDR, Bundesrepublik, »Freie Stadt Berlin«) um. Doch die Westalliierten wiesen das Ultimatum entschieden zurück und beharrten auf ihren Rechten über West-Berlin, die US-Präsident John F. Kennedy in drei wesentlichen Punkten (»three essentials«) zusammenfasste: die Wahrung des Anwesenheitsrechtes der Westalliierten, der ungehinderte Zugang nach West-Berlin und die Sicherung der Freiheit der Bürger West-Berlins durch die drei westlichen Besatzungsmächte. Als Chruschtschow im Juni 1961 versuchte, Kennedy gegenüber sein Ultimatum zu erneuern, stieß er ein zweites Mal auf unverklausulierte Ablehnung.[64]

Die Folgen des Chruschtschow-Ultimatums waren ambivalent: Einerseits blieb der Westen in der Berlin-Frage standhaft und ließ sich von der Sowjetunion nicht erpressen; andererseits zeigte sich immer deutlicher, dass der Versuch, die Sowjetunion durch die Demonstration militärischer Stärke zurückzudrängen (»roll back«) fehlgeschlagen war, und dass mit einer Wiedervereinigung auf längere Zeit nicht zu rechnen sein würde. Die beiden Großmächte gingen dazu über, ihre Einflusssphären zu sichern und den Status quo zu regeln. Mit seinen Provokationen in Berlin und kurz darauf, 1962, in Kuba testete Chruschtschow, wie weit er gehen konnte. Am Ende stand die Phase der »friedlichen Koexistenz«, deren absurdes Grundfaktum das atomare Hochrüsten bei gleichzeitigem, von Realismus geprägtem Unwillen war, einen dritten Weltkrieg wirklich zu beginnen. Die Abschreckung funktionierte. Bereits die langwierige und schließlich ergebnislose Genfer Außenministerkonferenz über die »deutsche Frage« zwischen Mai und August 1959 hatte diese Tendenz bestätigt, das Bestehen der jeweiligen waffenstarrenden Machtblöcke als gegeben hinzunehmen.

Dass die Zeit der Neutralisierungspläne vorbei war, musste auch die SPD erfahren, die mit ihrem sogenannten »Deutschland-Plan« vom März 1959 einen letzten verzweifelten Versuch unternahm, so Carlo Schmid, einen »Vorbehalt gegen die Verjährung eines Anspruchs«[65] vorzubringen. Die von Ollenhauer, Erler, Wehner und Schmid entworfene Vision eines entmilitarisierten, »entspannten« Mitteleuropa mit Neutralitätsgarantien seitens der USA und der Sowjetunion als Voraussetzung einer stufenweisen Wiedervereinigung Deutschlands stieß allseits auf Ablehnung. Auch die SPD erkannte die neue politische Situation schließlich an, verwarf den Plan und schwenkte mit einer programmatischen Rede des außenpolitischen Experten der Partei, Herbert Wehner, am 30. Juni 1960 im Bundestag auf die Grundlinien der Adenauerschen Außenpolitik ein.[66]

Diese als Sensation begriffene außenpolitische Wende der SPD leitete bereits auf den Pfad einer veränderten Deutschlandpolitik hin. Musste nicht, wenn denn die Tatsache der Blockbildung und der deutschen Teilung bis auf Weiteres nicht mehr aufhebbar sein sollte, ein anderes Ziel die Deutschlandpolitik künftig bestimmen: die Sorge darum, das Leben der Landsleute in der »Zone« durch Politik halbwegs erträglich zu gestalten? Dieser Gedanke blieb nicht allein der SPD vorbehalten; bereits vor dem Chruschtschow-Ultimatum, im März 1958, hatte ihn Eugen Gerstenmaier in einer außenpolitischen Grundsatzrede als »etwas recht Unorthodoxes«[67] formuliert. Aber es war die SPD, der es über die 1960er Jahre hinweg gelingen sollte, sich als Träger dieser »modernen« Deutschlandpolitik zu positionieren. In der Tutzinger Rede Egon Bahrs vom 15. Juli 1963 sollte das

Konzept seine Formel erhalten: »Wandel durch Annäherung.« Die dramatische Zuspitzung der zweiten Berlin-Krise hatte dazu beigetragen, diesen neuen Kurs zu etablieren. Am 13. August 1961 begann »Pankow« damit, die Sektorengrenzen zum Westteil Berlins abzuriegeln und schließlich eine Mauer zu errichten. Damit ergriff das Ost-Berliner Regime, mit Billigung durch die Sowjetunion, zum letzten, verzweifelten Mittel, den anhaltenden und anschwellenden Exodus aus der »Zone« zu beenden. Fast 3,5 Millionen Menschen hatten seit 1945 die SBZ und spätere DDR verlassen, ein unaufhörlicher Strom; allein 1961 waren es bis zur Schließung der Grenze 207.000.[68]

Der Mauerbau, so Willy Brandt, habe ihm die Einsicht aufgezwungen, »daß traditionell gewordene Formeln der westlichen Politik sich als unwirksam oder sogar als wirklichkeitsfremd erwiesen« hätten. »Was man meine Ostpolitik genannt hat, wurde vor diesem Hintergrund geformt.«[69] Mit der zweiten Berlin-Krise trat dieser noch eher junge (geb. 1913) und mitunter etwas linkisch wirkende SPD-Politiker auf die Bühne der großen Politik. 1957 hatte Brandt die Nachfolge des verstorbenen Otto Suhr als Regierender Bürgermeister von Berlin angetreten. Noch am Tag des Chruschtschow-Ultimatums war er mit einer leidenschaftlichen Erklärung gegen die Absichten der Sowjetunion und für die Aufrechterhaltung der freiheitlich-demokratischen Ordnung und der Rechtssicherheit in West-Berlin vor die Weltöffentlichkeit getreten.[70] Jetzt, am Tag des Mauerbaus, erhob er auf einer Sondersitzung des Berliner Abgeordnetenhauses »vor aller Welt Anklage gegen die widerrechtlichen und unmenschlichen Maßnahmen der Spalter Deutschlands, der Bedrücker Ost-Berlins und der Bedroher West-Berlins«[71]. Brandts energisches Auftreten, seine entschlossenen Worte, sein Bekenntnis zur Freiheit und der erklärte Wille, diese zu verteidigen, wirkten wie ein völliger Gegensatz zur scheinbar gehemmten Reaktion der Bundesregierung, wenngleich diese aus Bonn nichts anderes verlauten ließ.[72] Aber Brandt erschien in jenen Tagen als der Mann der Tat. Die sofortige Entsendung einer amerikanischen Delegation um Vizepräsident Lyndon B. Johnson und den »Berlin-Helden« Lucius D. Clay sowie das Einrücken einer US-Kampfeinheit zur Verstärkung der westalliierten Truppen vor Ort galten als Brandts Verdienst. Der mit dem Wahlkampf beschäftigte Adenauer hingegen kam erst eineinhalb Wochen später persönlich erstmals an die neu errichtete Mauer.[73]

Der Alte im Abendlicht

Am Übergang zum zweiten Jahrzehnt der Bonner Republik begannen sich Veränderungen abzuzeichnen – in der inneren wie in der Deutschlandpolitik. Mit dem Godesberger Programm und ihrer außenpolitischen Neupositionierung signalisierte die SPD Wählbarkeit auch für bürgerliche Schichten, Regierungsfähigkeit und Koalitionswillen. Herbert Wehner ließ die Bereitschaft der SPD zu einer Großen Koalition bereits in seiner Rede vom 30. Juni 1960 anklingen und wiederholte dieses Angebot im Wahljahr 1961, allerdings mit negativem Echo aus den Reihen der CDU. Mit der Wahl Willy Brandts zum Kanzlerkandidaten scharten sich die Sozialdemokraten hinter den charismatischen Regierenden Bürgermeister von Berlin, der in der Krise um die geteilte Metropole so viel Profil gewonnen hatte.

Zugleich litt das Ansehen Adenauers unter einigen Kapriolen während seiner letzten Amtsjahre. Besonders überraschte die Ankündigung des Kanzlers im April 1959, sich als Nachfolger von Theodor Heuss zum zweiten Bundespräsidenten wählen lassen zu wollen. Konnte es möglich sein, dass sich der Vollblutpolitiker Adenauer, Chef einer mit absoluter Mehrheit ausgestatteten erfolgreichen CDU/CSU-Regierung, ungeachtet seiner bereits 83 Lebensjahre, auf einen Repräsentationsposten mit beschränktem politischen Gestaltungsspielraum zurückzog? Wohl kaum; vielmehr schwebte dem Kanzler offenbar eine politische Neudefinition des Bundespräsidentenamtes vor. Der Eindruck, den er im September 1958 während des berühmten ersten Treffens mit Charles de Gaulle in Colombey-les-deux-Eglises von dessen präsidialer »Herrengestalt«[74] gewonnen hatte, mochte diese Träume genährt haben. Strategisch suchte er freilich nach einem Weg, das Kanzleramt rechtzeitig vor der nächsten Wahl für seinen Wunschnachfolger frei zu machen, ohne selbst die Zügel vollends aus der Hand geben zu müssen. Dieser »Kronprinz« war indes keineswegs Ludwig Erhard, sondern Franz Etzel, den Adenauer 1957 aus der Hohen Behörde der Europäischen Gemeinschaft für Kohle und Stahl als Finanzminister ins Kabinett geholt hatte und der sich dort zwischen 1957 und 1959 mit einer profunden Steuerreform profiliert hatte.[75]

Aber Etzel war keine Persönlichkeit vom Range Erhards und deshalb innerhalb der Fraktionen von CDU und CSU als Adenauer-Nachfolger nicht durchsetzbar. Nachdem Adenauer dies eingesehen hatte und von der Unmöglichkeit überzeugt worden war, das Bundespräsidentenamt in seinem Sinne umzugestalten, trat der alte Kanzler den Rückzug an. Anfang Juni verkündete Adenauer, auf eine Kandidatur für das Amt des Bundespräsidenten verzichten zu wollen. Die unausgegorene Episode blieb nicht ohne Folgen für das Bild des Kanzlers in der Öffentlichkeit. Dem alten Herrn schien die Kontrolle langsam zu entgleiten; außerdem war der Eindruck entstanden, er habe das Bundespräsidentenamt für taktische Rochaden missbraucht. Je offener die Debatte um seine Nachfolge wurde, umso entschlossener gab sich Adenauer jetzt, auf seinem Posten zu verbleiben. Dabei war es kein Geheimnis, dass es ihm mit der Ankündigung, bei den 1961 anstehenden Wahlen erneut kandidieren zu wollen, auch darum ging, eine Kanzlerschaft Erhards zu verhindern. Zum zweiten Bundespräsidenten wählte indessen die Bundesversammlung am 1. Juli 1959 den bisherigen Bundeslandwirtschaftsminister Heinrich Lübke (CDU).[76]

Die Bundestagswahl vom 17. September 1961 stand ganz im Schatten des Berliner Mauerbaus und der gegen Adenauer erhobenen Kritik, in jenen Augusttagen nicht präsent genug gewesen zu sein. Auch Verunsicherung der Wähler über die großen Linien der Politik kam im Wahlergebnis zum Ausdruck:

Markierte nicht der Mauerbau, wie Heinemann Adenauer vorwarf, das völlige Scheitern der bisherigen Deutschlandpolitik? Die absolute Mehrheit von CDU/CSU war jedenfalls dahin. Mit ihrem hoffnungsbeladenen Kanzlerkandidaten Willy Brandt verbesserte sich die neu aufgestellte SPD gegenüber 1957 um fast 4,5 Punkte, auf 36,2 Prozent, während CDU und CSU mit nur noch 45,4 Prozent einen empfindlichen Verlust hinnehmen mussten. Die FDP wiederum war mit der klaren Aussage in den Wahlkampf gegangen, eine Koalition mit der CDU, jedoch »ohne Adenauer« anzustreben. Diese Absichtserklärung trug zweifellos dazu bei, ihrem Abwärtstrend seit 1953 Einhalt zu gebieten und sie mit ansehnlichen 12,8 Prozent zum eigentlichen Wahlsieger werden zu lassen. Dass der Parteivorsitzende Erich Mende schließlich doch »umfiel« und den Kompromiss einer weiteren halben Legislaturperiode unter Adenauer akzeptierte, nahmen ihm viele übel; immerhin blieb er persönlich konsequent und trat nicht als Minister in das neue CDU/CSU/FDP-Kabinett ein. Allerdings musste der mittlerweile 85-jährige Adenauer in den Koalitionsverhandlungen mit der FDP zusichern, sein Amt nicht mehr bis zum Ende der Legislaturperiode auszuüben.

Damit war Adenauer ein Kanzler auf Zeit geworden. Ein nochmaliger Glanzpunkt war ihm während seiner beiden letzten Amtsjahre auf dem Feld der Europapolitik vergönnt. Sein gutes Verhältnis zum kongenialen Charles de Gaulle führte die deutsch-französischen Beziehungen auf einen historischen Gipfel. Die Bundesrepublik und Frankreich standen auf Augenhöhe und erklärten sich freundschaftlich verbunden – selbstverständlich nicht ohne eine präzise politische Interessenlage beider Partner: De Gaulle lag daran, Frankreich auf dem Kontinent eine Führungsrolle zu sichern und die anglo-amerikanischen Gewichte des westlichen Bündnisses etwas zu verringern; Adenauer hingegen war bestrebt, der Möglichkeit einer französisch-sowjetischen Verständigung auf Kosten der Bundesrepublik einen Riegel vorzuschieben. Die neue Qualität des deutsch-französischen Verhältnisses wurde bereits während des umjubelten

Besuchs de Gaulles in der Bundesrepublik im September 1962 erkennbar; nur wenige Monate später, im Januar 1963, unterzeichneten Adenauer und de Gaulle in Paris mit dem Elysée-Vertrag ein Abkommen über die beiderseitige Zusammenarbeit, das eine weitgreifende Koordination der Politik beider Länder, vor allem im Bereich der internationalen Beziehungen und der Verteidigung, sowie umfassenden Jugend- und Kulturaustausch vorsah.[77] Allerdings löste der Vertrag Befürchtungen in den USA aus, es könne sich ein deutsch-französisches Sonderbündnis um den Preis der Ausgrenzung Großbritanniens aus dem europäischen Kontext sowie einer Schwächung der NATO anbahnen. Dass Frankreich gleichzeitig den EWG-Beitritt Großbritanniens behinderte, gab in der Bundespolitik den »Atlantikern« um Außenminister Gerhard Schröder Auftrieb, der im November 1961 dem zurückgetretenen Heinrich von Brentano im Amt gefolgt war. Auch wenn der Elysée-Vertrag aufgrund des Einflusses der »Atlantiker« in seiner Bedeutung stark relativiert wurde – der Bundestag schaltete dem Vertragstext eine Präambel vor, die eine Einbeziehung Großbritanniens sowie die »enge Partnerschaft zwischen Europa und den Vereinigten Staaten von Amerika«[78] als unmissverständliche Rahmenbedingung setzte –, darf er gleichwohl als der Schlussstein des politischen Lebenswerkes Konrad Adenauers gelten. Mit ihm setzte der betagte Kanzler das für sein gesamtes Denken so zentrale deutsch-französische Verhältnis auf ein dauerhaftes neues Fundament.

Am Abend des 26. Oktober 1962 besetzten und durchsuchten Polizeieinheiten die Redaktionsräume des Nachrichtenmagazins *Der Spiegel* in Hamburg und Bonn. Die Bundesanwaltschaft glaubte in einem Bericht des Magazins über ein NATO-Manöver Geheimnisverrat zu erkennen und erließ Haftbefehl gegen leitende Redakteure, unter ihnen der Verfasser des inkriminierten Artikels »Bedingt abwehrbereit«, Conrad Ahlers, sowie der Herausgeber Rudolf Augstein selbst. Die »Spiegel-Affäre« löste als »Angriff auf die Pressefreiheit« erhebliche Protestwellen nicht nur in der studentischen Jugend aus. Als sich herausstellte, dass

Ahlers an seinem spanischen Urlaubsort auf direkte Veranlassung von Verteidigungsminister Strauß hin in Haft genommen worden war, weitete sich die Affäre zu einer Regierungskrise aus.[79] Nicht allein, dass die von Strauß zunächst abgestrittene Beteiligung in einer turbulenten Fragestunde des Bundestages ans Licht kam, sondern mehr noch die Tatsache, dass ein Deutscher im Ausland auf eine Weisung aus dem Verteidigungsministerium hin ohne weiteres festgenommen werden konnte, ließ viele am bundesdeutschen Rechtsstaat zweifeln. War hier eine Wiederkehr von »Methoden« zu befürchten, »die an unsere jüngste, unselige Vergangenheit erinnern«?[80]

So überzogen derartige Befürchtungen rückblickend auch erscheinen, so war doch die Spiegel-Affäre von einer unbekümmerten Ignoranz einiger Regierungsvertreter gekennzeichnet, die sich – wie Innenminister Hermann Höcherl zugeben musste – »etwas am Rande der Legalität«[81] bewegten. Die Haltlosigkeit der Vorwürfe gegen den *Spiegel* trat schließlich zutage; dass Rudolf Augstein mehr als drei Monate in Untersuchungshaft saß, hinterließ einen bitteren Beigeschmack. Insgesamt bestand der Rechtsstaat jedoch seine Bewährungsprobe, denn die Kontrollmechanismen der Verfassungsinstitutionen, aber auch der kritischen Öffentlichkeit blieben nicht ohne Wirkung. Als Strauß auch nach der Fragestunde des Bundestages sich noch immer nicht willens zeigte, die politische Verantwortung zu übernehmen, und der Bundeskanzler zögerte, schieden die fünf FDP-Minister am 19. November 1962 unter Protest aus der Regierung aus. Damit war Adenauer zu einer Kabinettsneubildung genötigt – nicht ohne allerdings selbst wiederum den Versuch zu unternehmen, die Situation noch einmal taktisch zu nutzen. Zum ersten Mal erklärte er sich bereit, Koalitionsverhandlungen mit der SPD zu führen. Dabei spielte die Frage nach der Veränderung des Wahlrechts hin zu einem reinen Mehrheitswahlrecht, das die Existenz der FDP bedrohte, bereits eine wichtige Rolle. Wenn auch diese Gespräche alsbald scheiterten, und die FDP nach der Erklärung Strauß', auf sein Amt verzichten zu wollen, in die Koalition zurückkehrte, ging doch ein wichtiges Signal von ihnen aus. Allein durch die Aufnahme der Verhandlungen hatten die CDU und insonderheit Adenauer zu erkennen gegeben, dass die SPD in ihren Augen grundsätzlich fähig geworden war, Regierungsverantwortung zu übernehmen. Damit war ein erster Schritt hin zur Großen Koalition von 1966 vollzogen.

Die den Rechtstaat missachtende Eigenwilligkeit des Verteidigungsministers in der *Spiegel*-Affäre blieb jedenfalls nicht ohne Konsequenzen. Ja, mehr noch, die Krise beschleunigte das Ende der Kanzlerschaft Adenauers. Denn zu den Bedingungen der FDP für die Fortsetzung der Koalition zählte auch, das bereits angekündigte Ausscheiden des Kanzlers definitiv auf den Herbst 1963 festzulegen. Noch einmal war Adenauer im Juni auf großer Bühne zu sehen, an der Seite zweier Kultfiguren der kommenden Generation, John F. Kennedy und Willy Brandt, anlässlich des legendären Besuches des US-Präsidenten in Berlin. Bereits zwei Monate zuvor hatten die Fraktionen von CDU und CSU Ludwig Erhard als Kandidaten für die Nachfolge Adenauers nominiert. Am 15. Oktober schließlich verabschiedete der Bundestag den 87-jährigen Kanzler in einer bewegenden Sitzung. Seine Amtszeit hatte länger gedauert als die aller 21 Regierungschefs der Weimarer Republik zusammen.[82]

Kanzler Erhard: Die Lokomotive lahmt

Adenauer schied ungern und in Sorge um die Fortführung »seiner« Politik. Der Widerstand des alten Kanzlers gegen Erhard nährte sich im Wesentlichen aus der Einschätzung, dieser sei unsicher und unerfahren in der Außenpolitik und messe dem Prozess der europäischen Integration nicht das richtige Gewicht zu. Wirtschaftspolitisch, befürchtete Adenauer, bestehe die Gefahr, die marktliberale Seite Erhards könne zuungunsten der sozialen Komponente die Oberhand gewinnen.[83] Im Innersten erachtete jedoch der allzeit misstrauische Adenauer den barocken Erhard aufgrund seines gesamten Habitus und seiner

Arbeitsweise für den Posten des Bundeskanzlers als schlicht unqualifiziert.

Die Amtsführung Erhards trug denn auch kaum dazu bei, Adenauers Bedenken zu entkräften. Der so verdiente Wirtschaftsminister ließ als Kanzler Konsequenz und Überblick vermissen. Sicher, das Regieren an sich war nicht einfacher geworden: Die »Kanzlerdemokratie« hatte sich in eine »Koalitionsdemokratie« gewandelt, mit einer selbstbewussten FDP, die 1961 zum ersten Mal auf einen Koalitionsvertrag bestanden hatte, und einer zur Macht drängenden SPD. Viele seiner politischen Zeitgenossen meinten, Erhard sei zu weich für das geforderte entschiedene Durchsetzen von Positionen auf dem innen- wie außenpolitischen Parkett. So waren die Erhard-Jahre insgesamt eher von Stagnation als von Aufbruch gekennzeichnet.

In der Außenpolitik mehr Atlantiker denn »Gaullist«, billigte Erhard der Entwicklung der deutsch-französischen Zusammenarbeit nicht jenen Raum zu, den der Elysée-Vertrag gefordert hätte. Dies führte zu deutlichen Verstimmungen mit de Gaulle und schließlich zu einer ernsthaften Krise in der Entwicklung der EWG sowie der NATO. Auch innenpolitische Auseinandersetzungen über den bündnispolitischen Kurs der Bundesrepublik blieben nicht aus. Der Vorwurf gegen Erhard lautete, sein unentschlossenes Lavieren treibe Frankreich zu einer Verständigung mit Moskau, während sich auf der anderen Seite die Beziehungen der Bundesrepublik zu den USA nicht verbesserten. Wie viel Wahres in diesen Vorwürfen steckte, zeigten nicht nur die europa- und bündnispolitischen Alleingänge Frankreichs in jenen Jahren – der Rückzug aus den EWG-Institutionen und schließlich aus den integrierten NATO-Verbänden –, sondern zuletzt auch Erhards als desaströs empfundene USA-Reise vom September 1966, bei der es dem Kanzler nicht gelang, Präsident Johnson gegenüber fiskal- wie deutschlandpolitische Interessen der Bundesrepublik plausibel zu machen. Am Ende der Kanzlerschaft Erhards stand Entfremdung gegenüber Frankreich wie gegenüber den USA.[84]

Auch gesellschaftspolitisch blieb Erhards Wirken als Kanzler eher diffus. In Abgrenzung zu Adenauer wollte er einen »volksnahen« Kanzlertypus etablieren, was für ihn durchaus auch hieß, soziale »Geschenke« zu verteilen. Angesichts der noch anhaltenden guten Konjunktur schien vieles finanzierbar, wenngleich mahnende Stimmen – paradoxerweise auch Erhard selbst in diversen »Maßhalteappellen«[85] – bereits einen verantwortungsvolleren Umgang mit den Staatsfinanzen forderten. Zunächst dominierte jedoch noch sorglose Großzügigkeit, sei es bei der Erhöhung des Kinder- und Wohngeldes sowie der Kriegsopferrenten oder bei Steuersenkungen bzw. Subventionierungen.[86]

Hingegen wurden umfassende Reformvorhaben, etwa im Bereich der Krankenversicherung, nicht entschieden genug in Angriff genommen. Etwas besser sah es immerhin in der Bildungspolitik aus; seit 1964 investierten Bund und Länder zusammen in den Ausbau der Hochschullandschaft und die Reform des gesamten Bildungswesens. Damit reagierten sie auf eine breite, mit besonderem Nachdruck von dem Philosophen und Pädagogen Georg Picht vorangetriebene Debatte über eine bevorstehende »Bildungskatastrophe« für den Fall, dass Deutschland nicht engagiert die Ausbildung einer breiten neuen Lehrer- und Akademikergeneration betreibe.[87] Das von Erhard in seinen beiden Regierungserklärungen, 1963 und 1965, beschworene »Ende der Nachkriegszeit«[88] zeigte sich hier tatsächlich mit neuen Problemstellungen an, die nur vorausschauend und planend zu bewältigen schienen. Genau daran, so entstand aber zunehmend der Eindruck, mangelte es Erhard; sein Konzept einer »formierten Gesellschaft« gab eher zu Stirnrunzeln Anlass, als dass es ähnlich richtungsweisend hätte wirken können wie seinerzeit das Konzept der sozialen Marktwirtschaft.[89]

Fast zwei Jahrzehnte nach dem Ende des Krieges begann sich das Verlangen nach einer offensiveren Auseinandersetzung mit der Vergangenheit nachhaltiger zu regen. Der 1961 in Jerusalem gegen Adolf Eichmann geführte Prozess hatte eine weltweite Diskussion über die juristische, historische und ethische Dimension des Holocaust angestoßen. Seit Dezember 1963 stand in Frankfurt eine Gruppe von Aufsehern des Vernichtungslagers Auschwitz vor Gericht. Dieser erste in der Bundesrepublik geführte, seit 1959 von dem hessischen Generalstaatsanwalt Fritz Bauer penibel vorbereitete Prozess gegen Handlanger des Völkermordes an den Juden wurde begleitet von einem Streit über die Verjährungsfrist von Gewaltverbrechen. Nach geltender Rechtslage wären solche während der Zeit des Nationalsozialismus begangenen Taten spätestens mit dem 8. Mai 1965 verjährt gewesen. FDP-Justizminister Ewald Bucher trat zurück, als der Bundestag mit den Stimmen von CDU/CSU und SPD eine Verlängerung der Verjährungsfrist um zunächst viereinhalb Jahre beschloss. Die ersten 20 Urteile im Frankfurter Auschwitz-Prozess – meist lebenslänglicher oder langjähriger Freiheitsentzug – ergingen im August 1965. Weitere Auschwitz-Prozesse folgten bis in die frühen 1980er Jahre hinein.

Trotz aller Bedenken war die Kanzler-Nachfolge auf den Wirtschaftsminister fast zwangsläufig zugekommen. Es ging darum, die nächste Bundestagswahl, 1965, zu gewinnen – und Erhard erschien dafür als bester Garant. Das Gewicht seiner Verdienste, aber auch die Popularität des gemütlichen Dicken mit der Zigarre gaben den Ausschlag. Die »Lokomotive« Erhard sollte den CDU/CSU-Wahlzug sicher in die nächste Legislaturperiode führen. Dies gelang auch: In der fünften Bundestagswahl vom 19. September 1965 legten CDU/CSU um 2,5 Prozentpunkte zu (47,6 Prozent); aber auch die SPD gewann drei Prozent (39,3 Prozent), während die FDP ihr glänzendes Resultat von 1961 (12,8 Prozent) nicht wiederholen konnte (9,5 Prozent).[90] Sehr zur Frustration des ein zweites Mal unterlegenen SPD-Kanzlerkandidaten Willy Brandt lief die Regierungsbildung wiederum auf eine CDU/CSU-FDP-Koalition zu. Der sensible Brandt kündigte an, kein drittes Mal für eine Kanzlerkandidatur zur Verfügung stehen zu wollen. Ungeachtet des vorübergehenden Rückzugs des SPD-Hoffnungsträgers nach Berlin kündigte sich in der Bundespolitik unübersehbar ein Generationswechsel an, drängte eine jüngere Politikerriege nach vorn: Brandt selbst (geb. 1913) war dem Ende 1963 verstorbenen Erich Ollenhauer im Amt des SPD-Parteivorsitzenden gefolgt. Karl Schiller (1911) und Helmut Schmidt (1918), beide erfolgreiche »Macher« in der Innen-, Wirtschafts- und Finanzpolitik Hamburgs und Berlins, gaben nach der Bundestagswahl 1965 ihre Senatorenposten auf und konzentrierten sich in Bonn auf die Bundespolitik. Auch bei der CDU rückte der »Nachwuchs« in Schlüsselpositionen ein: Rainer Barzel (1924), im letzten Kabinett Adenauer bereits kurzzeitig Minister für Gesamtdeutsche Fragen, von Erhard jedoch nicht berücksichtigt, folgte dem Ende 1964 verstorbenen Heinrich von Brentano als CDU-Fraktionsvorsitzender. FDP-Chef Erich Mende (1916) saß als Vizekanzler neben Ludwig Erhard am Kabinettstisch; desgleichen ein anderer, jüngerer FDP-Politiker als Chef des in den Koalitionsverhandlungen 1961 der Union abgetrotzten neuen Ministeriums für wirtschaftliche Zusammenarbeit: Walter Scheel (1919). Hingegen begannen die »Gründerväter« langsam abzutreten: Theodor Heuss starb zwei Tage vor Erich Ollenhauer, am 12. Dezember 1963, Thomas Dehler und Fritz Schäffer 1967, im gleichen Jahr wie Konrad Adenauer (19. April 1967).

Bald nach Bundestagswahl und Regierungsneubildung zeichnete sich ab, was viele prophezeit hatten: Die Wirtschaft trat in eine Rezessionsphase ein. Die Entwicklung des Bruttosozialproduktes stagnierte spürbar; entsprechend kam die bis dahin Jahr für Jahr gewohnte Steigerung der Einkommen zum Stillstand, während auf der anderen Seite die Lebenshaltungskosten stiegen. Die Zahl der Arbeitslosen nahm sprunghaft zu, ebenso das Defizit im Bundeshaushalt. Die öffentliche Hand hatte ihre Freigiebigkeit offenbar überzogen, und nicht alle vor der Bundestagswahl versprochenen »Geschenke« konnten dem Wähler schließlich auch überreicht werden. Im Gegenteil, mit einem Sparprogramm zur Haushaltsstabilisierung sowie einem anschließenden Haushaltssicherungsgesetz musste die Regierung schon gegen Ende des Wahljahres 1965 versuchen, die Balance zu retten. Die Sparmaßnahmen verstärkten freilich ihrerseits wiederum die Abwärtsbewegung der Konjunktur.

Dieses wirtschaftspolitische »Versagen« ausgerechnet Erhards setzte die eigentliche, unwürdige Demontage des »Vaters des Wirtschaftswunders« in Gang, der nicht erkennen wollte, dass seine Zeit abgelaufen war. Aus der nordrhein-westfälischen Landtagswahl im Juli 1966 ging die SPD als stärkste Fraktion hervor; die Debatten über einen möglichen Nachfolger Erhards wurden immer offener geführt. Am 27. Oktober traten die vier FDP-Minister aus der Regierung aus, nachdem klar geworden war, dass zur Deckung der Haushaltslücke Steuererhöhungen notwendig sein würden, die die FDP nicht mitzutragen bereit war. Erhard, nun Kanzler eines Minderheitskabinetts, erlebte am darauffolgenden Tag ein weiteres Debakel: Der Bundesrat ließ den Haushaltsentwurf für 1967 zurückgehen und verlangte Verhandlungen über einen Nachtragshaushalt. Wenige Tage später forderte der Bundestag mit den Stimmen von SPD und FDP den Bundeskanzler auf, die Vertrauensfrage zu stellen, um den Weg für Neuwahlen zu ebnen. Erhard lehnte ab, signalisierte jedoch, der Bildung einer neuen regierungsfähigen Mehrheit nicht im Wege stehen zu wollen. Unverzüglich begannen Gespräche über mögliche Koalitionen. Das Tischtuch zwischen CDU/CSU und FDP erwies sich als definitiv zerschnitten. Über eine sozialliberale Koalition wurde verhandelt, allerdings erfolglos. Da die erforderliche Mehrheit zu knapp gewesen wäre und die in sich zerstrittene FDP keinerlei Gewähr für die notwendige Koalitionsdisziplin bot, warnte vor allem Herbert Wehner: Würde die lange Zeit als regierungsunfähig gescholtene Oppositionspartei SPD bei einem ersten, mit unsicherer Mehrheit ausgestatteten Versuch der Regierungsverantwortung scheitern, könnte dieser Versuch für lange Zeit der letzte im Bund gewesen sein. Hingegen böte die Große Koalition der SPD eine bessere Chance, sich zu bewähren, bis nach einer Übergangsphase die Zeit für »hauptverantwortliches« Regieren der SPD wirklich gekommen sein könnte.

Auch andere Argumente sprachen für die Große Koalition. Im November 1966 zog die rechtsradikale NPD mit jeweils deutlich über sieben Prozent in die Landtage von Hessen und Bayern ein. Erstarkte hier der überwunden geglaubte nationale Extremismus? Auch gegen solche Destabilisierungsfaktoren erschien der große Konsens der Demokraten angezeigt. Nicht zuletzt durch die Überzeugungskraft Wehners konnten die Widerstände in den SPD-Gremien, die sich auch gegen den Kanzlerkandidaten der Union richteten, ausgeräumt werden.[91] Kurt Georg Kiesinger, der Ministerpräsident von Baden-Württemberg, wurde am 1. Dezember 1966 mit einer Mehrheit von CDU/CSU und SPD-Stimmen zum Nachfolger des wenige Stunden zuvor zurückgetretenen Ludwig Erhard gewählt.

Erhard, dem zu Recht gefeierten »Wirtschaftswundermann«, war es nicht gelungen, in der ersten Stagnationsphase der Republik überzeugende Perspektiven aufzuzeigen. Deshalb musste – was für ihn persönlich tragisch war – seine Kanzlerschaft eine Episode bleiben, ein etwas orientierungsloser Nachklang der großen Ära Adenauer.

5 Von der Großen zur sozialliberalen Koalition: Republik im Umbruch (1966–1974)

Während sich unter Kurt Georg Kiesingers (li.) Führung erstmals eine Große Koalition bildete, wurde sein Nachfolger Willy Brandt zur Symbolfigur einer neuen Ostpolitik.

Die Große Koalition aus CDU/CSU und SPD nahm ihre Arbeit am 1. Dezember 1966 auf und endete mit der Entscheidung von SPD und FDP nach der Bundestagswahl am 28. September 1969, den Schritt zur sozialliberalen Koalition zu wagen. Dazwischen lagen knapp drei Jahre einer keineswegs spannungsfreien, aber doch gerade anfangs disziplinierten Kooperation politisch starker Gegensatzpaare, die in dem Transformationsprozess der Bundesrepublik während der zweiten Hälfte der 1960er Jahre keineswegs als gescheitert oder gar als »Todsünde«[1] gelten darf.

Die Große Koalition entstand aus pragmatischen und machttaktischen Überlegungen in beiden Lagern; andererseits standen besondere Aufgaben an, die scheinbar am besten unter Zurückstellung der parteipolitischen Differenzen zu lösen waren. Zu diesen Aufgaben zählte zweifellos die Bewältigung der

Rezession, deren Ausmaß gemessen am Maßstab späterer Wirtschaftskrisen eher moderat zu nennen ist, die jedoch in der gegebenen Situation als bedrohlich empfunden wurde, eben weil sie für das »Wirtschaftswunderland« Bundesrepublik eine bis dahin nicht gekannte Herausforderung darstellte. Auch das verfassungspolitische Erfordernis, eine Notstandsgesetzgebung zu erarbeiten, konnte um der notwendigen breiten Akzeptanz willen wohl am besten im Konsens der großen politischen Kräfte bewältigt werden.

Und schließlich blieb der deutschland-, europa- und sicherheitspolitische Spagat zwischen West und Ost zu vollbringen, nämlich die während der Erhard-Jahre erschütterte Position der Bundesrepublik innerhalb der westlichen Bündnisse wieder zu festigen und gleichzeitig eine Tür in Richtung Osten zu öffnen. Die Große Koalition vermochte auf diesen Feldern einiges zu erreichen, anderes nur vorzubereiten. Insgesamt stand sie für behutsamen Wandel, nicht für radikalen Politikwechsel. Das war für die Bonner Republik kein Schaden. Die Große Koalition kanalisierte die Transformation und federte die gesellschaftlichen und politischen Stöße ab, die dabei unausweichlich auftraten.

Plisch und Plum: Der historische Ort der Großen Koalition

Personell war dieses Regierungsbündnis von gegensätzlichen Persönlichkeiten gekennzeichnet, denen die Zusammenarbeit ein gehöriges Maß an Selbstverleugnung abverlangte. Am schwersten fiel dies wohl dem vom sozialistischen Widerstand gegen den Nationalsozialismus geprägten, im skandinavischen Exil politisch gereiften Willy Brandt. Als Außenminister und Vizekanzler musste er zusammen mit Bundeskanzler Kurt Georg Kiesinger das »Führungsduo« der Großen Koalition bilden. Kiesinger war von 1933 bis 1945 NSDAP-Mitglied gewesen und hatte seit 1940 in unterschiedlichen Positionen, teils mit Leitungsfunktion in der rundfunkpolitischen Abteilung des Reichsaußenministeriums gearbeitet. Diese Vergangenheit war bekannt und wurde – besonders vonseiten der nachgeborenen studentischen Protestgeneration und linken Intellektuellen – teils heftig kritisiert. Andererseits waren die Verdienste Kiesingers um den Aufbau der bundesrepublikanischen Demokratie unbestritten, und schließlich lieferte 1966 ausgerechnet der unverdächtige *Spiegel* eine SS-Aktennotiz zu dessen Entlastung, aus der hervorging, dass Kiesinger als stellvertretender Abteilungsleiter der rundfunkpolitischen Abteilung dazu beigetragen hatte, die »antijüdische Aktion in der deutschen Auslandsinformation« zu »hemmen«.[2]

Der katholische Schwabe Kiesinger, 1946 einer der Gründer der CDU in Württemberg, hatte während der 1950er Jahre versucht, sich auf der größeren politischen Bühne vor allem in außen- und europapolitischen Fragen zu profilieren. Im Bundestag galt er als brillanter Redner. Allerdings genoss er nicht das uneingeschränkte Vertrauen Adenauers, so dass er 1958 zurück in die Landespolitik ging und Ministerpräsident in Baden-Württemberg wurde. 1966 setzte er sich innerhalb der Unionsfraktionen dann – vor allem dank des Votums der CSU und der süddeutschen Landesverbände der CDU – gegen die ebenfalls ambitionierten Konkurrenten Rainer Barzel und Gerhard Schröder als Kanzlerkandidat durch. Willy Brandt war mit Erich Ollenhauer der Meinung, die »Verstrickungen« der Vergangenheit sollten nicht gegen Kiesinger »ins Feld geführt« werden. »Wenn man das akzeptierte«, so Brandt rückblickend, »dann konnte man in Kiesinger, dem einstigen ›Mitläufer‹, und Brandt, dem antinazistischen Emigranten, eine durchaus wahrhaftige personelle Repräsentation der deutschen Wirklichkeit erkennen«.[3]

Kiesinger und Brandt umkreisten sich mit Distanz, höflichem Respekt und in innerer Fremdheit – »warm« wurden sich nicht miteinander. Leben brachten andere Gespanne in die Große Koalition. Besonderen intellektuellen Glanz verlieh ihr der agile und smarte Wirtschaftsminister Karl Schiller; er repräsentierte einen Professorentypus neuen Stils: Dynamisch, technokratisch, egomanisch und stets in Bewegung, war er der eigentliche

»Star« der Regierung. An seiner Seite stand der nicht minder egomanische, aber in seinen Ambitionen seit der *Spiegel*-Affäre etwas gedämpfte Franz Josef Strauß als Finanzminister. Die beiden so völlig gegensätzlichen Politiker ergänzten sich anfangs – wider Erwarten – in ihrer Arbeit so gut, dass sie sich alsbald die liebevoll-ironischen Spitznamen »Plisch und Plum« verdienten – nach einem von Wilhelm Busch in die Literatur eingeführten Schoßhündchen-Paar.

Außerhalb der Regierung galt es, zwei widerspenstige Bundestagsfraktionen zu disziplinieren, um den parlamentarischen Rückhalt der Großen Koalition nicht zu gefährden. Dieser Aufgabe unterzogen sich, gleichfalls mit legendärer Pragmatik, Rainer Barzel für die CDU/CSU und Helmut Schmidt für die SPD. Eugen Gerstenmaier beobachtete auch an ihrem Verhältnis eine eigenwillige Note: »[...] artifizielle Freundschaftlichkeit [...], wenig Spontaneität, [...] höfliche Perfektion.«[4] Herbert Wehner, Minister für Gesamtdeutsche Fragen, war der eigentliche Regisseur der Großen Koalition; »zwischen 1966 und 1969 im Zenit seines politischen Einflusses«[5] stehend, verfolgte der ehemalige Kommunist mit notfalls eiserner Zuchtrute ein einziges Ziel: die SPD dauerhaft regierungsfähig zu machen und sie an der Regierung zu halten.

Die Bundesrepublik bewegte sich 1966 keineswegs am Rande eines Staatsnotstands, aber das Krisengefühl war doch groß genug, um die Widerstände gegen die Große Koalition überwinden zu helfen und damit einer Regierungskonstruktion Vorschub zu leisten, über die in der kurzen Geschichte der Bonner Republik immer wieder nachgedacht worden war. Ließe sich, so spekulierten einige, auf diese Weise nicht sogar der Weg zu einem Zweiparteiensystem nach angelsächsischem Vorbild beschreiten? Jetzt, 1966, schienen gute Argumente vorzuliegen, diesen Versuch zu unternehmen, und aus beiden Volksparteien kamen Signale, die dazu notwendige Änderung des Wahlrechts in Angriff nehmen zu wollen. Zunächst und zuallererst jedoch bot die Große Koalition der Union die Chance, weiter zu regieren, der SPD hingegen, zum ersten Mal an die Macht zu kommen und sich in ihrer Rolle als Juniorpartner für »Höheres« zu empfehlen.

Globalsteuerung und Konzertierte Aktion: Das Paradigma der Planung

Die dringlichste »Herkulesaufgabe«[6] war Anfang 1967, so der Bundeskanzler in seiner Regierungserklärung, die Sanierung des Bundeshaushalts, in dem es eine Deckungslücke von etwa 4,5 Milliarden DM zu schließen galt. Durch ein Paket von Steueränderungsgesetzen gelang dies noch im gleichen Jahr, ohne dass Steuern in umfangreichem Maße erhöht oder Sozialleistungen drastisch reduziert werden mussten.

Die Zauberworte für eine neue Wirtschaftspolitik hießen indessen »mittelfristige Finanzplanung« und »Globalsteuerung«. Wirtschaftsminister Schiller versuchte hierbei, an die Lehren des britischen Nationalökonomen John Maynard Keynes anzuknüpfen, dessen »General Theory« von 1936 eine Art kopernikanische Wende im makroökonomischen Denken herbeigeführt hatte. Keynes geht, vereinfacht gesagt, davon aus, dass der Staat steuerungspolitisch in die Kreisläufe der Wirtschaft eingreifen müsse, um antizyklisch zur Konjunktur entweder Investitions- bzw. Konsumanreize zu schaffen oder Belastungen aufzuerlegen. Damit erscheint der Staat als Akteur im Rahmen einer kapitalistischen Wirtschaft, freilich nicht mit dem Endziel, das kapitalistische System abzuschaffen, sondern seine Vorzüge zu bewahren, seine Risiken planend und steuernd zu beherrschen. Als Risiken erschienen, den Erfahrungen der großen Wirtschaftskrisen der Zwischenkriegszeit entsprechend, vor allem Inflation und Arbeitslosigkeit. »Globalsteuerung« bedeutete vor diesem Hintergrund nichts anderes als Nachfragesteuerung auf gesamtwirtschaftlicher Ebene.

Um dem Bund ein derartiges konjunkturpolitisches Eingreifen zu ermöglichen, war eine Grundgesetzänderung notwendig, die Anfang Juni 1967 beschlossen wurde (Art. 109). Erst danach konnte am 14. Juni 1967 das »Gesetz zur Förderung der Stabilität und des Wachstums der Wirtschaft« in Kraft treten, mit dem die Wirtschafts- und Finanzpolitik der Bundesrepublik in eine neue Phase trat. Das Gesetz verpflichtete Bund und Länder darauf, ihre wirtschafts- und finanzpolitischen Maßnahmen im Sinne des gesamtwirtschaftlichen Gleichgewichts so zu treffen, »daß sie im Rahmen der marktwirtschaftlichen Ordnung gleichzeitig zur Stabilität des Preisniveaus, zu einem hohen Beschäftigungsstand und außenwirtschaftlichem Gleichgewicht bei stetigem und angemessenem Wirtschaftswachstum beitragen«[7]. Um die Ziele dieses »magischen Vierecks« zu erreichen, wurde die Bundesregierung verpflichtet, jährlich einen Haushaltsplan vorzulegen, der auch die mittelfristige, fünfjährige Finanzplanung im Blick zu halten hatte. Im Rahmen dieser Planung definierte das »Gesetz zur Stabilität« schließlich die Instrumente der Globalsteuerung, unter ihnen die Bildung einer »Konjunkturausgleichsrücklage« in Zeiten der Hochkonjunktur sowie den Einsatz von Investitionsanreizen aus der Rücklage bzw. über die Aufnahme von Krediten in Zeiten einer »Abschwächung der allgemeinen Wirtschaftstätigkeit«.[8]

Abgeschlossen wurden die wirtschafts- und finanzpolitischen Maßnahmen der Großen Koalition mit der Reform der Finanzverfassung des Grundgesetzes vom Mai 1969. Dahinter verbarg sich eine kleine »Föderalismusreform«, wurde doch nun das finanzpolitische Verhältnis von Bund und Ländern in weiten Teilen umgestaltet. Ein neu in das Grundgesetz eingeschalteter Absatz VIIIa definierte finanzielle »Gemeinschaftsaufgaben« des Bundes und der Länder, etwa im Bereich der regionalen Wirtschaftsstrukturförderung sowie (ab 1970) beim Aus- und Neubau von Hochschulen und Hochschulkliniken. Wurde hier dem Bund ein gewisses »Hineinregieren« in Länderbelange zugebilligt, profitierten andererseits die Länder, vor allem aber auch die Gemeinden, durch die Neufestsetzung der Verteilungsschlüssel für das Steueraufkommen und durch eine neue Berechnungsgrundlage zu einer gerechteren Ausgestaltung des Finanzausgleichs zwischen steuerstarken und steuerschwachen Ländern.[9]

Als wichtiges Instrument zur Globalsteuerung initiierte schließlich Karl Schiller die »Konzertierte (›abgestimmte‹) Aktion«, ein in unregelmäßigen Abständen einberufenes Gesprächsforum mit Repräsentanten aus Politik, Wirtschaft und Wissenschaft zur Beratung wirtschafts- und sozialpolitischer Problemlagen. Schiller zielte darauf ab, Vertreter unterschiedlicher und einander entgegengesetzter Interessengruppen, besonders aus dem Arbeitgeber- und dem Gewerkschaftslager, an einen Tisch zu bringen. In Zeiten wirtschaftlicher Stabilisierung, wie sie nach der Überwindung der Rezession für einige Jahre wieder eintraten, funktionierte die »Konzertierte Aktion« besser als in der schweren Krise seit 1973, als sich naturgemäß die Konflikte zwischen den Interessengruppen verschärften. Die Konzertierte Aktion zerbrach im Mai 1976 aufgrund eines Konflikts zwischen Gewerkschaften und Arbeitgebern über die paritätische Mitbestimmung.

Der Strukturwandel der Erwerbsgesellschaft setzte sich in dieser Zeit kontinuierlich fort; der agrarische Sektor ging zwischen 1961 und 1970 deutlich zurück (von 13,5 auf 7,5 Prozent aller Erwerbstätigen); die Zahl der Beschäftigten im verarbeitenden und produzierenden Gewerbe stagnierte (1961: 40,5 Prozent; 1970: 41,2), desgleichen die Bauwirtschaft. Wachstum war hingegen im Bereich Handel, Geld- und Versicherungswesen sowie vor allem im tertiären Sektor, bei den Dienstleistungen zu verzeichnen (1961: 11,2 Prozent; 1970: 13,6), wobei hier der eigentliche Take-off noch bevorstand (1987: 21,4 Prozent). Überproportional wuchs im Dienstleistungssektor die Zahl der selbständig Erwerbstätigen (1961: 16,4 Prozent; 1970: 22,1), während die Zahl der Arbeiter in allen Bereichen stagnierte. Die befürchtete »Bildungskatastrophe« schien auszubleiben; zwischen 1961 und 1970 explodierte freilich zunächst die Zahl der Mittel- und Realschulabsolventen (von 9,2 auf 25,7 Prozent). Die Gruppe der zum akademischen Studium zugelassenen Gymnasialabsolventen wuchs hingegen erst infolge der Bildungspolitik der sozialliberalen Ära im Laufe der 1970er und frühen 1980er Jahre massiv an (1961: 9,3 Prozent; 1970: 11,3; 1984: 26,1).[10]

Insgesamt erwies sich die Wirtschafts- und Finanzpolitik der Großen Koalition als durchaus erfolgreich. Bereits 1968 war die durchschnittliche Arbeitslosenquote wieder auf 1,5 Prozent gefallen (1967: 2,1); 1969 betrug sie 0,9 und 1970 nur noch 0,7 Prozent. Das Bruttosozialprodukt nahm nach dem Stagnationsjahr 1967 wieder erkennbar zu, zwischen 1969 und 1971 sogar mit zweistelligen Wachstumsraten (1970: 13,6 Prozent).[11] Nicht zuletzt infolge der bereits Anfang 1967 durch das Finanzministerium veranlassten Geldpolitik (Senkung des Diskontsatzes) sprang der konjunkturelle Motor wieder so gut an, dass im Juni 1969 fast eine Million nicht besetzter Arbeitsplätze zu verzeichnen war. Aufgrund der Unterbewertung der D-Mark im internationalen Währungssystem florierte vor allem die Exportwirtschaft, so dass die Devisenüberschüsse der Bundesbank ein bedrohliches Ausmaß annahmen.[12] Die letzte Phase der Großen Koalition war daher von wirtschaftspolitischen Kontroversen über Maßnahmen zur Konjunkturdämpfung geprägt. An den unterschiedlichen Auffassungen über eine Aufwertung der D-Mark brach schließlich auch das Erfolgsduo Schiller und Strauß auseinander und mit ihm die Koalition selbst.

1968

Studentische Protestbewegungen begannen in der Bundesrepublik nicht erst 1968; schon in Zusammenhang mit den Debatten über Remilitarisierung und Atombewaffnung, aber auch, als während der *Spiegel*-Affäre von 1962 manche die bundesdeutsche Demokratie in Gefahr sahen, artikulierte sich der Dissens auf der Straße. Eine wichtige Rolle bei der Politisierung der Studentenschaft spielte der 1946 gegründete, zunächst noch der SPD nahe stehende Sozialistische Deutsche Studentenbund (SDS). Je mehr sich die SPD vom Marxismus verabschiedete, desto größer wurde ihre Distanz zum SDS; eine Zäsur setzte die Partei zwei Jahre nach dem Godesberger Programm, indem sie die Parteimitgliedschaft mit einer gleichzeitigen Mitgliedschaft im SDS für unvereinbar erklärte. Während sich der SDS auf der Linken zu einer revolutionären Kaderorganisation radikalisierte, entstand mit dem Sozialdemokratischen Hochschulbund (SHB) eine neue, vorerst noch SPD-nahe Studentenorganisation.

Die an sich normale Nonkonformität der nachwachsenden Generation ideologisierte sich während der 1960er Jahre auf bizarre Weise. Vor dem Hintergrund der sich immer mehr zuspitzenden militärischen und humanitären Katastrophe in Vietnam entstanden weltweit zahlreiche Protestbewegungen, die im militärischen Engagement der Vereinigten Staaten die Hauptursache für diese Katastrophe sahen. In den USA selbst bildete der Protest gegen den Vietnamkrieg eine der identifikatorischen Klammern der Hippie-Bewegung, deren Lebensgefühl im August 1969 in dem Musikfestival »Woodstock« seinen mythologisierten Kulminationspunkt fand. In Europa artikulierten sich die Studentenunruhen besonders stürmisch in Frankreich, wo politisch wie sozial motivierter Protest gegen die Regierung Charles de Gaulles in Verbindung mit der Agitationskraft einer unorthodoxen Linken und der Radikalität einer entfesselten Arbeiterbewegung das Land im Mai/Juni 1968 fast an den Rand eines Bürgerkrieges führten.[13]

In der Bundesrepublik[14] kehrte sich das Aufbegehren der Jugend (»Existentialistenlook«, Rock'n'Roll, »Beatles-Mania« etc.) habituell gegen den vermeintlichen »Mief« der Adenauer-Zeit und politisch ebenfalls gegen den »US-amerikanischen Imperialismus« vor allem in Vietnam und dessen erklärte Unterstützung durch den deutschen Bündnispartner. Als spezielles Ingredienz gesellte sich ein an die als Nazis denunzierten Väter adressierter Protest, dessen Vorwurf lautete, sie hätten ihre Verstrickung in das Hitler-Reich niemals wirklich aufgearbeitet. Besonders pauschal wurde die traditionelle Ordinarienuniversität als Hort des Nazismus angeprangert (»Unter den Talaren Muff von 1000

Jahren«) und als Symbol verkrusteter, undemokratischer und »repressiver« Strukturen gegeißelt, die letztlich als Kennzeichen des gesamten politischen Systems der Bundesrepublik und als Herrschaftsvoraussetzungen ihres führenden Personals (»NSDAP-Mitglied Kiesinger«, »KZ-Baumeister Lübke«) ausgemacht wurden. Demgegenüber propagierte der SDS eine »revolutionäre Transformation der Gesellschaft zur sozialistischen Demokratie«[15]. Die Theorien der neo-marxistischen »Frankfurter Schule« (Theodor Adorno, Max Horkheimer, Herbert Marcuse) sollten dazu das Fundament liefern. Der vorgeblich herrschaftsfreie Diskurs führte freilich kaum zu mehr als der Etablierung eines spezifischen Gruppenjargons aus vulgär-interpretativen Versatzstücken der Theorien Adornos und Horkheimers, der vornehmlich dazu diente, die »reaktionären« Argumente der Bürgerlichen in einem Begriffsnebel zu ersticken. Die neuen Helden der aufbegehrenden studentischen Jugend hießen – von der DDR wohlwollend unterstützt – Karl Marx, Friedrich Engels, Wladimir I. Lenin; als Identifikationsfiguren der eigenen Gegenwart wurden der nordvietnamesische Guerillaführer Ho Tschi Minh, der chinesische Diktator Mao Tse-tung sowie der südamerikanische Revolutionär Ernesto Che Guevara gefeiert. In Bürgerschreck-Manier gründeten Fritz Teufel und Rainer Langhans 1967 in Berlin die »Kommune 1« als Modell einer von allen bürgerlichen Konventionen befreiten und vor allem »sexuell revolutionierten« neuen, »antiautoritären« Lebensform.

Das studentische Aufbegehren gegen eine weitgehend konsternierte und hilflose Professorenschaft führte an bundesdeutschen Universitäten, besonders in Berlin, Frankfurt und Marburg 1967/68 zu nachgerade anarchischen Zuständen, mit gestörtem Vorlesungsbetrieb, Besetzungen, »Sit-ins«, »Happenings« und endlosen ideologisierten Debatten.

Die Bildung der Großen Koalition stachelte den studentischen Protest auf besondere Weise an, schien doch nun eine wirksame parlamentarische Opposition nicht mehr gewährleistet zu sein. Auch die SPD galt den Radikalen als »spezieller Beauftragter des Monopolkapitalismus«, und sogar Herbert Wehner wurde als »Hetzer« denunziert.[16] Auf den Parlamentarismus kam es der Außerparlamentarischen Opposition (APO) aber überhaupt nicht an; letztlich propagierte der SDS als Wortführer des Radikalismus einen kommunistischen Systemumsturz.[17]

Zu ihrem besonderen Hassobjekt stilisierte die APO eines der wichtigsten innenpolitischen Vorhaben der Großen Koalition, die Notstandsgesetzgebung. Nach der Wehrverfassung und der Reform der Finanzverfassung ging es hier um die dritte große Weiterentwicklung des Grundgesetzes. Gemäß Deutschlandvertrag (Art. 5,2) sollten auch die letzten den drei Alliierten vorbehaltenen Souveränitätsrechte in der Bundesrepublik (nicht in West-Berlin) beseitigt werden – nämlich die Sonderrechte der Alliierten zum Schutz ihrer in der Bundesrepublik stationierten Streitkräfte –, »sobald die zuständigen deutschen Behörden entsprechende Vollmachten durch die deutsche Gesetzgebung erhalten haben und dadurch in Stand gesetzt sind, wirksame Maßnahmen zum Schutz der Sicherheit dieser Streitkräfte zu treffen, einschließlich der Fähigkeit, einer ernstlichen Störung der öffentlichen Sicherheit und Ordnung zu begegnen«. Diese »Fähigkeit« musste die Bundesrepublik durch eine Notstandsverfassung herstellen. Entsprechende Gesetzentwürfe seit Beginn der 1960er Jahre waren stets an der SPD gescheitert, die der notwendigen Zweidrittelmehrheit im Bundestag im Weg gestanden hatte. Durch die Große Koalition hatte sich die Ausgangslage verändert. Freilich regte sich jetzt der Widerstand umso erbitterter »außerparlamentarisch«.

Die Agitation gegen die Notstandsgesetzgebung operierte mit der Angst, die deutsche Demokratie könne durch massive Eingriffsmöglichkeiten in ihre unveräußerlichen Grundrechte in ähnlicher Weise gefährdet sein wie einst die Weimarer Republik durch den Missbrauch des Notstandsartikels 48. Doch nüchtern betrachtet enthielt der schließlich in den Bundestag eingebrachte, durch die SPD gegenüber früheren Entwürfen ohnehin stark abgeschwächte Entwurf solche Missbrauchspotentiale gar nicht. Die Notstandsverfassung setzte keineswegs das komplexe Kontrollgefüge von Bundesregierung, Kammern und Judikative außer Kraft oder übertrug gar, wie Art. 48 WV, einer einzelnen Persönlichkeit umfassende Notverordnungsrechte. Im Wesentlichen bestand sie aus zwei in das Grundgesetz eingeschalteten neuen Absätzen: IVa (Art. 53a) über den »gemeinsamen Ausschuß«, einer Art legislativer Ersatzkörperschaft für den Fall, dass Bundestag und Bundesrat im Notstandsfall am ordnungsgemäßen Zusammentreten gehindert sein sollten, sowie Xa (Art. 115a–l) über den Verteidigungsfall. Die Notstandsgesetzgebung eröffnete außerdem im Fall einer »drohenden Gefahr für den Bestand oder die freiheitliche demokratische Grundordnung des Bundes oder eines Landes« die Möglichkeit, Bundeswehr und Bundesgrenzschutz auch im Inneren einzusetzen (Art. 87a, Abs. 4, Art. 91). Dabei wurde die Definitionsmacht über den Notstand durch Einspruchsrechte von Bundestag und Bundesrat begrenzt. Mehr Protestpotential als die Änderungen in den Artikeln 87 und 91 entfesselten jedoch ohnehin die durch die Notstandsverfassung konzedierten Spielräume zur Einschränkung von Grundrechten, insbesondere der Artikel 10 (Brief-, Post- und Fernmeldegeheimnis), 11 (Freizügigkeit) und 12 (Einschränkung der freien Berufswahl bei Dienstverpflichtungen im Verteidigungs- und Notstandsfall).

Bereits in den letzten Monaten der Regierung Erhard hatte sich Protest vor allem in den Gewerkschaften gegen die Notstandsgesetzgebung geregt, im Mai 1966 während des Bundeskongresses des DGB und schließlich in einer Initiative »Notstand der Demokratie«, die in einen Kongress und eine Großkundgebung in Frankfurt Ende Oktober 1966 mündete. Die Kritik der Gewerkschaften gründete vor allem in der Befürchtung, die Notstandsgesetze könnten zu einem Einschreiten des Staates gegen die grundrechtlich gesicherte Versammlungsfreiheit und gegen das Streikrecht eingesetzt werden. Der gewerkschaftliche Protest vereinigte sich über eine gewisse Zeitspanne hinweg mit dem studentischen. Allerdings verlor diese taktische Allianz ihre Basis, nachdem die Notstandsgesetze Ende Mai 1968 mit Zweidrittelmehrheit im Bundestag beschlossen worden waren, und sich die Gewerkschaften anschließend zu radikalen Aktionen, wie umfangreichen Streiks, nicht bewegen ließen. Ursache hierfür war nicht zuletzt, dass sich der Gesetzgeber bereiterklärt hatte, den Einwänden Rechnung zu tragen: Eine Ergänzung (von Art. 9, Abs. 3) verfügte explizit, dass sich Maßnahmen der Notstandsgesetzgebung nicht gegen Arbeitskämpfe richten dürften. Als Gegengewicht zur gesamten Notstandsgesetzgebung wurde außerdem Artikel 20,4 ergänzt, der das generelle Widerstandsrecht »aller Deutschen« festschrieb, gegen »jeden, der es unternimmt, diese [die verfassungsmäßige] Ordnung zu beseitigen [...], wenn andere Abhilfe nicht möglich ist«.

Ende Mai 1968 war der Zenit der studentischen Protestwellen bereits überschritten. Eine erste Eskalationsstufe war erreicht worden, nachdem der Berliner Polizist – und informelle Mitarbeiter des Ministeriums für Staatssicherheit (MfS) – Karl-Heinz Kurras am 2. Juni 1967 während einer Demonstration gegen den Besuch des Schahs von Persien den Studenten Benno Ohnesorg erschossen hatte. Infolge dieser von Polizei und Justiz zweifellos ungenügend aufgearbeiteten Tat spitzte sich die Lage zu. Während eines tumultartigen »Vietnam-Kongresses« an der TU-Berlin am 18. Februar 1968 rief der SDS-Vorsitzende und ideologische Vordenker Rudi Dutschke zum »direkten Kampf« auf, und der Dramatiker Peter Weiss forderte »Sabotage, wo sie immer möglich ist«.[18] Diesen Appell nahmen Andreas Baader, Gudrun Ensslin, Horst Söhnlein und Thorwald Proll beim Wort und verübten Anfang April Brandanschläge auf zwei Frankfurter Kaufhäuser. An diesem Punkt begann sich der Weg der gemäßigten APO-Mehrheit vom Kurs der radikalen, in den Terrorismus der 1970er Jahre führenden Minderheit zu trennen. Rudi Dutschke indessen wurde nur wenige Tage später, am 11. April 1968, Gründonnerstag, von dem Hilfsarbeiter Josef Bachmann auf dem Kurfürstendamm niedergeschossen und lebensbedrohlich verletzt. Das Attentat führte auf den Höhepunkt der Auseinandersetzungen: Eine Woche lang dauerten diese »Osterunruhen« an, mit schweren Zusammenstößen zwischen Demonstranten und Polizei, nicht nur in Berlin, sondern auch in zahlreichen anderen deutschen Städten, vor allem Universitätsstandorten. Gemäß der Forderung Dutschkes, zwei, drei Vietnams zu schaffen – die Bundesrepublik also in chaotische Zustände zu versetzen, um der Revolution den Boden zu bereiten –, richteten sich gezielte Zerstörungsaktionen in Hamburg, Berlin, Frankfurt und München vor allem gegen Redaktionen, Druckereien und Auslieferungsbetriebe des Pressekonzerns von Axel Springer. Dessen auflagenstarke Zeitungen und Zeitschriften galten den Studenten als Symbol eines »monopolistischen«, die Massen manipulierenden Kapitalismus. Unter der Parole »Enteignet Springer« deklarierten militante Randalierer – unter ihnen die spätere Terroristin Ulrike Meinhof – Brandstiftungen, beispielsweise an Auslieferungsfahrzeugen mit Zeitungen des Konzerns, zu »politischen Aktionen«[19].

Sowohl Justizminister Heinemann als auch Kanzler Kiesinger selbst wandten sich in Fernsehansprachen an die Bevölkerung, wobei Heinemanns Appell zur »Selbstbesinnung« der Älteren«, die »den Kontakt zur jungen Generation verloren hätten«, die Stimmungslage der Jugend offenbar mehr traf als Kiesingers deutliches Bekenntnis zum wehrhaften Rechtsstaat.[20] Am 30. April 1968 befasste sich der Bundestag in einer Sondersitzung mit den Osterunruhen. Innenminister Ernst Benda (CDU) hob dabei hervor, dass die Gesellschaft der Bundesrepublik im Kern intakt und von der verschwindenden Minderheit der gewaltbereiten Protestierer nicht in einen Notstand versetzt worden sei. Von den Gewalttätern zu unterscheiden sei die große Zahl der friedlichen Demonstranten, deren Reformwille ernst genommen werden müsse.[21]

Die letzte große Aktion des Jahres 1968 bildete – von einigen Nachhutscharmützeln abgesehen – der Sternmarsch auf Bonn vom 11. Mai. Nach der Verabschiedung der Notstandsgesetzgebung, die als Signal des Scheiterns der APO wahrgenommen wurde, zerfaserte die Protestbewegung schnell in zahlreiche Splittergruppen, deren radikalste als RAF (Rote Armee Fraktion) die Bundesrepublik seit den 1970er Jahren mit blutigen Terroranschlägen überzog. Der SDS hingegen löste sich im März 1970 selbst auf; Rudi Dutschke blieb nach einem langwierigen Genesungsprozess in verschiedenen sozialistischen Gruppierungen aktiv und stieß gegen Ende der 1970er Jahre zur Anti-Atomkraft-Bewegung und zur Grünen Liste in Bremen. Er starb am Heiligen Abend 1979 an den Spätfolgen des Attentats von 1968.

Vom »kritischen« Potential der studentischen Jugend profitierten nach 1968 vor allem die Jungsozialisten (»Jusos«), deren Mitgliederbestand in den Jahren unmittelbar nach 1968 sprunghaft anstieg. Sie etablierten sich als rebellische Jugendorganisation der SPD mit dem Anspruch, durch programmatisch linke Unruhestiftung die Partei in Bewegung zu halten. Wenngleich dies oftmals lediglich Anspruch blieb, erfüllten die Jusos gleichwohl eine wichtige institutionelle Funktion bei der Kanalisation und Transformation des Jugendprotests in der Bundesrepublik. Die Anfänge bedeutender SPD-Politikerlaufbahnen, etwa derjenigen des späteren SPD-Bundeskanzlers Gerhard Schröder, lagen oftmals in den Reihen der Jungsozialisten.

Die meisten der »68er« marschierten »durch die Institutionen« und prägten in unzähligen Führungspositionen, ob als Lehrer, Professoren, Beamte, Schriftsteller, Künstler, Unternehmer, als Politiker, ja sogar Minister, das Bild der Bundesrepublik in den auf das Jahr 1968 folgenden Jahrzehnten auf charakteristische Weise mit. Ihren Weg nach oben flankierten sie vielfach mit einer Mythifizierung ihrer geistigen und politischen Sozialisationsphase in den späten 1960er Jahren, die »nicht nur schlechterdings alles von der damaligen Linken ersehnte Neue in Politik und Kultur umhüllte, sondern auch ›die Bewegung‹ selber zur alles entscheidenden Antriebskraft« für Modernisierung in der Bundesrepublik »stilisierte. Von wenigen Ausnahmen abgesehen ist an dieser heroischen Verklärung so gut wie nichts richtig.«[22]

Machtwechsel

Der »Machtwechsel« von 1969 hin zur sozialliberalen Koalition ergab sich aus drei Voraussetzungen: die Erosion der Großen Koalition war seit spätestens Herbst 1968 unübersehbar; die FDP schwenkte unter ihrem neuen Vorsitzenden Walter Scheel, der 1968 Erich Mende abgelöst hatte, nach links; und schließlich leistete der »Geist von '68« einem ausgesprochenen »Wendeklima« Vorschub.

Gegen Ende des Jahres 1968 wurde die Große Koalition »müde«.[23] Erste empfindliche Störungen der Tektonik waren jedoch schon im Frühjahr wahrnehmbar geworden, als zuerst der SPD-Parteitag eine Entscheidung über die Einführung des Mehrheitswahlrechts vertagt und daraufhin CDU-Innenminister Paul Lücke Ende März zurückgetreten war. Für Lücke stellte das Verhalten der SPD den Bruch einer zentralen, wenn auch nur informellen Absprache im Vorfeld der Koalitionsbildung von 1966 dar. Sicher, das Projekt »Wahlrechtsänderung« sollte auch einer Stabilisierung der Demokratie dienen für den Fall, dass statt der FDP die extrem nationalistische NPD als dritte Kraft in den nächsten Bundestag einzog – was 1968 als durchaus wahrscheinlich erschien und in der Wahl von 1969 ja auch nur an wenigen Zehntel-Prozentpunkten scheiterte. Aber im Wesentlichen hätte die Wahlrechtsänderung doch der Union genutzt. Die SPD handelte also mit ihrer Abwendung von diesem Vorhaben lediglich im eigenen Interesse, und in dem der FDP, die das mit der SPD-Entscheidung verbundene Koalitionssignal deutlich verstand.

Zu einer weiteren Bruchstelle der Koalition entwickelten sich seit Ende 1968 die unterschiedlichen Auffassungen über die DM-Aufwertung. Während Schiller energisch für die Aufwertung als Maßnahme zur Konjunkturdämpfung plädierte, argumentierte Strauß im Interesse der deutschen Exportindustrie dagegen. Ein Konsens ließ sich in der Koalition nicht erzielen. Im Mai 1969 fiel die Entscheidung, eher aus Verlegenheit, denn aus Gründen der besseren Argumente, gegen die Aufwertung. Nach außen drang ein Bild der Unentschlossenheit und Handlungsunfähigkeit; öffentlich punkten konnte allein der gewandt auftretende Karl Schiller, nicht ohne positive Auswirkungen auf das Bundestagswahlergebnis der SPD.[24]

Der wohl größte Dissens zwischen den Koalitionspartnern herrschte jedoch auf dem Feld der Deutschlandpolitik. Zwar bestand Einigkeit darüber, dass Gespräche mit dem »Zonenregime in Pankow« aufgenommen werden mussten – und Kiesinger hatte entsprechende Angebote in Richtung Ost-Berlin auch bereits unterbreitet –, allerdings unterschieden sich CDU/CSU und SPD fundamental in ihren Auffassungen über die Ausgangsbasis dieser Gespräche, im Kern der Frage nach der Kenntnisnahme der DDR als eines zweiten deutschen Staates. Während CDU und CSU auf dem Alleinvertretungsanspruch der Bundesrepublik beharrten, zeigte sich Außenminister Brandt zwar nicht bereit, die DDR, wie von Ost-Berlin gefordert, offiziell anzuerkennen, gleichwohl aber doch deren Existenz als gegebene Realität zu akzeptieren und ihr Verhandlungen auf Basis einer Art Gleichberechtigung anzubieten.[25]

In diesem Bestreben kam ihm die gewandelte FDP unter Walter Scheel weit entgegen. Bereits im April 1968 hatte Scheel im Bundestag davon gesprochen, dass »ein zweiter deutscher Staat«[26] entstanden sei, und damit an einer Grundprämisse der Deutschlandpolitik der Ära Adenauer gerüttelt. In der Folgezeit versuchte sich die nach links tendierende FDP ostpolitisch zu profilieren und sich damit gleichzeitig als geeigneter Koalitionspartner für die SPD zu empfehlen. Im Januar 1969 plädierte sie zum Auftakt des Wahljahres mit ihrem neuen intellektuellen Zugpferd, dem Konstanzer Soziologen Ralf Dahrendorf, für Verträge mit der DDR.[27] Im Juli desselben Jahres reiste eine FDP-Delegation unter Scheel, Wolfgang Mischnick und Hans-Dietrich Genscher zu Gesprächen mit Regierungsvertretern nach Moskau.[28]

Zum »Wendeklima« des Jahres 1969 trug neben dem allgemeinen Verfall der gesellschaftlichen Konventionen der vermeintlich »miefigen« 1950er Jahre besonders die Unterstützung der

SPD durch zahlreiche Intellektuelle, Schriftsteller und Persönlichkeiten des öffentlichen Lebens bei, unter ihnen die Wissenschaftler Arnulf Baring, Kurt Sontheimer, Eberhard Jäckel, der Journalist Günter Gaus, der Bundeswehrreformer Wolf Graf von Baudissin, der Kabarettist Dieter Hildebrandt, die Schauspielerin Inge Meysel, allen voran jedoch der zornige Romancier mit Bürgerschreck-Image Günter Grass, der für Willy Brandt eine regelrechte Wahlkampfkampagne absolvierte.[29]

Eine Art Testfall für den »Machtwechsel« stellte die vorgezogene Wahl Gustav Heinemanns, Justizminister der Großen Koalition, zum Bundespräsidenten dar. Am 5. März 1969 setzte sich der erbitterte Gegner Adenauers – der Protestant, gesinnungsethische Pazifist und »Gesamtdeutsche« –, Heinemann, mit einer sehr knappen Mehrheit im dritten Wahlgang als Kandidat der SPD in der Bundesversammlung gegen den »Atlantiker« Gerhard Schröder durch. Das war für Heinemann eine späte Genugtuung, für die gemäßigte Linke in Deutschland eine Bestätigung, für Willy Brandt und Walter Scheel jedoch ein deutliches Zeichen, dass eine SPD-FDP-Koalition auch im Bund im Wahljahr 1969 möglich sein könnte. Den Erinnerungen Brandts zufolge fassten beide Politiker eine Regierungskoalition ihrer Parteien seit Anfang Mai näher ins Auge – freilich nicht öffentlich. In den Folgemonaten taktierte insbesondere der FDP-Vorsitzende aufgrund der durchaus nicht klaren Stimmungslage in seiner Partei mit verschwommenen Aussagen.

Dann aber war es ebenfalls Scheel, der vier Tage vor der Bundestagswahl alles auf eine Karte setzte und in einer Fernsehsendung seine Auffassung öffentlich machte, die Koalition mit der SPD wagen zu wollen, sollte dies am Wahlabend rechnerisch möglich sein. Brandt hingegen hielt sich noch bedeckt, und Bundeskanzler Kiesinger glaubte, sehr souverän, daran, dass allein er es sein würde, dem am Ende die Initiative zur Regierungsbildung zufiele.

Das Wahlergebnis am Abend des 28. September 1969 schien Kiesingers Optimismus zu bestätigen: Mit 46,1 Prozent lagen

CDU/CSU lediglich 1,5 Prozent unter dem hervorragenden Ergebnis Ludwig Erhards von 1965. Aber die SPD (42,7 Prozent) war deutlich näher gerückt. Sie hatte ihre Bewährungsprobe als Regierungspartei in den Augen der Wähler offensichtlich bestanden. An sich musste dies für die Union jedoch noch kein Schrecknis sein, denn der eigentliche Wahlverlierer hieß an jenem Abend FDP. Mit lediglich 5,8 Prozent hatte die FDP den Einzug ins Parlament nur knapp gemeistert und gegenüber 1965 3,7 Prozentpunkte verloren.[30] War das die Quittung der alten FDP-Stammwählerklientel für den Linkskurs ihrer Partei unter Walter Scheel?

Nun ergriff der sonst eher zögernde Brandt die Initiative und gab noch in der Wahlnacht seinen deutlichen Willen zu erkennen, in Koalitionsgespräche mit der FDP eintreten zu wollen, auch gegen den anfänglichen Widerstand von Herbert Wehner und Helmut Schmidt, die eher dazu neigten, die Große Koalition fortzusetzen. Noch mehr Überzeugungsarbeit hatte allerdings der Wahlverlierer Scheel innerhalb seiner Partei zu leisten. Ungeachtet einer heftigen Gegenwerbekampagne der CDU, die Helmut Kohl im Auftrag des schockierten Kiesinger um die FDP einleitete, setzte Scheel sich durch. Die Front der Gegner einer sozialliberalen Koalition in der FDP-Fraktion begann angesichts der exzellenten von der SPD angebotenen Konditionen zu bröckeln, so dass am Ende nur vier erklärte »Dissidenten« übrigblieben.

Als Willy Brandt am 21. Oktober 1969 mit 251 Ja- gegen 235 Nein-Stimmen (zuzüglich fünf Enthaltungen und vier ungültigen) zum Bundeskanzler gewählt wurde, fehlten drei Stimmen aus der eigenen Koalition. Unter ihnen war die Erich Mendes, der knapp ein Jahr später die FDP verließ und zur CDU übertrat. Der Regierungswechsel war durch »Koalitionsarithmetik« zustande gekommen und hatte den eigentlichen Sieger der Wahl, die Unionsparteien, aus der Bundesregierung verdrängt. Die maßgebende politische Kraft der ersten 20 Jahre der Bundesrepublik fand sich auf der Oppositionsbank wieder. Zum ersten Mal stand ein Sozialdemokrat an der Spitze der Regierung, mitgetragen von einer veränderten FDP, der trotz ihres schlechten Abschneidens in der Wahl im neuen Kabinett zwei zentrale und ein weiterer wichtiger Ministerposten zugebilligt wurden: das Außenministerium (Walter Scheel, gleichzeitig Vizekanzler), das Innenministerium (Hans-Dietrich Genscher) sowie das Landwirtschaftsministerium (Josef Ertl). Nach der für beide Koalitionsparteien weitaus erfolgreicheren Wahl von 1972 kam mit dem Wirtschaftsressort (Hans Friderichs) ein weiteres Schlüsselministerium für die FDP hinzu.

Vom Schwung des »Machtwechsels« beflügelt, gab Bundeskanzler Brandt am 28. Oktober 1969 seine erste Regierungserklärung ab: »Wir wollen mehr Demokratie wagen. [...] Wir stehen nicht am Ende unserer Demokratie, wir fangen erst richtig an.«[31] Eine ganz neue Zeit schien für die Bundesrepublik anzubrechen.

»Taxi nach Leipzig«

Mit »Taxi nach Leipzig« begann am 29. November 1970 eine Erfolgsgeschichte des bundesrepublikanischen Fernsehens: die Krimiserie »Tatort«. Das besondere Kennzeichen der einzelnen Folgen lag und liegt noch immer im Lokalkolorit der Ermittlerteams und Ermittlungsorte und in den oftmals überaus aktuellen Referenzen auf die politischen und sozialen Entwicklungen der Zeit. Dass diese Reihe ausgerechnet mit einem deutsch-deutschen Kriminalfall anhob – der Hamburger Kommissar Trimmel ermittelt auf eigene Faust im anderen deutschen Staat –, war kein Zufall. Im Krimi spiegelte sich *das* Thema des Jahres 1970: die neue Ost- und Deutschlandpolitik.

Unerhörtes war geschehen: Seit Januar verhandelte der Staatssekretär im Bundeskanzleramt Egon Bahr mit der Sowjetunion über eine Erklärung zum gegenseitigen Gewaltverzicht. Als Zeichen guten Willens erklärte sich die Sowjetunion bereit, in Verhandlungen mit den Westmächten über eine Regelung des

Transitverkehrs zwischen der Bundesrepublik und West-Berlin einzutreten, die nicht mehr, wie bisher, allein von der sowjetischen Kulanz abhängig sein sollte; Ende März 1970 begannen diese Vier-Mächte-Verhandlungen. Für die meisten Deutschen diesseits und jenseits des Eisernen Vorhangs fast noch aufsehenerregender war indes, dass zum ersten Mal ein Bundeskanzler den »Zonenstaat« DDR besuchte und ins Gespräch mit dessen Regierung trat. Willy Brandt fuhr nicht mit dem Taxi nach Leipzig, sondern am 19. März 1970 mit der Bahn nach Erfurt, um dort den Ministerratsvorsitzenden Willi Stoph zu treffen. Für einen kurzen Augenblick gelang es den am Hauptbahnhof versammelten Menschen, den Abschottungsmaßnahmen der DDR-Sicherheitsorgane zum Trotz, ihren Hoffnungen Gehör zu verschaffen. »Willy, Willy«, schallten die Rufe hinauf zu Brandts Hotelzimmer im Erfurter Hof; einen kurzen, schüchternen Moment zeigte sich der Bundeskanzler am Fenster. »Doch ich hatte das Geschick dieser Menschen zu bedenken: Ich würde anderntags wieder in Bonn sein, sie nicht... So mahnte ich durch eine Bewegung meiner Hände zur Zurückhaltung. Man hat mich verstanden.«[32]

»Neue Ostpolitik« hieß das Konzept der sozialliberalen Koalition, in dessen Rahmen sich die Wende im deutsch-deutschen Verhältnis anbahnte. Die »Realitäten« anzuerkennen, hatte sich als neue Leitlinie bundesdeutscher Außenpolitik bereits seit den Jahren Erhards und mehr noch seit der Zeit der Großen Koalition angekündigt. Jedoch gab es auch gewichtige Bedenken gegen den Kurs der Öffnung nach Osten, nicht nur bei den Vertriebenen. Zementierte nicht eine solche Politik die Spaltung Deutschlands auf unabsehbare Zeit, gerade durch die Strategie der DDR, die nun, komplementär zur entgegenkommenden Haltung Bonns, Entspannung nur gegen vorherige offizielle Anerkennung durch die Bundesrepublik gewähren wollte? Um welchen Preis sollte die »Normalisierung« erkauft werden? Um den endgültigen und formalen Verzicht auf die ehemals deutschen Gebiete östlich der Flüsse Oder und Neiße, auf fast ein

Viertel des Staatsgebietes Deutschlands vor 1937? Und verschleierte nicht die Formel »Wandel durch Annäherung« das einfache Faktum, dass die sowjetische Suprematie über Ostmitteleuropa durch die Neue Ostpolitik akzeptiert wurde?[33]

Andererseits ließen die weltpolitischen Entwicklungen der 1960er Jahre die Forderung nach einer Revision der bundesdeutschen Außenpolitik immer weniger von der Hand weisen. Komplementär zu dem sich verschärfenden Konflikt der UdSSR mit China zeigten in den Beziehungen zwischen den Supermächten USA und Sowjetunion »Détente«-Signale vorsichtiges Tauwetter an.[34] Zudem gewann die DDR international an Gewicht. Den Präzedenzfall bildete 1969 die völkerrechtliche Anerkennung der DDR durch das südostasiatische Königreich Kambodscha. Mehr und mehr Staaten der nichtkommunistischen (wenn auch teils sowjetisch beeinflussten) Welt, vor allem zunächst des Nahen Ostens, Nordafrikas und der Dritten Welt erkannten »Pankow« als völkerrechtliches Subjekt an und brachten damit die Bundesrepublik in diplomatische Verlegenheit, solange diese auf der Hallstein-Doktrin als Leitkonzept beharrte. Die Konsolidierung der DDR bedeutete gleichzeitig, ein zweites Prinzip überdenken und folgerichtig umkehren zu müssen: Nicht mehr »erst Wiedervereinigung, dann Entspannung und Abrüstung« konnte der deutschland- und außenpolitische Fahrplan lauten, sondern zunächst einen Entspannungsprozess einzuleiten, »in dessen Verlauf eine Lösung der deutschen Frage im Rahmen einer europäischen Friedensordnung möglich sein werde«[35].

Fragen wie diese beschäftigten Egon Bahr, Willy Brandts strategischen Kopf, bereits seit längerem. Als Brandt Kanzler wurde, lagen Bahrs Konzepte bereit.[36] Jetzt schienen alle Hindernisse und Bedenken beiseite geräumt zu sein, schien sich der Weg zu öffnen für schier atemberaubende Verständigungen der Sozialliberalen mit den Staaten des Ostens.

Außer Frage stand von Anfang an: Der Schlüssel, die Ziele der Neuen Ostpolitik zu erreichen, konnte nur in Moskau liegen. Deswegen bildeten die Verhandlungen und der Vertrag mit der

Sowjetunion vom August 1970 deren Auftakt und zugleich Höhepunkt. Das Bestreben, die Situation in Europa auf der Basis »der in diesem Raum bestehenden wirklichen Lage« zu »normalisieren« (Art. 1), die gegenseitige Verpflichtung, »ihre Streitfragen ausschließlich mit friedlichen Mitteln zu lösen« (Gewaltverzicht, Art. 2), sowie die »Erkenntnis [...], daß der Friede in Europa nur erhalten werden kann, wenn niemand die gegenwärtigen Grenzen antastet« (Art. 3), setzten den Rahmen für alles weitere.[37] Die Anerkennung der Oder-Neiße-Linie als Westgrenze Polens sowie der Grenze zwischen der Bundesrepublik und der DDR wurde bereits in Moskau und nicht erst im Vertrag mit Warschau und im Grundlagenvertrag mit der DDR festgeschrieben.

Zu den unwiderruflichen, durch den Ausgang des Zweiten Weltkriegs geschaffenen Fakten zählte die sozialliberale Bundesregierung zwar die westliche, im Potsdamer Abkommen 1945 festgelegte Grenze Polens, nicht jedoch die deutsche Teilung. Darauf wies sie in einem »Brief zur deutschen Einheit« an die jeweiligen Vertragspartner sowohl anlässlich der Unterzeichnung des Vertrages von Moskau (12. August 1970) als auch des Grundlagenvertrages mit der DDR (21. Dezember 1972) ausdrücklich hin. Die Verträge stünden »nicht im Widerspruch zu dem politischen Ziel der Bundesrepublik Deutschland [...], auf einen Zustand des Friedens in Europa hinzuwirken, in dem das deutsche Volk in freier Selbstbestimmung seine Einheit wiedererlangt«[38].

Aber eben weil über das Gelingen der Neuen Ostpolitik in Moskau entschieden wurde, waren ein Vertrag mit Polen und ein Besuch des deutschen Bundeskanzlers in Warschau nicht minder wichtig, durfte doch den Polen kein zweites Mal der Eindruck vermittelt werden, Deutschland und Russland machten den Verlauf polnischer Grenzen über die Köpfe der eigentlich Betroffenen hinweg unter sich aus.[39] Ganz anders als die geschäftsmäßige Moskauer Vertragsunterzeichnung im August waren der Warschauer Staatsakt und die mit ihm verbundene

Kanzler-Reise im Dezember 1970 atmosphärisch, geschichtspolitisch aufs Höchste befrachtet. Am 7. Dezember unterzeichnete Brandt in Warschau den zweiten der »Ostverträge«, mit dem durch die definitive Anerkennung der Oder-Neiße-Linie die »Normalisierung« der Beziehungen der Bundesrepublik zu Polen eingeleitet wurde. Drei Jahre später, am 11. Dezember 1973, schloss das Abkommen mit der Tschechoslowakei das Vertragswerk der Neuen Ostpolitik ab.[40]

Erste Erleichterungen für die Bürger sowohl der Bundesrepublik wie auch der DDR hatten unterdessen die Verhandlungen gebracht, in die Egon Bahr bald nach Abschluss des Moskauer Vertrages mit dem DDR-Staatssekretär Michael Kohl eingetreten war. Man ging in kleinen Schritten vor: Seit Anfang 1971 war nach langen Jahren zum ersten Mal wieder Telefonkontakt zwischen West- und Ost-Berlin möglich; Ende September 1971 unterzeichneten Bahr und Kohl ein Abkommen über den Post- und Fernmeldeverkehr, am 17.12. folgte die Vereinbarung über den Transitverkehr zwischen der Bundesrepublik und West-Berlin, das ein halbes Jahr später (26.05.1972) in einen umfassenden Verkehrsvertrag zwischen der Bundesrepublik und der DDR mündete.[41] Voraussetzung für den Transitvertrag war das am 3. September 1971 unterzeichnete Vier-Mächte-Abkommen über Berlin. Darin betonten die Siegermächte zwar, ein letztes Mal vor der Wiedervereinigung, die unveränderte Gültigkeit ihrer Sonderrechte über Berlin, insbesondere den Tatbestand, dass die Westsektoren kein konstitutiver Teil der Bundesrepublik Deutschland seien. Zugleich erklärten sie aber, »von dem Wunsch geleitet, zu praktischen Verbesserungen der Lage beizutragen«, auf Gewaltandrohung und -ausübung verzichten zu wollen, »Streitigkeiten ausschließlich mit friedlichen Mitteln beizulegen« und keine einseitigen Maßnahmen zu ergreifen. Die Sowjetunion verpflichtete sich, dem Transitverkehr zwischen der Bundesrepublik und West-Berlin keinerlei Hindernisse in den Weg zu stellen, die Kommunikationssituation zwischen West- und Ost-Berlin zu verbessern sowie West-Berlinern den Zugang zum Osten der Stadt zu erleichtern. Im Gegenzug ermöglichten die Westalliierten der Sowjetunion die Errichtung eines Generalkonsulates im Westen der Stadt.[42] Gleichzeitig hoben sie aber hervor, »daß die Bindungen zwischen den Westsektoren Berlins und der Bundesrepublik Deutschland aufrechterhalten und entwickelt werden«[43].

Nachdem die Verträge von Moskau, Warschau sowie das Vier-Mächte-Abkommen am 3. Juni 1972 in Kraft getreten waren, begann mit den Gesprächen über den Grundlagenvertrag zwischen der Bundesrepublik und der DDR der letzte Akt der deutschlandpolitischen Wende. Egon Bahr und Michael Kohl brachten auch diese Verhandlungen noch während des schwierigen Jahres 1972 zum Abschluss. Der am 21. Dezember unterzeichnete Grundlagenvertrag bescherte der DDR zwar nicht die ersehnte völkerrechtliche Anerkennung durch die Bundesrepublik. Gleichwohl wurde »auf der Grundlage der Gleichberechtigung« vereinbart, die beiderseitigen Beziehungen zu »normalisieren« und »praktische und humanitäre Fragen zu regeln«. De facto gestand die Bundesrepublik der DDR die Unverletzlichkeit ihrer Grenze, Hoheitsgewalt, territoriale Integrität, Unabhängigkeit und Selbständigkeit in ihren inneren und äußeren Angelegenheiten zu. Statt Botschaften sollten freilich nur »ständige Vertretungen« eingerichtet werden, sichtbares Zeichen der seitens der Bundesrepublik nicht konzedierten völkerrechtlichen Anerkennung der DDR.[44] Für den kommunistischen Satellitenstaat im Osten Deutschlands bedeutete der Grundlagenvertrag dennoch einen überwältigenden Erfolg; im September 1973 wurde die DDR zusammen mit der Bundesrepublik in den Kreis der in der UNO vereinigten Staatenwelt aufgenommen.

So viele spürbare Erleichterungen im alltäglichen deutsch-deutschen Verkehr diese Verträge auch brachten – vom Transit- und Telefonverkehr bis hin zu unterschiedlichen Formen der Kommunikation in Wissenschaft, Wirtschaft, Kultur und Sport –, änderte sich doch nichts an der Grundtatsache, dass Deutschland, nun offenbar auf Dauer, in zwei Staaten geteilt war, durchzogen von einer immer martialischer befestigten Grenze, von deren Wachtürmen aus die Grenztruppen des Oststaates auf Landsleute schießen mussten, die versuchten, sich dem real existierenden Sozialismus durch Flucht zu entziehen.

Verdüsterung

Brandts große Leistung als Bundeskanzler war die Neue Ostpolitik. Er hat in Richtung Osten fortgesetzt, womit Adenauer im Westen begonnen hatte: das Werk der Aussöhnung Deutschlands mit seinen Nachbarn. Hinzu kam die Bitte um Vergebung für das den Völkern im Weltkrieg durch Deutsche zugefügte Leid. Im ergreifenden Kniefall des Kanzlers am 7. Dezember 1970 am Mahnmal für die Opfer des Warschauer Ghetto-Aufstandes ist beides zu einer für alle Zeiten gültigen Ikone verschmolzen. Der Kniefall galt den jüdischen Opfern zuerst, doch seine Symbolwirkung ging weit darüber hinaus.[45] »Dies gehört mit dazu, wenn wir einen neuen Anfang setzen und eine Wiederholung der Schrecken der Vergangenheit ausschließen wollen.«[46] Neue Ostpolitik und auch Kniefall waren zu ihrer Zeit politisch heftig umstritten.[47] Langfristig trug aber beides zum Bild eines anderen, erneuerten Deutschland in der Welt bei, dessen Gewicht in die Waagschale fiel, als sich 19 Jahre später die Türen in Richtung Wiedervereinigung öffneten.

Für die Neue Ostpolitik erhielt Willy Brandt 1971 den Friedensnobelpreis. Ungeachtet dessen tobte die innenpolitische Auseinandersetzung um genau jene Ostpolitik erbittert und führte die sozialliberale Koalition nahe an den Rand des Scheiterns. Im Bundestag brachte der CSU-Abgeordnete Karl Theodor Freiherr von und zu Guttenberg am 27. Mai 1970 die Einwände der Opposition in einer leidenschaftlichen Rede vor. Die Neue Ostpolitik missachte das Recht der Deutschen jenseits der Grenze auf Selbstbestimmung in Freiheit, sie opfere das Wiedervereinigungsgebot des Grundgesetzes, erkenne faktisch ein »kommunistisches Zwangsregime« an und verabschiede sich damit vom »Deutschlandkonzept des Westens«, um in »jenes der Sowjetunion« einzutreten.[48] Demgegenüber wies das Bundesverfassungsgericht im Juli 1973 eine Verfassungsklage der Bayerischen Staatsregierung gegen den Grundlagenvertrag zurück. Der Vertrag, so die Richter, verletze nicht das verfassungsrechtliche Gebot der Wiedervereinigung. Mit den Ostverträgen habe die Bundesregierung lediglich eine ihr zustehende Handlungsentscheidung darüber getroffen, »mit welchen politischen Mitteln und auf welchen politischen Wegen« sie das grundgesetzliche Gebot der Wiedervereinigung zu erreichen gedenke »oder ihm wenigstens näherzukommen versuche«.[49]

Die ohnehin geringe Mehrheit von SPD und FDP im Bundestag hatte schon bald nach dem »Machtwechsel« zu bröckeln begonnen. Dabei ging es neben der Frage der grundsätzlichen Zustimmung zur sozialliberalen Koalition fast immer um die Neue Ostpolitik. Bereits im Oktober 1970 traten zusammen mit Erich Mende zwei weitere FDP-Abgeordnete, Heinz Starke und Siegfried Zoglmann, zur CDU-Fraktion über. Weitere Fraktionsaustritte, bzw. -wechsel folgten, auch aus den Reihen der SPD – unter anderem des Vertriebenenpolitikers Herbert Hupka zur CDU –, so dass Oppositionsführer Barzel im April 1972 zum ersten Mal in der Geschichte der Bonner Republik ein konstruktives Misstrauensvotum wagen zu können glaubte. Rein rechnerisch hätte die Aussicht auf dessen Erfolg durchaus bestanden.

Doch das Votum scheiterte an zwei fehlenden Stimmen aus dem eigenen Lager, die offenbar von der Gegenseite gekauft worden waren. Die bald gegen den parlamentarischen Geschäftsführer der SPD, Karl Wienand, erhobenen Vorwürfe, zwei Unionsabgeordnete bestochen zu haben, konnten nie wirklich erhärtet werden. Als sicher gilt heute hingegen, dass die »Hauptverwaltung Aufklärung« des Staatssicherheitsdienstes der DDR, geleitet von »Spionagechef« Markus Wolf, die beiden Abgeordneten Julius Steiner (CDU) und Leo Wagner (CSU) mit je 50.000 DM dazu gebracht hat, ihre Stimmen nicht für Rainer Barzel abzugeben.[50]

Die Karriere des CDU-Fraktionschefs und seit 1971 Parteivorsitzenden Rainer Barzel erhielt durch das Scheitern im Parlament einen Stoß, von dem sie sich nie mehr erholen sollte. Barzels Tragödie verschärfte sich noch durch zwei weitere Niederlagen im selben Jahr, in der Auseinandersetzung mit seiner eigenen Fraktion über die Haltung zur Ratifikation der Ostverträge und schließlich in der Bundestagswahl im November. Das Unglück des einen öffnete die Tür für den Aufstieg eines anderen, nicht minder machtbewussten CDU-Politikers: des rheinland-pfälzischen Ministerpräsidenten Helmut Kohl.

Zwar überstand die sozialliberale Koalition mit tatkräftiger Hilfe des DDR-Staatssicherheitsdienstes das konstruktive Misstrauensvotum, allerdings waren damit noch nicht die Ostverträge durch Bundestag und Bundesrat ratifiziert. Angesichts der verlorenen absoluten Mehrheit musste die Regierungskoalition darauf hoffen, bei der Abstimmung über die Verträge mindestens Enthaltung, wenn nicht gar Zustimmung aus den Reihen der Opposition zu erhalten. Die Zeichen dafür standen nicht schlecht, hatten doch diverse Unionsabgeordnete signalisiert, sich eine Zustimmung durchaus vorstellen zu können. Auch Rainer Barzel, der kein grundsätzlicher Gegner der Neuen Ostpolitik war, warb um Unterstützung. Voraussetzung war aber in jedem Fall, dass einige essentielle Punkte noch einmal völkerrechtlich möglichst bindend formuliert würden. Um der Union diese Brücke zu bauen, entwarf eine interfraktionelle Arbeitsgruppe den Text einer gemeinsamen Entschließung des Bundestages, in der hervorgehoben wurde, dass die Ostverträge eine friedensvertragliche Lösung für ganz Deutschland in keiner Weise vorwegnähmen, dass sie das Recht auf Selbstbestimmung der Deutschen in Freiheit nicht berührten, die von der Bundesrepublik eingeschlagene Politik der europäischen Integration nicht behinderten und eine endgültige Regelung »der deutschen Frage im Ganzen« nicht beinhalteten.[51] Auf der Basis dieser Entschließung – die anerkennen zu wollen, auch die Sowjetunion signalisierte – beabsichtigte Barzel, den Abgeordneten seiner Fraktion die Abstimmung freizugeben, wobei er auf eine veritable Zahl von Ja-Stimmen hoffte. Allerdings scheiterte der Fraktionsvorsitzende abermals, diesmal vor allem an einer taktischen Wende der CSU unter Franz Josef Strauß, und musste auf die Linie der Enthaltung einschwenken.[52] Am 17. Mai 1972 passierten die Ostverträge den Bundestag. Einige Unionsabgeordnete nahmen sich die Freiheit, mit »Nein« zu stimmen; die weitaus meisten folgten der Fraktionsdisziplin und enthielten sich der Stimme. Hingegen wurde die gemeinsame Entschließung fast einstimmig angenommen.

Nachdem die parlamentarische Mehrheit der sozialliberalen Koalition durch die Pattsituation nicht mehr gegeben war, stellte sich immer drängender die Frage nach vorgezogenen Neuwahlen. Dank der so schnell erzielten Erfolge der Neuen Ostpolitik hofften die Koalitionäre, vom Wähler einen stabiler ausgestatteten neuen Regierungsauftrag zu erhalten. Verfassungspolitisch ebnete eine Vertrauensfrage des Bundeskanzlers den Weg zu Neuwahlen. Durch eine vorher vereinbarte Stimmenthaltung der Regierungsmitglieder verfehlte Willy Brandt die notwendige Mehrheit, so dass Bundespräsident Heinemann (gemäß Art. 68 und 38 GG) anschließend den Bundestag auflösen und Neuwahlen ansetzen konnte. Das Wahlergebnis vom 19. November 1972 schien das Kalkül der Sozialliberalen klar zu bestätigen; beide Regierungsparteien legten deutlich zu, die FDP (8,4 Prozent gegenüber 5,8 Prozent 1969) sogar überproportional mehr als die SPD (45,8 gegenüber 42,7 1969). CDU/CSU hatten dagegen Verluste zu verbuchen (44,9 gegenüber 46,1 1969).[53] Maßgeblich zum Sieg der Koalition beigetragen hatte freilich auch das seit Juli 1970 auf 18 Jahre herabgesetzte Wahlalter.

Nach den Wahlen traten bald Auszehrungserscheinungen ein; die kreativen Impulse der sozialliberalen Koalition schienen verebbt. Das letzte Drittel der Kanzlerschaft Brandts war umdüstert, nicht nur von den wachsenden wirtschaftlichen Problemen der Republik, sondern auch von einer depressiven Stimmungslage des Kanzlers selbst, dessen empfindliche, grüblerische, zu Hypochondrie neigenden Charakterzüge immer häufiger Oberhand gewannen.[54] So hinderte etwa eine Kehlkopferkrankung Brandt unmittelbar nach der Wahl daran, in die Regierungsneubildung aktiv einzugreifen.

Die Euphorie der Ostpolitik hatte andere Politikfelder mitunter ins Hintertreffen geraten lassen. Warnzeichen fanden nicht die richtige Beachtung. Zu diesen Signalen zählte im Mai 1971 der völlig überraschende Rücktritt des Finanzministers Alex Möller. Der solide SPD-Finanzexperte wollte ein Zeichen setzen gegen eine seiner Ansicht nach unverantwortliche Ausdehnung, ja Überdehnung des Bundeshaushalts. Gut ein Jahr später, Anfang Juli 1972, warf auch Karl Schiller das Handtuch. Der »Star« der SPD-Wirtschaftspolitik zog sich fast blitzartig aus allen politischen Funktionen zurück. Sowohl Möller als auch Schiller sahen die wirtschaftliche und finanzielle Stabilität der Bundesrepublik massiv gefährdet. Bei zunächst noch anhaltender Hochkonjunktur, die das Wirtschaftswunder weiter zu verlängern versprach, stieg die Inflation. Dies hätte nach dem Modell von Keynes mit konjunkturdämpfenden Maßnahmen und einem Rückzug des staatlichen Engagements beantwortet werden müssen, was jedoch unterblieb. Im Gegenteil: Der Staat dehnte seine finanzielle Aktivität weiter aus, die Verschuldung stieg, ohne konjunkturelle Notwendigkeit. Als schließlich der Zusammenbruch des Währungssystems von Bretton Woods seit 1971 die Weltwirtschaft insgesamt ins Trudeln brachte, blieb dies auch für die Bundesrepublik nicht ohne Auswirkungen. Das Ende der künstlichen Überbewertung des Dollars und die Freigabe der Wechselkurse verunsicherten die starke deutsche Exportindustrie. Das Wachstum des Bruttosozialprodukts stagnierte, während die Inflation weiter zunahm und das prekäre Szenario der »Stagflation« in Sicht kam: gebremstes Wachstum und steigende Arbeitslosigkeit bei gleichzeitig zunehmender Inflation. Hatte die »Globalsteuerung« nach der Theorie von Keynes versagt – erwies sich »mittelfristige Finanzplanung« als Illusion?

Die Wirtschafts- und Finanzressorts unter den neuen Ministern Helmut Schmidt und Hans Friderichs (FDP) versuchten mit Stabilitätsprogrammen, Investitionssteuern und Stabilitätsabgaben die Inflation zu dämpfen und den überhitzten Markt zu beruhigen. Freilich fielen diese Maßnahmen bereits in die beginnende Abschwungphase. Zu dramatisch veränderten wirtschaftspolitischen Bedingungen führte schließlich der Ölpreisschub vom Oktober 1973, der die westliche Welt und mit ihr die Bundesrepublik in lähmende Rezession riss, in die »tiefste Krise« der Nachkriegszeit, »vielleicht sogar seit 1929«.[55] Restriktive Förder- und expansive Preispolitik, von den arabischen erdölexportierenden Ländern als Druckmittel gegen eine israelfreundliche Haltung des Westens während des Jom-Kippur-Kriegs im Oktober 1973 eingesetzt, verknappte das Lebenselixier der westlichen Industrienationen buchstäblich von einem Tag auf den anderen. Der Ölpreis verdoppelte sich noch im Oktober 1973 und vervierfachte sich im Lauf des Jahres 1974. Drastische Sparmaßnahmen waren die unmittelbare Folge: Ab dem 25. November 1973 verordnete die Bundesregierung vier aufeinanderfolgende »autofreie Sonntage« sowie Geschwindigkeitsbegrenzungen. Die Bilder der leeren Autobahnen erscheinen wie Symbole der »zur Ader gelassenen« Industriestaaten.

Auch das gesellschaftliche Klima verdüsterte sich. Zwar war die Zeit der großen studentischen Protestbewegungen vorbei, stattdessen begann jedoch eine Reihe brutalster Banküberfälle und Anschläge auf Polizisten und Persönlichkeiten des öffentlichen Lebens die Republik in Schrecken zu versetzen. Die freiheitliche Demokratie sah sich von hasserfüllten, zu jeder Gewalttat bereiten Ideologen herausgefordert. Plakate mit den düster blickenden Konterfeis der gesuchten Terroristen führten jedermann die bedrohliche Lage fast tagtäglich vor Augen. Ein erster trauriger Höhepunkt war 1972 erreicht, mit zwei Anschlägen auf die Hauptquartiere der US-Armee in Frankfurt und Heidelberg, einem Bombenattentat auf das Springer-Hochhaus in Hamburg sowie – weltweit mit besonderem Entsetzen aufgenommen – dem Überfall palästinensischer Terroristen auf die israelische Olympiamannschaft im olympischen Dorf in München, der in einem Blutbad endete. Die »Stadtguerilla« der RAF, zum Teil ausgebildet in jordanischen Terroristencamps, und der antiisraelische palästinensische Radikalismus gingen eine unheilvolle Koalition ein.

Mit der Verhaftung von Andreas Baader, Holger Meins, Jan-Carl Raspe sowie wenige Tage später Ulrike Meinhof und Gudrun Ensslin konnte der Kern der RAF, die »Baader-Meinhof-Gruppe«, im Juni 1972 aus dem Verkehr gezogen werden. Doch war damit das Thema Terrorismus längst nicht vom Tisch: Offene wie versteckte RAF-Sympathisanten und radikale Linke nutzten die anschließend beginnenden Prozesse zu spektakulären Polemiken gegen die angeblich »repressive« Staatsmacht. Besonders der Hungerstreiktod des Terroristen Meins im November 1974 in der Justizvollzugsanstalt Wittlich heizte die öffentliche Diskussion abermals auf. Weitere Anschläge, jetzt der »zweiten RAF-Generation«, meist mit dem Ziel, die Aktivisten der »ersten Generation« entweder freizupressen oder deren Selbstmord-Tode zu »rächen«, folgten. Beginnend mit der Entführung des Berliner CDU-Vorsitzenden Peter Lorenz Ende Februar 1975, über das Attentat auf die deutsche Botschaft in Stockholm im April, bei dem zwei deutsche Diplomaten ermordet wurden, erreichte die terroristische Gewalt eine neue Eskalationsstufe.[56]

Willy Brandt war zu diesem Zeitpunkt seit fast einem Jahr schon nicht mehr Bundeskanzler. Er hatte am 6. Mai 1974 seinen Rücktritt erklärt, nachdem sein persönlicher Referent, Günter Guillaume, als Agent des Staatssicherheitsdienstes der DDR enttarnt und schließlich festgenommen worden war. Auch Walter Scheel, der zweite Hauptakteur der sozialliberalen Wende, befand sich fünf Jahre nach dem »Machtwechsel« nicht mehr im Amt des Außenministers und Vizekanzlers. Am 15. Mai 1974, eine Woche nach dem Rücktritt Brandts, hatte die Bundesversammlung den erst 54-Jährigen zum Nachfolger des scheidenden Bundespräsidenten Gustav Heinemann gewählt.

6 Nach dem Schock: Krisenmanagement unter Helmut Schmidt (1974–1982)

Unter Bundeskanzler Helmut Schmidt hatte die bundesdeutsche Demokratie harte Bewährungsproben zu bestehen – vor allem in den Wirtschaftskrisen der 1970er Jahre und mit dem Terror der RAF.

Zu den viel diskutierten Fragen im Umfeld der Affäre Guillaume zählt diejenige nach der Notwendigkeit ihrer Konsequenz: Hätte Brandt wirklich zurücktreten müssen, weil sein persönlicher Referent als Stasi-Spitzel enttarnt wurde? Sicher, dass sich ein Spion Ost-Berlins mehr als eineinhalb Jahre lang im engsten Umkreis des Bundeskanzlers bewegte, mit ihm auf Wahlkampfreisen ging, seine persönlichsten Angelegenheiten sortierte und sogar die Familie Brandt in den Urlaub begleitete, war ein Sicherheits-GAU.[1] Ja, Guillaume war sogar auf seinem Posten belassen worden, nachdem sich im Bundeskriminalamt und beim Verfassungsschutz die Hinweise auf seine Agententätigkeit verdichtet hatten. Andererseits: Wie viele Staatsgeheimnisse hatte Guillaume wirklich verraten? Die Brisanz seiner in Richtung Ost-Berlin übermittelten Informationen war – anders als von der zur Skandalisierung neigenden zeitgenössischen Presseberichterstattung suggeriert – wohl eher mäßig.[2]

Doch der Kanzler nahm in einer einsamen Entscheidung in der Nacht vom 6. auf den 7. Mai 1974 die gesamte Verantwortung auf sich und trat zurück. Brandts Privatleben spielte bei dieser Entscheidung keine unerhebliche Rolle, waren doch im Zuge der Enttarnung Guillaumes auch allerhand unappetitlich ausgestaltete Geschichten über teils wirkliche, überwiegend jedoch nur erfundene Frauenaffären des Kanzlers in Umlauf geraten.[3] Hinzu kam: Brandt war erschöpft, aufgerieben, vielleicht gar amtsmüde. Guillaume wirkte wie der Tropfen, der das Fass des Verdrusses zum Überlaufen brachte.

Die Zäsur des Jahres 1974

Zwischen dem Höhepunkt des Erfolgs der sozialliberalen Koalition in der Bundestagswahl 1972 und den bitteren Tagen der Guillaume-Affäre hatte sich viel Unmut über den Kanzler angesammelt. Nicht nur die politischen Gegner zogen dessen Führungsfähigkeit zunehmend in Zweifel; je mehr Brandts Stimmungslagen schwankten, desto hörbarer wurde die Unzufriedenheit auch in Partei und Fraktion, desto offener brachen die Konflikte innerhalb der SPD-»Führungstroika« auf.[4] Das ohnehin seit jeher gespannte Verhältnis zwischen Brandt und Wehner trat in ein neues Stadium der Zerrüttung, nachdem Wehner im Mai 1973 ausgerechnet von Moskau aus den Kanzler schroff kritisiert hatte. Auf der anderen Seite ließ Helmut Schmidt mehrfach erkennen, dass er sich eigentlich für den besseren Kanzler hielt. Indessen stagnierte die Ostpolitik; nach der Ratifikation des Grundlagenvertrages begann die DDR, durch Moskau unterstützt, der Bundesrepublik wieder die kältere Schulter zuzuwenden. Die konkrete Ausgestaltung der Vertragsinhalte erwies sich schwieriger als der Vertragsabschluss selbst, was wiederum Brandt angelastet wurde. Die SPD rückte gesellschaftspolitisch deutlich nach links, ohne maßgebliche Gegenakzente des Kanzlers, und sehr zum Missfallen des »rechten« Helmut Schmidt. Ebenfalls seit Mai 1973 kam nach und nach die Affäre um den CDU-Abgeordneten Julius Steiner und SPD-Geschäftsführer Karl Wienand ans Licht. Der Vorwurf des Stimmenkaufs im Vorfeld des Misstrauensvotums vom April 1972 kostete die SPD und ihren – daran unschuldigen – Kanzler viel ihrer moralischen Kreditwürdigkeit. Die Quittung erhielt die SPD unter anderem in der Hamburger Bürgerschaftswahl vom 3. März 1974 mit mehr als zehn Prozent Stimmenverlust.[5]

Als taktischer Fehler erwies sich schließlich, dass Brandt den geschickt operierenden Walter Scheel ohne großen Widerstand in die Villa Hammerschmidt einziehen ließ. Dadurch verlor die SPD nicht nur einen zentralen Stützpfeiler der Koalition, sondern auch das Amt des Bundespräsidenten an die FDP. All diese für den Kanzler wenig erfreulichen Entwicklungen standen vor dem Hintergrund der sich rapide verschlechternden wirtschaftlichen Situation. Eine maßlose Lohnrunde im öffentlichen Dienst, die im Februar 1974 zu einer elfprozentigen Erhöhung der Löhne und Gehälter führte, trug kaum dazu bei, das Bild einer ökonomisch rational handelnden Regierung zu stärken.

Brandt trat im Mai 1974 infolge der Guillaume-Affäre zurück. Welche Rolle seine empfindliche, grüblerische Persönlichkeit dabei spielte, seine Neigung, Fluchtreflexen nachzugeben, mag dahingestellt bleiben. Auch »mangelnde Härte«, die Krise durchzustehen, wurde ihm attestiert. Alle diese Eigenschaften waren aber zugleich Teil seiner besonderen Authentizität – der Politiker Willy Brandt ließ sich nie verbiegen. »Gestürzt« wurde Brandt jedenfalls nicht, weder von Herbert Wehner noch von Helmut Schmidt. Freilich reichte weder Wehner die Hand, Brandt zu helfen, noch ließ Schmidt sich seine Chance entgehen, wenngleich er vielleicht lieber auf andere, elegantere Weise ins Kanzleramt gelangt wäre.

Auch »gescheitert« war Brandts Kanzlerschaft nicht, zumindest ost- und deutschlandpolitisch; innen- und gesellschaftspolitisch mochte die Bilanz anders aussehen. Das große Modernisierungs- und Demokratisierungsprojekt der sozialliberalen Koalition war abgesehen von einigen Errungenschaften in der Sozial- und Arbeitsgesetzgebung sowie auf dem Sektor der Bildungsreformen doch Illusion geblieben. Weiter vorangeschritten waren allerdings die Überdehnung des Sozialstaates[6] sowie die Demontage und Fragmentierung »bürgerlicher« Werte und Normen, wie sie etwa in den erbitterten Debatten um Empfängnisverhütung, Abtreibung, »wilde Ehen« und »antiautoritäre Erziehung« zum Ausdruck kamen – für die einen, vor allem die Anhängerinnen der »neuen Frauenbewegung«, Königswege zu Emanzipation und Selbstbestimmung, für die anderen sozialmoralische Degeneration. Unzufriedenheit mit diesen Entwicklungen artikulierte sich zunehmend; die Frage, ob eine »Tendenzwende« notwendig sei, weg vom neomarxistischen Dogmatismus der neuen Linken, hin zu einer unideologischen, wertbasierten »praktischen Vernunft«, bildete ein viel diskutiertes Thema jener Jahre, nicht nur unter konservativen, sondern auch unter sozialdemokratischen politischen Denkern.[7]

Finanzminister Helmut Schmidt wurde am 16. Mai 1974 zum fünften Kanzler der Bundesrepublik gewählt. Willy Brandt verblieb im Amt des SPD-Vorsitzenden, wollte sich fortan intensiv der Parteiarbeit widmen,[8] während Herbert Wehner weiterhin das »Zuchtmeisteramt« des Fraktionschefs versah. Die »Troika« Brandt – Schmidt – Wehner sollte ungeachtet der erheblichen Spannungen zwischen den drei so unterschiedlichen Charakteren die Politik der SPD noch lange Jahre dominieren.

Dem 1918 in Hamburg geborenen Helmut Schmidt haftete der Ruf eines kühlen Machers von staatsmännischer Überlegt- und Überlegenheit an, obwohl er sich in den Anfängen seiner Rednerkarriere im Bundestag den eher auf Attacke hindeutenden Spitznamen »Schmidt-Schnauze« verdient hatte. Auf dem bundespolitischen Parkett hatte Schmidt zahlreiche Erfahrungen sammeln können – unter anderem als stellvertretender SPD-Parteivorsitzender, Fraktionsvorsitzender, Verteidigungsminister, Wirtschafts- und Finanzminister –, war also wie kein zweiter in der SPD dazu qualifiziert, ins Bundeskanzleramt einzuziehen. Aber auch eine Heldentat früher bundesrepublikanischer Krisenbewältigung war untrennbar mit Schmidts Namen verbunden: Um der Hamburger Sturmflut vom Februar 1962 zu trotzen, hatte der damalige Polizeisenator entscheidungsfreudig und erfolgreich die Koordination der Notfallmaßnahmen an sich gezogen und – 1962 eigentlich noch verfassungswidrig – auch Einheiten der Bundeswehr angefordert.[9]

An der Spitze des Koalitionspartners trat neben den neuen Bundeskanzler der aus Halle/Saale stammende Hans-Dietrich Genscher als Vizekanzler und Außenminister. Genscher, Jahrgang 1927, der unter Willy Brandt Innenminister gewesen war, löste Walter Scheel auch als Vorsitzenden der FDP ab. In der oppositionellen CDU hatte sich eine bedeutende personelle Veränderung bereits knapp ein Jahr zuvor vollzogen: Der rheinland-pfälzische Ministerpräsident Helmut Kohl war im Juni 1973 zum Nachfolger Rainer Barzels als Parteichef gewählt worden.

Mit dem Rücktritt von Bundeskanzler Willy Brandt wurde der Zäsurcharakter des Jahres 1974 augenfällig. Die deutsche Fußballnationalmannschaft errang im Juli 1974 in München zum zweiten Mal, genau 20 Jahre nach dem »Wunder von Bern«, den Weltmeistertitel. Der politische Lotse dieses Wunderlandes aber war von Bord gegangen und hatte seinem Nachfolger eine Republik übergeben, deren innere Sicherheit durch Radikalismus und Terrorismus gefährdet war und die sich in der schwersten ökonomischen Krise seit den Jahren ihrer Gründung befand.

Grenzen des Wachstums und Strukturwandel

Die Kanzlerschaft Helmut Schmidts war daher vor allem durch Krisenmanagement auf drei Gebieten bestimmt: der Wirtschafts- und Sozialpolitik, der inneren (Terrorismus) sowie der äußeren Sicherheit (Wettrüsten und Abschreckung).

Wie jede Wirtschaftskrise der modernen Welt war auch jene der 1970er Jahre ein globales Phänomen, das nur durch koordinierte internationale Anstrengungen überwunden werden konnte. 1972 prophezeite der *»Club of Rome«* in seiner aufsehenerregenden, frühe Möglichkeiten der Computersimulation nutzenden Studie *»Limits of Growth«*, dass die Ressourcen der Erde an Rohstoffen, Nahrungsmitteln und Lebensraum bei anhaltender Expansion der industriellen Wirtschaftsweise innerhalb eines Jahrhunderts erschöpft sein würden. An die Seite rein ökonomischer Erwägungen trat hier ein ethisches und ökologisches Motiv, das nicht unwesentlich zur Entstehung der für die Folgezeit so prägenden Umweltschutzbewegung beitrug. Der Planet Erde wurde zunehmend als begrenztes, kostbares, schützenswertes und nicht beliebig auszubeutendes Gut wahrgenommen. Drangen derartige Appelle in die Sphären der Regierungsverantwortlichen zunächst nur langsam vor, so wurde gleichwohl verstärkt versucht, der globalen Dimension der ökonomischen Krise Rechnung zu tragen: Seit 1975 trafen sich regelmäßig die Regierungschefs der bedeutenden westlichen Industrienationen (G 7) zu informellen »Kamingesprächen«. Mit-Initiator Helmut Schmidt, 1978 selbst Gastgeber eines solchen »Weltwirtschaftsgipfels« in Bonn, wuchs besonders durch sein Auftreten auf diesen Versammlungen in einen staatsmännischen Habitus als »Weltpolitiker« neben dem amerikanischen Präsidenten Jimmy Carter (seit 1977) und dem französischen Staatschef Valéry Giscard d'Estaing (seit 1974). Zu diesem entwickelte Schmidt ein besonderes Vertrauensverhältnis, das schließlich die Basis für die Entwicklung des Europäischen Währungssystems (EWS) als Schutzmechanismus gegen die Inflationsgefahr bilden sollte. Zweifellos wirkte die Wirtschaftskrise der 1970er Jahre als Katalysator für das Voranschreiten des europäischen Einigungsprozesses in jenen Jahren, von der Einrichtung des Europäischen Rates Ende 1974 bis hin zur ersten Direktwahl des europäischen Parlaments im Juni 1979.

Die Bundesrepublik steuerte unterdessen schier unaufhaltsam in eine tiefe Rezession. Das Wirtschaftswachstum kam bereits 1974 zum Stillstand und drehte 1975 sogar ins Minus; die

Preissteigerung mit ihren inflationären Tendenzen hielt an und die Arbeitslosigkeit explodierte auf – damals unvorstellbare – 2,6 Prozent im Jahresdurchschnitt 1974 (1975: 4,7 Prozent). In den Jahren 1975 bis 1977 überstieg die Zahl der Arbeitslosen konstant eine Million und stellte die Sozialkassen vor bis dahin ungekannte Herausforderungen.[10] Die steigende Arbeitslosigkeit hing mit der infolge des Ölpreisschocks drastisch sinkenden Produktivität zusammen. Diese unmittelbare Folge des erwachten Machtbewusstseins der erdölexportierenden Länder verstärkte längerfristige Prozesse des wirtschaftlichen Strukturwandels im primären aber auch bereits im sekundären Sektor: Die Landwirtschaft schrumpfte seit Jahrzehnten zu einem hochsubventionierten Nischensektor. Unübersehbar zeigte sich der Wandel im Niedergang der einst stolzen Bergbau- und Montanindustriereviere an Ruhr, Rhein und Saar. Weitere Krisenherde auf den Werften, aber auch in der Textil- und Chemieindustrie kamen hinzu. Neue Märkte mit billigerer Arbeitskraft, etwa in Fernost, erwuchsen als globale Konkurrenten. Deutschland war am »Ende des Industriezeitalters« (Hans-Ulrich Wehler) angekommen.[11] Dieser dramatische Strukturwandel, der durch die gleichzeitige Expansion des tertiären (Dienstleistungs-)Sektors nur partiell kompensiert werden konnte, wurde in jenen – vor allem süddeutschen – Bundesländern eher bewältigt, die frühzeitig auf die Entwicklung neuer Technologien in Maschinenbau, Luft- und Raumfahrt (auch Rüstungsindustrie), Energiewirtschaft (auch Atomkraft), Mikroelektronik und Kommunikationstechnik setzten.

Zwischen 1974/75 und Mitte der 1980er Jahre wirkte sich die Kombination aus Prozessen eines langfristigen Strukturwandels und politisch motivierten globalökonomischen Schockereignissen wie den beiden Ölkrisen von 1973 und 1979 besonders negativ auf die deutsche Wirtschaft aus. Zwar versuchte der ökonomische Sachverstand das offenbar nicht greifende Konzept der Nachfragesteuerung in eine »angebotsorientierte« Wirtschaftspolitik umzulenken, die weniger durch staatliche Subventionen die Kaufkraft stärkte, sondern vermehrt durch Investitionsanreize wie Steuerentlastungen, Abschreibungsmöglichkeiten, Reduktion von Markthemmnissen, Ausbildungsförderung und Subventionsabbau den Wettbewerb.[12] Allerdings vollzog die Bundesregierung diese Wende nur halbherzig und frühestens seit 1977, nachdem sie zunächst versucht hatte, mit erheblichen staatlichen Interventionen auf dem üblichen »keynesianischen« Weg »Nachfrage« auf dem Markt zu schaffen – beispielsweise 1975 durch ein Bauinvestitionsprogramm von seinerzeit atemberaubenden 5,75 Milliarden DM.

Wirklicher Subventionsabbau und eine Reduzierung des immer weiter expandierenden Sozialstaates waren gegen die Macht der Sozialdemokratie wie der Gewerkschaften nicht durchsetzbar. Hier entwickelte sich bald ein Keim für das Scheitern Helmut Schmidts. Dabei fiel die Last des erheblichen Ausbaus der Sozialsysteme während der Ära Brandt–Scheel auf ihn zurück. Zwischen 1970 und 1975 war die Sozialleistungsquote – das prozentuale Verhältnis staatlicher Sozialleistungen zum gesamten Bruttoinlandsprodukt – von 26,2 auf 33,3 Prozent gestiegen, wobei vor allem die Anteile der Alten- und Hinterbliebenenversorgung, der Beschäftigungssicherung sowie des Gesundheitswesens gewachsen waren. Das Sozialbudget umfasste 1981 annähernd ein Drittel des gesamten Bundeshaushalts,[13] also rund 77 Milliarden DM – dies entsprach fast dem gesamten Bundeshaushalt des Jahres 1969 (83,4 Mrd. DM)! Durch mühsamste Versuche, die Kosten im Gesundheitswesen und in der Rentenversicherung zu senken, konnte die Sozialleistungsquote bis 1979 vorübergehend auf 31,4 Prozent gedrückt werden, stieg jedoch infolge der hohen Arbeitslosenquote durch eine weitere scharfe Rezession bis 1981 auf den neuen Spitzenwert von 33,4 Prozent.[14]

Im Zuge der islamischen Revolution und der damit verbundenen Destabilisierung der gesamten Golfregion seit dem Winter 1978 trieb die zweite Ölpreiswelle die westlichen Industriestaaten in eine erneute, noch schärfere Stagflationsphase. In der

Bundesrepublik sprang die Inflation auf 6,3 Prozent 1981 (1978: 2,7) bei gleichzeitigem Anstieg der Arbeitslosigkeit auf 7,5 Prozent 1982 (1978: 4,3 und 1972: 1,1); im Jahr der »Wende« zur christlich-liberalen Koalition waren 1,8 Millionen Menschen in Deutschland arbeitslos gemeldet.[15] Die Wachstumsrate des Bruttosozialprodukts rutschte 1982 erneut ins Minus.

In Verbindung mit dem weit ausgebauten Sozialleistungssektor musste diese wirtschaftliche Entwicklung für die öffentlichen Haushalte der Bundesrepublik desaströse Folgen haben. Ihre Netto-Kreditaufnahme stieg zwischen 1973 und 1982 von 11,4 auf 68,2 Milliarden DM; davon entfielen 37,2 Milliarden auf den Bund.[16] Immerhin konnte durch Konsolidierungsmaßnahmen wie dem Haushaltsstrukturgesetz von 1976 und den Rentenanpassungsgesetzen von 1978 und 1979, mit denen die Dynamisierung der Rente vorübergehend gebremst wurde, eine gewisse Stabilisierung erreicht werden. In der Rezession seit 1979 endete die kurze Erholungsphase; die Bundesbank ging obendrein dazu über, den inflationären Tendenzen durch eine restriktive Geldmengenpolitik entgegenzusteuern. Dies brachte entsprechend negative Auswirkungen auf Investitionstätigkeit und Arbeitsmarkt und somit auf das Budget der Sozialkassen und die jährliche Neuverschuldung der öffentlichen Hand mit sich.[17] Umfassendere Sparmaßnahmen zur Haushaltskonsolidierung ergriff erst die Regierung Helmut Kohl.

Deutschland im Herbst

Im Laufe des Jahres 1977 wuchs die Bedrohung durch den linken Terrorismus zur bisher größten Herausforderung der freiheitlichen Demokratie in Deutschland heran.[18] Das tragische Dilemma, vor das sich die Bundesregierung unter Kanzler Schmidt gestellt sah, kulminierte in der Frage, ob der Staat es zulassen könne, von Gewalttätern erpresst zu werden und ob der Staatsräson gegebenenfalls auch gegen das Lebensinteresse einzelner unbedingt Vorrang zu geben sei.

Den Hintergrund für die Eskalation des Terrors stellten die seit 1975 laufenden Baader-Meinhof-Prozesse dar, die nach und nach zum Abschluss kamen. Die bereits wegen Mordversuchs im Jahr 1970 verurteilte Ulrike Meinhof hatte sich am 9. Mai 1976 einer weiteren Verurteilung im Hauptprozess durch Selbstmord in der Strafanstalt Stuttgart-Stammheim entzogen – eine Tat, die in der Sympathisantenszene sogleich zum Märtyrertod stilisiert wurde, an dem »eigentlich« der Staat die Schuld trage. Die verbleibenden Mitglieder des »harten Kerns« der Baader-Meinhof-Gruppe, Andreas Baader, Gudrun Ensslin und Jan-Carl Raspe, wurden am 28. April 1977 vom Oberlandesgericht in Stuttgart zu lebenslänglichen Freiheitsstrafen verurteilt.

Die Serie der Terroranschläge des Jahres 1977 begann am 7. April mit der Ermordung von Generalbundesanwalt Siegfried Buback und zweier Begleiter in Karlsruhe. Von einem Motorrad aus wurden Schüsse aus einer Maschinenpistole ins Innere des an einer Ampel haltenden Fahrzeugs Bubacks abgegeben. Die Identität des Schützen (oder der Schützin) ist bis heute nicht mit Sicherheit festgestellt. Offensichtlich waren indes von Anfang an die Ziele der »zweiten Generation« der RAF-Terroristen: Es ging ihnen darum, den Rechtsstaat zu erschüttern, ihn zur Anwendung nicht-rechtsstaatlicher Mittel zu provozieren, das ordnungsgemäße Verfahren in Stuttgart zu vereiteln und Baader, Ensslin und Raspe schließlich freizupressen. Am 30. Juli 1977 erschossen Brigitte Mohnhaupt und Christian Klar den Vorstandsvorsitzenden der Dresdner Bank, Jürgen Ponto, in seinem Haus in Oberursel. Die Tochter eines Studienfreundes, Susanne Albrecht, war von dem Nichtsahnenden eingelassen worden und hatte den Mördern Zutritt verschafft.

Mit der Entführung des Präsidenten der beiden großen Arbeitgeberverbände, BDA und BDI, Hanns Martin Schleyer, am 5. September in Köln schritt das Drama des Jahres 1977 auf seinen Höhepunkt, den »deutschen Herbst«, zu.[19] Während Schleyers Fahrer und drei Sicherheitsbeamte mit unvorstellbarer Brutalität noch am Tatort erschossen wurden, verschleppten die Entführer den Arbeitgeberpräsidenten zunächst in eine Hochhauswohnung bei Köln, sowie anschließend nach Den Haag und Brüssel. Der beim Bundeskanzleramt eingerichtete Große Krisenstab lehnte die Forderung der Entführer kategorisch ab, Schleyer gegen die elf inhaftierten RAF-Terroristen, unter ihnen Baader, Ensslin und Raspe sowie die mutmaßliche Buback-Attentäterin Verena Becker, auszutauschen. Zwischen Regierung und Opposition herrschte absolute Einigkeit über die Pflicht, das Grundgesetz und die Gesetze des Bundes in jeder Hinsicht zu wahren, den Rechtsstaat aber gleichzeitig mit allen legitimen Mitteln zu verteidigen.[20] Die übergroße Mehrheit der Deutschen stand, wie Kanzler Schmidt im Bundestag hervorhob, gegen den Terrorismus.[21]

Die Strategie des Krisenstabes bestand zunächst in dem Versuch, Zeit zu gewinnen, während die Fahndung nach dem Versteck Schleyers auf Hochtouren lief. Jedoch verschärfte sich die Lage, als ein palästinensisches Terrorkommando am 13. Oktober 1977 in Palma de Mallorca die vollbesetzte Lufthansa-Maschine »Landshut« kaperte, um den Forderungen der Schleyer-Entführer durch Eröffnung eines zweiten Krisenschauplatzes noch größeren Nachdruck zu verleihen. Nach einer mehrtägigen Odyssee über Rom, Dubai und Aden landete die Boeing 737 – nur noch geflogen vom Co-Piloten, nachdem Kapitän Jürgen Schumann in Aden von dem Anführer der Terroristen ermordet worden war – auf dem Flughafen der somalischen Hauptstadt Mogadischu. Dort setzte die deutsche Spezialeinheit GSG 9 in den ersten Minuten des 18. Oktober 1977 der Tragödie ein Ende. In einer spektakulären Befreiungsaktion konnten alle 86 Geiseln lebend gerettet werden; drei der vier Entführer kamen bei dem Einsatz ums Leben. Noch am Morgen desselben Tages, nach Bekanntwerden der Befreiungsaktion von Mogadischu, begingen Andreas Baader, Jan-Carl Raspe und Gudrun Ensslin in der Strafanstalt Stuttgart-Stammheim Selbstmord. Die vierte in Stammheim inhaftierte Terroristin, Irmgard Möller, überlebte den Suizidversuch. Die Gefangenen hatten trotz der Kontaktsperre untereinander kommunizieren können und über eingeschmuggelte Waffen, Pistolen und Messer, verfügt; Gudrun Ensslin hatte sich erhängt.

Die Leiche Hanns-Martin Schleyers wurde am 19. Oktober 1977 im Kofferraum eines Autos im elsässischen Mühlhausen aufgefunden. Der Arbeitgeberpräsident war mit drei Schüssen in den Hinterkopf getötet worden. Auch die Identität der Schleyer-Mörder ist bis heute nicht eindeutig aufgedeckt. Allerdings konnten fast alle an den politischen Morden des Jahres 1977 Beteiligten in der Folgezeit verhaftet und rechtsstaatlichen Verfahren zugeführt werden, unter ihnen Brigitte Mohnhaupt, Peter-Jürgen Boock, Christian Klar sowie die unter dem dringenden Tatverdacht des Mordes an Hanns-Martin Schleyer stehenden Rolf Clemens Wagner, Stefan Wisniewski und Rolf Heißler.

Der westdeutsche Rechtsstaat war hart geblieben, doch der Preis war hoch. Sicher zählte Helmut Schmidts Beileidsbekundung gegenüber Waltrude Schleyer anlässlich des Staatsaktes für Hanns-Martin Schleyer am 25. Oktober 1977 zu den schwersten Gängen des Bundeskanzlers. Das Interesse der Familie Schleyer, das Leben des Ehemannes und Vaters um jeden Preis, gegebenenfalls auch durch Nachgeben zu retten, kollidierte mit der Ratio des Staates, ein solches Nachgeben auf keinen Fall zulassen zu dürfen. Die Maximen, »nichts zu versäumen und nichts zu verschulden«, hatten sich, wie von Schmidt selbst im Bundestag vorausgeahnt, nicht miteinander vereinbaren lassen.[22]

Die Bedrohung durch den linken Terrorismus endete nicht mit dem »Deutschen Herbst«. Weitere Anschläge folgten, durch Angehörige der »zweiten RAF-Generation« auf den NATO-Oberbefehlshaber in Europa, Alexander Haig 1979, sowie während der 1980er Jahre durch eine »dritte Generation«. Zu deren Opfern zählten der Rüstungsindustrielle Ernst Zimmermann (1985), der Siemens-Manager Karl Heinz Beckurts (1986), der Diplomat Gerold von Braunmühl (1986) sowie der Vorstandssprecher der Deutschen Bank, Alfred Herrhausen (1989). Doch die Demokratie hatte ihre Wehrhaftigkeit unter Beweis gestellt und sich nicht zum Spielball der Destabilisierungsstrategien revolutionärer Gewalttäter machen lassen. Diese unbeirrbare Sicherheit des Standpunkts gezeigt zu haben, stellte, bei aller Tragik, das große Verdienst Helmut Schmidts im »Deutschen Herbst« 1977 dar.

»Atomkraft, nein danke! Frieden schaffen ohne Waffen!« – Alternative Politik

Das allgemeine politische Bewusstsein war in der Bundesrepublik seit der Zeit der Großen Koalition merklich gewachsen. Der Wunsch nach umfassenderer Mitwirkung an der politischen Willensbildung blieb nicht auf die außerparlamentarische Linke beschränkt. Unzufriedenheit mit den etablierten politischen Richtungen und Parteien ließ besonders innerhalb der jüngeren Generationen den Ruf nach Alternativen und neuen Strategien gegenüber Problemen laut werden, die zukunftsbedrohend schienen: Neben dem Szenario des atomaren Overkills durch das gegen Ende der 1970er Jahre einen neuen Konfrontationsgrad erreichende Wettrüsten, erregten auch die als Ersatz für die knapper werdenden fossilen Energieträger propagierte zivile Nutzung der Atomkraft sowie eine zunehmende Sorge um die begrenzten und sehr ungleich verteilten Ressourcen der Erde Ängste und Befürchtungen, die wiederum die Kraft hatten, Massen zu mobilisieren.[23] Damit begann die Ära der Bürgerinitiativen, Basisbewegungen und Demonstrationen, zu deren bekanntesten Phänomenen die Anti-Atomkraft- und die Friedensinitiativen der späten 1970er und frühen 1980er Jahre zählen. Zwischen 1968 und 1983 stieg die Zahl der jährlichen Demonstrationen in der Bundesrepublik von etwa 2.000 auf über 9.000, wobei jedoch die Neigung zur Gewalttätigkeit nach 1971 deutlich zurückging.[24]

Bürgerprotest gegen den Bau von Kernkraftwerken formierte sich seit den 1970er Jahren in Zusammenhang mit nahezu jedem Projekt, ob um den »Schnellen Brüter« im niederrheinischen

Kalkar, die Reaktoren im badischen Wyhl und im schleswig-holsteinischen Brokdorf oder um das geplante Atommüll-Lager im niedersächsischen Gorleben. Erheblichen Zulauf erhielt die Anti-Atomkraftbewegung, nachdem Ende März 1979 die partielle Kernschmelze in dem amerikanischen Kernkraftwerk *Three Mile Island* in der Nähe der Stadt Harrisburg in Pennsylvania fast einen »größten anzunehmenden Unfall« (GAU) mit unabsehbaren Folgen für Natur und Menschen herbeigeführt hätte. 100.000 Demonstranten versammelten sich am 14. Oktober 1979 im Bonner Hofgarten, um ihren seit Harrisburg keineswegs mehr übertrieben erscheinenden Ängsten Ausdruck zu verleihen. Genau eine Woche zuvor war in Bremen erstmals eine politische Gruppierung unter dem Namen Die Grünen in das Parlament eines Bundeslandes eingezogen.[25] Im Januar 1980 formierten sich die Grünen als politische Partei auf Bundesebene. »Den Bau und Betrieb von Atomkraftwerken lehnen wir ab«, lautete eine der zentralen Forderungen ihres »ökologischen, sozialen, basisdemokratischen und gewaltfreien« Bundesprogramms.[26]

Während sich die ökologische Bewegung bundespolitisch formierte und die Atomkraftgegner in einer »Freien Republik Wendland« das Baugelände des Atommüll-Lagers bei Gorleben besetzten, spitzten sich auf globaler Ebene die sicherheitspolitischen Spannungen zwischen den Blöcken zu – mit gravierenden Folgen auch für die innere Politik in der Bundesrepublik.

Am 18. Juni 1979 hatten der amerikanische Präsident Jimmy Carter und der sowjetische Staats- und Parteichef Leonid Breschnew in Wien das Abkommen »SALT II« unterzeichnet, eine Vereinbarung über die gegenseitige Begrenzung strategischer Nuklearwaffenträgersysteme. Damit war freilich ein besonders für Westeuropa gravierendes Sicherheitsproblem noch ungelöst, nämlich das der Mittelstreckenraketen, die, in der Sowjetunion und den von ihr kontrollierten Satellitenstaaten stationiert, vorwiegend Ziele in Europa erreichen konnten. Bundeskanzler Schmidt hatte bereits im Oktober 1977 in einer Rede in London auf diese sich verschärfende Bedrohungslage hingewiesen,[27] war doch die Sowjetunion im Jahr zuvor dazu übergegangen, ihre älteren Mittelstreckenraketensysteme gegen die neue, leistungsfähigere SS-20-Generation auszutauschen. Der NATO-Doppelbeschluss vom 12. Dezember 1979 sollte dieser veränderten Situation Rechnung tragen, indem er der Sowjetunion zum einen Verhandlungen über die Begrenzung der atomaren Mittelstreckenraketen anbot, zum anderen aber, für den Fall eines Nichtzustandekommens oder Scheiterns dieser Verhandlungen, eine Modernisierung der NATO-Mittelstreckenraketen in Westeuropa ankündigte.[28]

Was Harrisburg für die Anti-Atom-Initiativen war, wurde der NATO-Doppelbeschluss für eine stark emotionalisierte Bewegung des gesinnungsethischen Pazifismus, die den sicherheitspolitischen Kerngedanken des atomaren Wettrüstens – die Abschreckung – erbittert zurückwies und für einseitigen Verzicht auf Nachrüstung plädierte. Der Höhepunkt der gegen den NATO-Doppelbeschluss gerichteten Demonstrationsbewegung war mit der Kundgebung im Bonner Hofgarten am 10. Oktober 1981 erreicht, an der etwa 300.000 Menschen teilnahmen. Unter ihnen befanden sich als Redner der Schriftsteller Heinrich Böll und die Grünen-Politikerin Petra Kelly, aber auch die SPD-Politiker Heinrich Albertz und Erhard Eppler, deren Auftreten als besonderer Affront gegen die Politik der Regierung unter Kanzler Schmidt begriffen wurde.

»Frieden ohne Waffen« zu schaffen und im Zweifelsfall »lieber rot als tot« sein zu wollen, wie Slogans der Radikalpazifisten bekundeten, konnte für die verantwortliche Regierung keine Handlungsoption darstellen, zumal sich zeigte, dass die Sowjetunion die klare Position des Westens richtig zu interpretieren wusste und die Einladung an den Verhandlungstisch trotz aller Eiszeit nicht ausschlug. Im Oktober 1980 begannen in Genf die Verhandlungen über eine Begrenzung der Mittelstreckenraketen (*Intermediate Range Nuclear Forces – INF*). Die Situation war für die UdSSR durch das Fiasko ihres Einmarsches in Afghanistan Ende 1979 nicht einfacher geworden. Hinzu kam der

Solidarność-Streik in Polen, den das Regime im Dezember 1981 mit der Ausrufung des Kriegsrechts beantwortete. Dass der bereits schwerkranke Staats- und Parteichef Breschnew in dieser zunehmend desaströsen Verfassung seines Machtblockes den besonderen Kontakt zur Bundesrepublik suchte, Schmidt 1980 in Moskau empfing sowie 1981 – zum dritten Mal nach 1973 und 1978 – selbst nach Bonn reiste, war zweifellos der Versuch, den Dialog mit dem Westen nicht abreißen zu lassen und über Bonn eine kommunikative Brücke in Richtung Washington zu schlagen. Auch eine Ebene tiefer brachen die Gespräche nicht ab. Zwar verschob Schmidt ein Treffen mit Erich Honecker 1980 zweimal, zunächst wegen der Afghanistan-Invasion, schließlich wegen der Ereignisse in Polen; schließlich gab er dem Drängen des DDR-Staatsratsvorsitzenden aber doch nach und reiste im Dezember 1981 in den anderen Teil Deutschlands.

Während sich der NATO-Doppelbeschluss als die in der globalen sicherheitspolitischen Situation richtige Strategie erwies, rüttelte die »pazifistische« Basis in der Bundesrepublik an der Stellung des prominentesten Verfechters dieser Position, des Bundeskanzlers. Der in der SPD unüberhörbar anwachsende Dissens mit der Sicherheitspolitik Helmut Schmidts entwickelte sich zu einer ernsthaften Belastung für die sozialliberale Koalition. Durch Drohgebärden konnte das Regierungsbündnis nur vorübergehend noch zusammengehalten werden: Im Mai 1981 kündigte Schmidt seinen Rücktritt an für den Fall, dass sich der SPD-Parteitag gegen den Doppelbeschluss aussprechen werde.[29] Der kleinere Partner stellte sich in der Nachrüstungsfrage ostentativ an die Seite des Regierungschefs. Wie der Kanzler verknüpfte Außenminister Genscher seinen Verbleib im Amt mit der Zustimmung auch seiner Partei zum Doppelbeschluss.[30]

Der eigentliche Sprengsatz für die sozialliberale Koalition lag auf dem Gebiet der Sozialpolitik. Am 20. August 1981 richtete Genscher aus dem Urlaub ein offenes Schreiben an die Mitglieder seiner Partei – den später sogenannten »Wende-Brief« –, in dem er die Frage nach einer umfänglichen, nur über Leistungsabbau zu erreichenden Reduktion des Sozialetats zur »Bewährungsprobe der Marktwirtschaft« erklärte. »Unser Land«, so Genscher, »steht an einem Scheideweg«.[31]

Kanzlerdämmerung

Trotz der zunehmenden inneren Reibungen überstand die sozialliberale Koalition unter Bundeskanzler Helmut Schmidt zwei Bundestagswahlen, wenngleich keineswegs glänzend. Am 3. Oktober 1976 gingen CDU und CSU mit 48,6 Prozent als eindeutige Sieger aus der Wahl hervor;[32] nur Konrad Adenauer hatte, 1957, ein besseres Ergebnis erzielt als jetzt sein »Enkel« Helmut Kohl, der unter dem Slogan »Freiheit statt Sozialismus« in den Wahlkampf gezogen war. Aber noch hielt die sozialliberale Koalition, deren weithin geachteter Kanzler deutlich höheren Zuspruch auf sich vereinigen konnte als seine Regierung.[33] Die Union hingegen verspielte während der kommenden vier Jahre große Teile ihres Gewinns durch die politisch lähmende Dauerrivalität ihrer Spitzenkräfte Helmut Kohl und Franz Josef Strauß. Der »Kreuther Trennungsbeschluß«, von Strauß unmittelbar nach der Wahl von 1976 durchgesetzt, um die CSU zu einer »vierten« Bundespartei zu erheben, zeitigte verheerende Folgen für das Verhältnis der beiden Schwesterparteien. Strauß sah sich angesichts seiner verunsicherten Parteibasis in Bayern schließlich dazu gezwungen, den Beschluss faktisch zu revidieren; an seiner Ambition änderte dies nichts. Mit großer politischer Beharrungskraft vermochte Strauß im Juli 1979 seine Nominierung zum Kanzlerkandidaten der CDU/CSU gegen den niedersächsischen Ministerpräsidenten Ernst Albrecht durchzusetzen. Damit wahrte der bald 65-Jährige seine wohl letzte Chance, am Ende seiner langen Karriere doch noch in ein bundespolitisches Amt der ersten Reihe vorzustoßen.

Für die CDU/CSU erwies sich diese Personalentscheidung als kontraproduktiv, polarisierte doch der stark emotionale, zu verbalen Rundumschlägen neigende Strauß die Wähler auf außergewöhnliche Weise, so etwa, wenn er politische Gegner als »Ratten und Schmeißfliegen«[34] bezeichnete. Das Wahlergebnis von 1980 fiel entsprechend aus: Mit 4,1 Prozentpunkten Verlust (44,5 Prozent) schnitten CDU/CSU zwar noch immer besser ab als die SPD (42,9). Der eigentliche Wahlsieger aber war die FDP, die unter ihrem nun bereits langjährig bewährten Vorsitzenden und Außenminister Hans-Dietrich Genscher einen Zugewinn von 2,7 Prozent verzeichnen und zum ersten Mal seit 1961 wieder ein zweistelliges Ergebnis erzielen konnte (10,6).[35] Für das Gewicht des kleineren Partners in der nochmals verlängerten sozialliberalen Koalition war dieser Wahlsieg von großer Bedeutung. Gleichzeitig versetzte er Genscher in eine vorzügliche Ausgangsposition für das »Wendemanöver« von 1982.

Franz Josef Strauß' lange Karriere neigte sich nach der gescheiterten Kanzlerkandidatur indes langsam dem Ende zu. Er zog sich auf seinen Ministerpräsidentenstuhl in Bayern zurück, nicht ohne freilich durch weitere politische Extravaganzen noch mehrfach von sich reden zu machen, so etwa beim Milliardenkredit für die DDR von 1983 oder bei dem etwas waghalsigen, fast missglückten Flug am Steuer einer Cessna nach Moskau, Ende Dezember 1987. Strauß, eines der Urgesteine der Bonner Republik, starb am 3. Oktober 1988, nachdem er während einer Hirschjagd zusammengebrochen war.

Nach der Bundestagswahl 1980 spitzte sich der Konflikt zwischen SPD und FDP vor allem über die Frage der künftigen Haushaltskonsolidierungspolitik zu. Um den Haushalt 1982 zu entlasten, wurden im Laufe des Jahres 1981 Spargesetze erarbeitet, die jedoch den Kern des Problems – die Notwendigkeit, auch über eine spürbare Reduktion von Sozialleistungen nachdenken zu müssen – nicht berührten. Genscher legte in seinem »Wende-Brief« den Finger in diese Wunde; seit September 1981 galt die sozialliberale Koalition als definitiv zerrüttet.[36] Dagegen half auch das Disziplinierungsmittel der Vertrauensfrage nichts, zu dem der Kanzler im Februar 1982 griff, um sich im Streit um die Krankenversicherungs- und Rentenreform durchzusetzen.

Den eigentlichen »Scheidebrief« der FDP überreichte Bundeswirtschaftsminister Otto Graf Lambsdorff ein gutes halbes Jahr später, am 9. September 1982, dem Bundeskanzler. Lambsdorffs »Konzept für eine Politik zur Überwindung der Wachstumsschwäche und zur Bekämpfung der Arbeitslosigkeit« verlangte von den Sozialdemokraten nichts weniger als die völlige Abkehr von ihrer bisherigen Wirtschafts- und Sozialpolitik: Der »Marktgraf« forderte massive Einschnitte beim Arbeitslosengeld, bei der Lohnfortzahlung im Krankheitsfall, bei den Leistungen der gesetzlichen Krankenversicherung, bei Mutterschaftsurlaub, BaföG und Wohngeld sowie bei der Sozialhilfe. Anstatt Konsum zu stützen, solle die öffentliche Hand engagiert dazu übergehen, Investitionen zu fördern, um der »Wirtschaft wieder den Glauben an die eigene Leistung und die eigene Zukunft«[37] zu geben. Dies ging weit über den zuletzt noch erzielbaren Minimalkonsens der Koalitionäre hinaus und wäre von Helmut Schmidt gegen seine Partei niemals durchsetzbar gewesen. Bei einem Gesamtschuldenstand des Bundes von 308 Milliarden DM und einer Arbeitslosenzahl, die sich auf astronomisch scheinende 1,8 Millionen zubewegte, war die ökonomische Rationalität der Forderungen Lambsdorffs jedoch kaum von der Hand zu weisen.[38]

Politisch hingegen blieb Helmut Schmidt wenig anderes übrig, als die Koalition mit Anstand zu beenden. Zum »Verrat« der FDP-»Rechten« Genscher, Lambsdorff und Mischnick, stilisierten die Gegner der »Wende«, auch in der FDP, nachträglich den Rücktritt der vier FDP-Minister am 17. September 1982. Allerdings war dieser Rücktritt nichts anderes als die Antwort auf ein vom Kanzler gefordertes deutliches Bekenntnis vor allem auch Lambsdorffs zur Koalition, das weder dieser noch die Parteiführung zu geben bereit war: Spätestens am 16. September war Schmidt zur Aufkündigung entschlossen. Die FDP-Minister, über diese Absicht informiert, kamen ihm mit ihrer Rücktrittserklärung zuvor.[39] Dass Genschers und Lambsdorffs Verhalten in der Endphase der Koalition den Kanzler persönlich schwer verletzte, ist nachvollziehbar. Alle weiteren Debatten – über den »Verrat« der FDP oder darüber, ob Kanzler Schmidt schlicht daran gescheitert sei, dass seine Partei sich einer wirklichen ökonomischen und sozialstaatlichen Reformpolitik verweigerte – gehören zu den medialen Schlachten um die Deutungshoheit über die »Wende«-Ereignisse. Demgegenüber bleibt auf den nüchternen Umstand hinzuweisen, dass sich die Widersprüche zwischen den grundlegenden Politikkonzepten der beiden Koalitionspartner bereits seit Jahren auf immer weniger überbrückbare Weise artikulierten. Was SPD und FDP 1969 zusammengeführt hatte, war nicht mehr vorhanden: der Wunsch, nach 20 Jahren CDU-Herrschaft zu neuen Ufern aufzubrechen, »mehr Demokratie« zu wagen, vor allem ostpolitisch den »Realitäten« gerecht zu werden. In einer wirtschaftlich noch hervorragenden Situation hatten für diese Ziele die tiefen weltanschaulichen Differenzen zwischen Liberalismus und Sozialdemokratie zurücktreten können, zumal die Sozialdemokratie in die bürgerliche Mitte gerückt war und innerhalb der FDP sich der linke »Menschenrechtsflügel« unter Walter Scheel durchgesetzt hatte. Angesichts einer Rezession ungekannten Ausmaßes mussten 13 Jahre später die ideologischen Gegensätze neu aufbrechen zwischen einer Partei, deren Basis sozialutopischen Steuerungsphantasien zuneigte, und einem Liberalismus, innerhalb dessen der »rechte«, wirtschaftsliberale Flügel neue Stärke gewann.

Ähnlich wie Walter Scheel 1969 die traditionell gespaltene FDP in eine Bahn gezwungen hatte, zwang Hans-Dietrich Genscher sie jetzt auf eine andere: Die Entscheidung des Parteivorstandes vom 18. September 1982, Koalitionsverhandlungen mit der CDU aufzunehmen, fiel mit 18 zu 15 Stimmen sehr knapp aus.[40] Innerparteiliche Gegner, wie der Generalsekretär Günter Verheugen, zogen die Konsequenz aus dieser Entscheidung und verließen die Partei. Wie Scheel 1969 ergriff auch Genscher 1982 nicht ohne Risiko die Möglichkeit, eine Machtoption wahrzunehmen, die in der öffentlichen Meinungsschlacht von den einen als »Verrat«, von den anderen als Ausweis hoher politischer Vernunft interpretiert wurde.

7 Von der »geistig-moralischen Wende« zum Mauerfall (1982–1989/90)

Helmut Kohl (re.) arbeitete konsequent an der europäischen Integration und der Aussöhnung Deutschlands mit Frankreich – hier mit François Mitterrand in Verdun. Beides bildete wichtige Grundlagen für die deutsche Wiedervereinigung 1990.

»Politik war mein Leben, ich hatte die Politik als Beruf gewählt und wollte Bundeskanzler werden«[1], schreibt Helmut Kohl in seinen Erinnerungen. Angesichts seines Lebenslaufes besteht kein Grund, dieser rückblickenden Aussage zu misstrauen. 1976 war der Mann aus der Pfalz im ersten Anlauf auf das Kanzleramt ehrenvoll gescheitert, 1980 blieb ihm nichts anderes übrig, als dem Rivalen Strauß das Feld zu überlassen, 1982 jedoch gelangte er ans Ziel.

Kein deutscher Kanzler, abgesehen von Kurt Georg Kiesinger, dürfte derart geschmäht worden sein wie Helmut Kohl. Vor allem die medialen Leitorgane des sozialliberalen Mainstream, wie die Magazine *Spiegel* und *Stern* oder die Wochenzeitung *Die Zeit*, fielen bissig über den neuen Kanzler her.[2] Maßgebliche intellektuelle Wortführer der veröffentlichten Meinung gossen

Hohn, Spott und Verachtung über Kohl aus und malten in grotesker Überzeichnung die Gefahr eines Rückfalls Deutschlands in die »reaktionären« 1950er Jahre an die Wand.[3]

Die Kritik an Kohl ließ vielfach jedes Maß vermissen, bezog sich auf sein vermeintlich spießbürgerliches und provinzielles Aussehen, sein Idiom, seine Ess- und Urlaubsgewohnheiten, sein Familienleben; er wurde als intellektuell nicht satisfaktionsfähig denunziert und als kategorisch unfähig, das Amt des Kanzlers der Bundesrepublik Deutschland zu bekleiden.[4] Sicher, der Kontrast zur schneidend-steifen Staatsmann-Attitude seines hanseatischen Vorgängers hätte größer nicht sein können. Aber wurde nicht im Spott über Kohl zu leicht übersehen, dass dieser Kanzler ein Polittalent erster Ordnung war, ein Schwergewicht in jeder Hinsicht, beharrlich, durchsetzungskräftig, »dickhäutig«, listig und taktierend wo nötig, jedoch stets im Dienst der prinzipienfest definierten politischen Zielvorstellung, sowie – ganz im Gegensatz zu Willy Brandt und Helmut Schmidt – völlig uneitel? In vielen Zügen war Kohl ein echter »Enkel« Konrad Adenauers.

In der an Hass grenzenden Ablehnung, mit der die sozialliberalen Intellektuellen Helmut Kohl gegenübertraten, transformierte sich die abgrundtiefe Enttäuschung über das Scheitern des zum großen bundesrepublikanischen Modernisierungsmythos stilisierten sozialliberalen »Projekts«. Zwei sozialdemokratische Kanzler waren über die Konfrontation der Planungsutopien mit der ökonomischen und sozialpolitischen Realität gestolpert. Begann jetzt, nach der »Wende«, die Abkehr von der Modernisierung und die Rolle rückwärts in die Adenauerzeit?

Helmut Kohl am Ziel

Helmut Schmidt führte nach dem Rücktritt der FDP-Minister noch zwei Wochen lang ein Minderheitskabinett, bevor der Bundestag am 1. Oktober 1982 Helmut Kohl im Zuge eines konstruktiven Misstrauensvotums zum Bundeskanzler wählte.

Die vorangegangenen Koalitionsverhandlungen der beiden Unionsparteien mit der FDP waren sehr kurz ausgefallen. Kopfzerbrechen hatte lediglich die Frage nach Neuwahlen bereitet: Sofortige Neuwahlen wären nur infolge einer gescheiterten Vertrauensfrage des amtierenden Kanzlers möglich gewesen. Dies hätte Helmut Schmidt den Vorteil gebracht, noch einmal mit »Kanzlerbonus« in die Wahl ziehen zu können. Außerdem befürchtete die FDP – wohl nicht zu Unrecht –, von den Wählern für den Koalitionswechsel derart empfindlich »abgestraft« zu werden, dass die Gefahr bestand, an der Fünf-Prozent-Hürde zu scheitern.[5] Daher entschied man sich, anders vorzugehen: Erst Bildung der neuen Regierung, dann, nach einer gewissen Anlauffrist, Vertrauensfrage des neuen Kanzlers sowie nach deren »Scheitern« Neuwahlen im März 1983. Verfassungsrechtlich war dieses Prozedere heikel: Das Instrument der Vertrauensfrage (gemäß Art. 68 GG) mit der erklärten Absicht anzuwenden, durch Stimmenthaltung der eigenen Gefolgsleute zu scheitern, schien nach dem Buchstaben der Verfassung zwar möglich. Ob ein solches Verfahren auch dem Geist des Grundgesetzes entsprach, war zumindest umstritten.

Ungeachtet der verfassungspolitischen Bedenken ging das Kalkül von Kohl und Genscher auf. In der vorgezogenen Bundestagswahl vom 6. März 1983 siegten CDU/CSU klar mit 48,8 Prozent. Helmut Kohl verbesserte sein sehr gutes Ergebnis von 1976 (48,6 Prozent) sogar noch um zwei Zehntelprozentpunkte. Die FDP konnte trotz des in den Medien stark verbreiteten »Umfaller-Images« mit 7 Prozent passabel und jedenfalls deutlich über der Fünf-Prozent-Hürde abschneiden. Hingegen hatte die SPD einen Verlust von 4,7 Prozentpunkten (38,2) gegenüber 1980 (42,9) zu verkraften.[6] Helmut Schmidt war als Kanzlerkandidat nicht mehr angetreten; an seiner Stelle hatte der etwas trocken wirkende Hans-Jochen Vogel aufopferungsvoll, aber aussichtslos gekämpft.

Erst der eindrucksvolle Wahlsieg vom März 1983 stattete Helmut Kohl mit einem Mandat der Wähler aus und führte ihn wirklich ans Ziel. In seiner Regierungserklärung entwarf er ein »Programm der Erneuerung« unter den Schlagworten »Freiheit, Mitmenschlichkeit, Verantwortung«. Sieben Leitsätze definierten die Prinzipien seiner Regierung: (1) Stärkung der sozialen Marktwirtschaft als Rahmenordnung, um die »technologischen und ökologischen Aufgaben unserer Zeit« zu lösen; (2) Aufbruch zu einer »Gesellschaft mit menschlichem Gesicht« als Teil der »geistigen Erneuerung, die wir wollen«; (3) Bewältigung des sozialen und technologischen Wandels als moderne Gesellschaft in einem »leistungsfähigen Industrieland« und unter den Vorzeichen »technischen Fortschritts«; (4) Rückführung des Staates auf den »Kern seiner Aufgaben« – »Ansprüche können nicht stärker wachsen als Leistungsfähigkeit und Leistungsbereitschaft der Bürger«; (5) Bekenntnis zur Wertegemeinschaft des Westens aber auch zur »Verständigung mit dem Osten«; (6) engagierter Aufbau des politischen Hauses »Europa« sowie schließlich (7) das Streben nach dem Ende der Teilung der »deutschen Nation« und Europas: »Wir werden alles tun, um in Frieden und Freiheit die deutsche Einheit zu erstreben und zu vollenden.«[7]

Mit 52 Jahren war Helmut Kohl der bis dahin jüngste Kanzler der Bundesrepublik. Geboren im April 1930 in Ludwigshafen, hatte er den Zusammenbruch des nationalsozialistischen Regimes und das Ende des Weltkriegs als 15-Jähriger erlebt. Wenn er als Kanzler, vielfach missdeutet, von der »Gnade der späten Geburt« sprach, wollte er Dankbarkeit darüber ausdrücken, den Dilemmata des Individuums in einem totalitären Unrechtsstaat persönlich nicht mehr ausgesetzt gewesen zu sein. Das katholisch-bürgerliche Umfeld seiner pfälzischen Heimat, deren sowohl nationale als auch europäische Geschichtsdimension, der Blick auf die andere Rheinseite in Richtung Frankreich bildeten prägende Konstanten der politischen Sozialisation des jungen Kohl. In den Fußstapfen seines Vaters stieß er früh zur jungen christlich-demokratischen Bewegung in der Pfalz und stieg in den Organisationen der CDU schnell auf: Bereits im Alter von 39 Jahren wurde er Ministerpräsident von Rheinland-Pfalz. In den 1970er Jahren errang und verteidigte er die absolute CDU-Mehrheit in seinem Land, bevor er – CDU-Bundesvorsitzender seit 1973 – in der Nachfolge Rainer Barzels als Kanzlerkandidat in die Bundestagswahl von 1976 zog und anschließend als Oppositionsführer in den Bundestag wechselte.

Im Kabinett des Bundeskanzlers Kohl verblieben unmittelbar nach der »Wende« von 1982 drei der vier FDP-Minister in ihren angestammten Ressorts, neben Hans-Dietrich Genscher und Otto Graf Lambsdorff auch Josef Ertl als Landwirtschaftsminister. Dem linksliberalen Innenminister Gerhart Baum folgte Friedrich Zimmermann (CSU); im Gegenzug ging das Justizministerium an den bayerischen Liberalen Hans Engelhard. Durch das schwächere Abschneiden der FDP in der Bundestagswahl von 1983 verloren die Liberalen den Anspruch auf ein Ressort, woraufhin Ertl ausscheiden musste.

Die Deutschen und ihre Nation: Geschichtspolitische Diskurse der 1980er Jahre

Sprach Helmut Kohl von der »geistigen Erneuerung« und der Notwendigkeit, die »geistig-moralische Krise« zu überwinden, so dachte er an eine Renaissance im Wesentlichen bürgerlicher Werthaltungen wie Selbstverantwortung, Subsidiarität, Familien- und Gemeinsinn, »Wirklichkeitssinn«, »Menschlichkeit«, »Mut und Maß«,[8] die, so schien es ihm, in der Zeit des Sozialliberalismus zurückgedrängt worden waren.[9] Kohls Regierung wollte nicht lediglich verwalten – wie man es Schmidt vorgeworfen hatte –, sondern auch geistige Zielmarken setzen. Geschichte und Geschichtsbewusstsein spielten in diesem Konzept eine zentrale Rolle. Helmut Kohl selbst war promovierter Historiker. Sein politisches Denken wurzelte wesentlich in historischem Denken; er begriff die Bundesrepublik als geschichtlich gewachsenes Phänomen, als Erbe, das im Geiste der von den Gründervätern gelegten guten Grundlagen gepflegt und weiterentwickelt werden musste. Zu diesen Grundlagen zählten, wie er in der

Regierungserklärung von 1983 darlegte, die Westbindung, die Aussöhnung mit Frankreich und das europäische Haus. Ebenso kam dem Gedanken der Wiedervereinigung im politischen Koordinatensystem Kohls ein hoher Stellenwert zu, stets jedoch bezogen auf eine europäische Freiheits- und Sicherheitsordnung.[10]

Das bundesrepublikanische Heute und Gestern sah Kohl in engster Verknüpfung mit der deutschen Katastrophe, die in der Erinnerung präsent bleiben musste. Denn nur vor diesem Hintergrund konnte die historische Leistung der Bundesrepublik in allen ihren Dimensionen wirklich verständlich werden. Nicht von ungefähr war es Helmut Kohl, der bereits in seiner ersten Regierungserklärung 1982 den Aufbau eines Museums für die Geschichte seit 1945 anregte, »gewidmet der Geschichte unseres Staates und der geteilten Nation«[11].

So wenig inhaltlich präzisiert das Konzept von der »geistig-moralischen Wende« stets blieb, so stark die Vorstellungen über seine konkreten politischen Konsequenzen differierten, so sehr wurde in den geschichtspolitischen Diskursen der 1980er Jahre einer seiner Kernbestandteile gewiss greifbar. Dass sich bereits seit einigen Jahren, befeuert etwa durch monumentale historische Ausstellungsprojekte, eine Renaissance des Geschichtlichen anbahnte, kam dem »Geschichtspolitiker« Kohl zweifellos entgegen. Allerdings lief diese Entwicklung nicht auf (Re-)Präsentation von Geschichte, sondern auf deren heftige Diskussion zu. Dahinter verbarg sich, im vierten Jahrzehnt der Bundesrepublik, das enorm angewachsene Bedürfnis nach Selbstvergewisserung und Identitätsbildung. Durfte es angesichts der deutschen Geschichte erlaubt sein, sich als »Patriot« zu bezeichnen, womöglich sogar als »bundesrepublikanischer Patriot«? Welche Konsequenzen hatte das geistige Bemühen um eine bundesrepublikanische Identität für die Haltung zur Frage der deutschen Wiedervereinigung?

Die Diskussion über solche und ähnliche Fragen entzündete sich etwa an einer seit 1982 erscheinenden neuen sechsbändigen Geschichtsreihe »Die Deutschen und ihre Nation«. Kehrte nicht, so argumentierten Kritiker, mit einem »verharmlosenden« Gebrauch des Nationsbegriffes ein »revisionistisches« Geschichtsbild zurück, das der Ära Kohl einen ideologischen Unterbau verleihen sollte? Im Kern ging es um die Frage des inneren und »politisch korrekten« Verhältnisses der Bundesrepublik zur Zeit des Nationalsozialismus und ihren Verbrechen, insbesondere dem Mord an den deutschen und europäischen Juden – jener säkularen Katastrophe (Schoah), deren geschichtspolitische Aufarbeitung seit der Ausstrahlung einer vierteiligen amerikanischen Spielfilmserie *Holocaust* im Jahr 1979 mehr und mehr in den öffentlichen Raum vordrang. Auf welche Weise konnten – in den Worten des Publizisten Joachim Fest – der Schuld- und der Verhängnischarakter der neueren deutschen Geschichte ins gegenseitige Verhältnis gesetzt und angemessen gewichtet werden?[12]

Hohe Wogen in der öffentlichen Debatte um Erinnerungspolitik schlug der gemeinsame Besuch von Bundeskanzler Kohl und Ronald Reagan auf dem Soldatenfriedhof in Bitburg am 5. Mai 1985 anlässlich der Feierlichkeiten zum 40. Jahrestag des Kriegsendes. Neben deutschen Wehrmachtangehörigen sind in Bitburg auch Mitglieder der Waffen-SS bestattet, und dies löste heftige Kritik sowohl in den USA am Präsidenten als auch in Deutschland am Kanzler aus. Umstritten war die Form des Gedenkens. Zu leicht geriet darüber die politische Bedeutung derartig symbolhaltiger Gesten der Versöhnung zwischen einstigen Kriegsgegnern – zu denen auch Kohls Händehalten mit Frankreichs Staatspräsident François Mitterrand in Verdun im September 1984 zählt – aus dem Blick. Für die Ereignisse des Jahres 1989/90 und die Zustimmung der einstigen Alliierten zur Wiedervereinigung waren diese Akte der Aussöhnung und Freundschaft von außerordentlichem Wert. »Ich glaube, dem neuen Deutschland kann Vertrauen entgegengebracht werden«[13], bekräftigte der israelische Botschafter in Bonn anlässlich des Besuchs von Kohl und Reagan in der Konzentrationslager-Gedenkstätte Bergen-Belsen, der dem Gang nach Bitburg – komplementär und unverzichtbar – vorangegangen war.

Weltweit vertrauensbildend wirkte auch die Rede des Bundespräsidenten Richard von Weizsäcker (CDU) im Bundestag am 8. Mai 1985, zweifellos ein Meilenstein auf dem Weg der geschichtspolitischen Selbstverortung der Bundesrepublik. Der Bundespräsident formulierte Maßstäbe für eine neue Kultur der Erinnerung. Sein Kunstgriff bestand darin, den 8. Mai 1945 in eine neue Perspektive zu rücken. Er definierte die Ikonik dieses Tages um, vom Tag der Kapitulation zum Tag der Befreiung.[14] »Der 8. Mai [...] hat uns alle befreit von dem menschenverachtenden System der nationalsozialistischen Gewaltherrschaft.« Befreiung war demzufolge Erlösung, und der Erlösung musste gedacht werden in Erinnerung an die Schuld, die Deutsche auf sich geladen hatten. »Es geht nicht darum, Vergangenheit zu bewältigen. Das kann man gar nicht. [...] Wer sich der Unmenschlichkeit nicht erinnern will, der wird wieder anfällig für neue Ansteckungsgefahren. [...] Gerade deshalb müssen wir verstehen, daß es Versöhnung ohne Erinnerung gar nicht geben kann.« Deutschland, so von Weizsäcker, habe seine Lektion gelernt. Deshalb sei es auch möglich, von Volk und Nation wieder zu sprechen. Von hier aus schlug er den Bogen zu den Deutschen jenseits der Mauer: »Wir Deutsche sind ein Volk und eine Nation. Wir fühlen uns zusammengehörig, weil wir dieselbe Geschichte durchlebt haben. Auch den 8. Mai 1945 haben wir als gemeinsames Schicksal unseres Volkes erlebt, das uns eint. Wir fühlen uns zusammengehörig in unserem Willen zum Frieden [...]. Die Menschen in Deutschland wollen gemeinsam einen Frieden, der Gerechtigkeit und Menschenrecht für alle Völker einschließt, auch für das unsrige. Nicht ein Europa der Mauern kann sich über Grenzen hinweg versöhnen, sondern ein Kontinent, der seinen Grenzen das Trennende nimmt. Gerade daran mahnt uns das Ende des Zweiten Weltkrieges.«[15]

Von Weizsäckers Rede wirkte wie ein Leuchtturm, doch ringsum kollidierten die ideologischen Lager unter den deutschen Gelehrten und Publizisten. Im »Historikerstreit« der Jahre 1986/87 fochten die »Sozialliberalen« gegen die »Bürgerlichen«, um einer vermeintlichen »Entsorgung« der nationalsozialistischen Vergangenheit entgegenzuwirken.[16] An neuen Erkenntnissen über Nationalsozialismus und Holocaust brachte diese Debatte wenig, vielmehr drehte sie sich eigentlich um die Frage, inwieweit sich die Bundesrepublik von dem moralischen Memento der braunen Vergangenheit jemals lösen dürfe oder könne.[17] Dahinter wiederum standen Ängste vor einer möglichen Rückkehr deutscher Hybris im Gefolge »neokonservativer Revisionisten« und ein sogar im vierzigsten Jahr der zweiten deutschen Demokratie noch vorhandenes Misstrauen gegenüber ihrer Beständigkeit.

Deutschland in Europa

Wendepathos und Identitätsdebatten bildeten die Begleitmusik zu den politischen Tagesproblemen, die von der neuen Koalition bewältigt werden mussten, nach außen vor allem auf dem Gebiet der Sicherheitspolitik, nach innen auf dem Feld der Wirtschafts- und Sozialpolitik.

Das sicherheitspolitische Signal der Regierung Kohl war eindeutig: Der NATO-Doppelbeschluss sollte umgesetzt werden. Dies entschied der Bundestag gegen die Stimmen von SPD und Grünen nach einer stürmischen Debatte und begleitet von medienwirksamen Demonstrationen und Aktionen der Nachrüstungsgegner am 22. November 1983. Daraufhin begann noch im Dezember die Stationierung nuklearer Mittelstreckenraketen auf dem Gebiet der Bundesrepublik, während die Verhandlungen der USA und der Sowjetunion über die Begrenzung dieser Waffensysteme zunächst abgebrochen wurden. Unter Bündnisaspekten gingen Kohl und Genscher dabei einen wichtigen Schritt, stabilisierten sie doch das unter Helmut Schmidt stark getrübte Verhältnis zum amerikanischen Partner. Nach innen allerdings polarisierten die sicherheitspolitischen Entscheidungen der christlich-liberalen Regierung sehr stark; das Vorhaben des US-Präsidenten, einen Raketenabwehrschirm im Weltraum

(*Strategic Defense Initiative – SDI*) zu errichten, stachelte die Proteste aufs Neue an. Zuletzt erwies sich die Strategie des Westens als richtig, Härte im Prinzipiellen zu zeigen, gleichzeitig jedoch stets die Bereitschaft zu Abrüstungsverhandlungen zu signalisieren. Nicht ohne tatkräftige Impulse seitens der bundesdeutschen Regierung stießen Ronald Reagan und der neue KPdSU-Generalsekretär Michail Gorbatschow 1985 die Gespräche auf höchster Ebene wieder an und schlossen sie zwei Jahre später, Ende 1987, mit der Unterzeichnung des INF-Vertrages ab. Dessen »doppelte Null-Lösung« führte nicht nur zur Reduktion, sondern sogar zur Demontage aller nuklearen Mittel- und Kurzstreckenraketen der beiden Supermächte.[18] Damit war ein entscheidendes Etappenziel auf dem Weg zur Beendigung des Kalten Krieges erreicht.

Kaum minder als die Raketendebatte erregte die Frage der Haushaltsstabilisierung die Gemüter der bundesdeutschen Öffentlichkeit in den ersten Jahren der Regierung Kohl. Einschnitte in das soziale Netz, die bereits in einem ersten Dringlichkeitsprogramm im Herbst 1982 angekündigt wurden und ab 1983 in Kraft traten, führten fast zwangsläufig zum Vorwurf der »sozialen Kälte«. Zwar mussten die Bürger Leistungskürzungen im Bereich des Gesundheitswesens sowie der Familien- und Ausbildungsförderung (BaföG) hinnehmen und auf der anderen Seite Erhöhungen der Sozialversicherungsbeiträge, des Mehrwertsteuer- und anderer Verbrauchssteuersätze akzeptieren, während die Unternehmen zur Ankurbelung der Investitionstätigkeit steuerliche Vergünstigungen erhielten. Insgesamt kann jedoch auch für die Ära Kohl – die 1990er Jahre mit inbegriffen – von einem Rückbau des Sozialstaates keine Rede sein. Die zunehmende konjunkturelle Erholung ließ den Ruf nach sozialpolitischem Maßhalten über die 1980er Jahre hinweg eher verstummen, zumal nun auch erstmals ein Phänomen zu beobachten war, das für die kommenden Globalisierungsprozesse kennzeichnend werden sollte: Wirtschaftsaufschwung war nicht mehr gleichbedeutend mit der Schaffung von Arbeitsplätzen und mit dem Abbau von Arbeitslosigkeit. Verantwortlich dafür war der anhaltende Strukturwandel mit der Abwanderung ganzer Industriezweige (Textil, Chemie, Autobau) in Länder mit niedrigeren Lohnkosten sowie, charakteristisch für die 1980er Jahre, die Ankunft der »starken« Geburtsjahrgänge der 1960er Jahre auf dem Arbeitsmarkt. Damit begann die Entwicklung hin zu einer neuen Form der Langzeitarbeitslosigkeit vornehmlich geringer qualifizierter und älterer Arbeitnehmer – mit der Konsequenz, dass soziale Wohlfahrtspolitik zunehmend zum Instrument mutierte, mit dem Wählermassen gebunden werden konnten. »Anstelle der ursprünglichen Schutzbedürftigkeit ging es [im bundesdeutschen Sozialstaat] zunehmend um ein Recht auf soziale Sicherheit gegenüber schlechterdings allen Wechselfällen einer Wachstumsgesellschaft.«[19]

Durch die finanzpolitischen Maßnahmen konnten die Steuereinnahmen des Bundes erhöht und die Nettokreditaufnahmen gleichzeitig reduziert werden, bis 1986 auf nur noch 22,4 Milliarden DM (1982: 37,2 Mrd.).[20] Damit war die Bundesregierung – gemeinsam mit den Ländern und Kommunen, die den Sparkurs mittrugen[21] – dem Ziel einer Haushaltskonsolidierung nähergekommen. Die Sozialleistungen sanken bis 1984 merklich, nahmen jedoch ab 1985 wieder zu, unter anderem durch neue Regelungen zum Kindererziehungsgeld und zur Unterstützung älterer Arbeitsloser. Indessen stieg die Arbeitslosenquote unaufhaltsam: von 7,5 (1982) auf 8,3 Prozent (1985). Die bis dahin höchste Arbeitslosenzahl in der Geschichte der Bundesrepublik war mit 2,6 Millionen im Februar 1985 erreicht. Eine nennenswerte Reduktion gelang bis 1989 (8,7 Prozent) nicht.[22]

Eines der Kernstücke des politischen Programms der Regierung Kohl, das Projekt einer »großen Steuerreform« als Basis einer umfassenden Haushaltssanierung entwickelte sich zu einem Dauerstreitthema der Koalition mit zuletzt desaströsen Zügen. Die unterschiedlichen Auffassungen im Regierungslager, vom »linken« Sozialausschussflügel der CDU über die Marktliberalen in der FDP bis hin zu ständig querschießenden CSU-Wünschen aus Bayern, ließen sich kaum miteinander vereinbaren. Dem Streit zugrunde lag die objektiv schwer zu lösende Frage nach einer gerechten, »symmetrischen« Besteuerung aller am wirtschaftlichen Prozess Beteiligten. In langwierigen Debatten geriet das Steuerreformvorhaben völlig außer Kontrolle und konnte zuletzt nur durch »Machtworte« des Kanzlers halbwegs gerettet werden.[23] Nach außen vermittelte sich dadurch das Bild weitgehender Handlungsunfähigkeit der Regierung – aufgrund der Komplexität der Steuermaterie und angesichts der schließlich doch erreichten gegenfinanzierten Steuerentlastungen in Höhe von etwa 40 Milliarden DM sicherlich nicht ganz gerechtfertigt.

Als »Enkel« Konrad Adenauers verstand sich Helmut Kohl außen- und sicherheitspolitisch, sozialpolitisch, besonders aber auf dem Feld der Europapolitik. Mit dem ersten Schengener Abkommen von 1985, das den Abbau der Binnengrenzen, zunächst zwischen den Beneluxstaaten, Frankreich und der Bundesrepublik, eröffnete, mit der EG-Südwesterweiterung um Spanien und Portugal im gleichen Jahr und schließlich mit dem ersten großen Reformwerk, der »Einheitlichen Europäischen Akte« von 1986/87, vollzog die Gemeinschaft wichtige Schritte auf dem Weg vom Wirtschaftsverbund zur politischen Union. Zum nun vollendeten Binnenmarkt gesellte sich eine erstmals institutionalisierte Europäische Politische Zusammenarbeit (EPZ), die mit dem Maastricht-Vertrag von 1992/93 in eine gemeinsame Außen- und Sicherheitspolitik münden sollte. Diese Entwicklung bezog wesentliche Impulse aus Frankreich mit seinem sozialistischen Präsidenten Mitterrand und der Bundesrepublik unter dem Christdemokraten Helmut Kohl.[24]

Obwohl sich die Bilanz der christlich-liberalen Koalition in ihrer ersten Legislaturperiode durchaus sehen lassen konnte, rang die Regierung Kohl – Genscher mit einem hartnäckigen Popularitätsproblem, das sich im Lauf der zweiten Amtszeit noch verschärfte. Affären, wie die um als Spenden deklarierte Zahlungen des Flick-Konzerns an führende Unions- und FDP-Politiker oder jene um die Entlassung des vermeintlich homosexuellen Bundeswehrgenerals Günter Kießling durch Verteidigungsminister Manfred Wörner, trugen stark zu diesem negativen Image in der Öffentlichkeit bei.

In der Bundestagswahl vom 25. Januar 1987 schnitt die Union mit 44,3 Prozent der Stimmen so schlecht ab, wie seit 1949 nicht mehr, während die FDP ihr Ergebnis auf 9,1 Prozent steigern konnte. Diese veränderten Gewichte innerhalb der Koalition wirkten sich auf die nachfolgenden Verhandlungen um den zweiten Teil der »großen Steuerreform« eher kontraproduktiv aus; mehrfach stand das Bündnis vor dem Zerreißen. Hinzu kam im Herbst 1987 die undurchsichtige Affäre um den CDU-Ministerpräsidenten von Schleswig Holstein, Uwe Barschel, der seinen SPD-Konkurrenten Björn Engholm offenbar hatte bespitzeln lassen, dies mit Ehrenwort abstritt und schließlich in der Badewanne eines Genfer Hotels tot aufgefunden wurde.

Das Ansehen des Bundeskanzlers auch innerhalb seiner Partei litt über das Jahr 1988 hinweg so empfindlich, dass innerparteiliche »Modernisierer« wie Generalsekretär Heiner Geißler und der baden-württembergische Ministerpräsident Lothar Späth relativ unverhohlen den Sturz Kohls vorbereiteten. Freilich fehlte ihnen die letzte Courage zum »Königsmord«, und so gelang es Kohl mit deutlich größerer Professionalität, seinen Gegnern den Wind aus den Segeln zu nehmen. Nach einer Kabinettsumbildung im April 1989, der Trennung von Geißler im August und der anschließenden Niederlage Späths in den Präsidiumswahlen des CDU-Parteitages vom September hatte Kohl die Krise gemeistert und stand am Vorabend des Mauerfalls auf einer gefestigteren Machtbasis denn je.[25]

Die Grünen

Was Franz Josef Strauß versagt geblieben war, gelang der ökologisch-pazifistischen Bewegung: die Gründung einer »vierten Partei«, die sich in den Ländern wie im Bund dauerhaft zu etablieren verstand. Die Geschichte der Grünen ist *die* politische Erfolgsgeschichte der 1980er Jahre: Im Windschatten des Regierungswechsels gelang der neuen Partei 1982 zum ersten Mal der Einzug in ein Parlament eines deutschen Flächenstaates. Mit einem Stimmenanteil von acht Prozent profitierten die Grünen in der hessischen Landtagswahl von einer Protesthaltung vieler Wähler gegen die christlich-liberale Wende.[26] Der Erfolg der Grünen in Hessen ermöglichte neue politische Konstellationen, deren Entwicklungsrichtung freilich zunächst noch nicht recht absehbar war. Mit dem Ausscheiden der »abgestraften« hessischen FDP aus dem Landtag endete die bisherige sozialliberale Koalition, ohne dass Ministerpräsident Holger Börner (SPD) eine neue Regierungsmehrheit bilden konnte. Neuwahlen im Herbst 1983 veränderten die Situation trotz der Rückkehr der FDP nicht. Börner kam daher mit den Grünen überein, mit einem Modell der Tolerierung seines SPD-Minderheitskabinetts durch die neue Partei weiter zu regieren. Von der Union als »rot-grünes Chaos« oder verächtlich als »hessische Verhältnisse« kritisiert und weder bei der SPD noch bei den Grünen unumstritten, bildete das Tolerierungsmodell doch die Vorbereitungsphase für den Eintritt der Grünen in die Regierungsverantwortung in Form der ersten rot-grünen Koalition, die schließlich im Oktober 1985, ebenfalls in Hessen, geschlossen wurde. Allerdings zerbrach das Bündnis nach nur 14 Monaten aufgrund eines Streits der Koalitionspartner über die Zulassung eines Nuklearunternehmens in Hanau.

Zu diesem Zeitpunkt waren die Grünen bereits zum zweiten Mal in Folge in den Bundestag eingezogen. Im Januar 1987 konnten sie ihr Wahlergebnis sogar auf 8,3 Prozent (1983: 5,6 Prozent), steigern und ihre Fraktion auf 42 Mitglieder ausbauen.[27] Der Einzug der Grünen mit ihrem provozierenden non-konformen Habitus und der Neigung zu unkonventionellen, die parlamentarischen Regeln bewusst verletzenden Aktionen veränderte das Gesicht des deutschen Parlamentarismus. Der nachmalige erste grüne Minister, der zur Vereidigung in Jeans und ausgetretenen

Turnschuhen erscheinende Joseph (Joschka) Fischer, titulierte 1984 den Präsidenten des Bundestages als »Arschloch«[28]; ein Grünen-Abgeordneter bespritzte im August 1983 während eines Empfangs im hessischen Landtag einen amerikanischen General mit Blut;[29] die Bundestagsfraktion kommentierte den Ausgang der Abstimmung über die Stationierung der Mittelstreckenraketen in der Bundesrepublik am 22. November 1983 mit einer Gesangseinlage und dem Schwenken von Friedensbannern.

Krawall und Happening zählten zu den bevorzugten politischen Instrumentarien einer Partei, in der unterschiedlichste alternative Strömungen, Splittergruppen und Basisbewegungen aufeinanderstießen, nicht ohne heftige ideologische Gewitter auszulösen. Vom »öko-faschistischen« Bio-Bauern (Baldur Springmann) über evangelisch-christliche »bessere Töchter« aus bildungsbürgerlichem Hause (Jutta Ditfurth, Antje Vollmer), vom marxistischen Alternativdenker und DDR-Dissidenten (Rudolf Bahro) über ehemalige RAF-Anwälte (Otto Schily, Hans Christian Ströbele) bis hin zum Aktionskünstler (Joseph Beuys) und zum Bundeswehrgeneral im Ruhestand (Gert Bastian), rangen unterschiedlichste politische Orientierungen um die Linie und die Vorherrschaft in der neuen Partei. Die hergebrachten Links-Rechts-Verortungen schienen sich gegenüber dem alles überwölbenden ökologischen Impetus und pazifistischen Rigorismus aufzulösen, wenngleich die Selbstverortung der meisten Grünen entsprechend ihrer Hauptklientel zweifellos »links« lautete. Die bereits 1982 gegründete »Rechtsabspaltung« ÖDP (Ökologisch-Demokratische Partei) konnte sich nie zu einer ernsthaften Konkurrenz entwickeln. Hinter dem ökologischen und pazifistischen Prinzip der Grünen verbarg sich ein sozialutopischer Anti-Globalisierungsaffekt, der die ökonomischen, technologischen und machtpolitischen Ungleichgewichte zwischen »Erster, Zweiter und Dritter Welt« durch größere Ressourcengerechtigkeit und regionalere Märkte zu lösen bestrebt war.[30] Nur in der gemeinsamen Sorge um Frieden und Umwelt sollte »Eine Welt« global agieren.

Bei den Grünen versammelte sich eine neue Generation von Politikern mit unterschiedlichsten Biografien, die nicht von langjährigen Laufbahnen durch Gremien und Ämter gekennzeichnet waren, wie die so vieler Politiker der etablierten Parteien. So kam die Friedensaktivistin und Umweltpolitikerin Petra Kelly, Gründungsmitglied und zwischen 1980 und 1982 Vorstandssprecherin, über eine umweltpolitische Tätigkeit bei der Europäischen Gemeinschaft sowie ihr Engagement im Bundesverband Bürgerinitiativen Umweltschutz (BBU) zu den Grünen. Der spätere Außenminister Joschka Fischer, 68er-Revolutionär und militanter Anti-Vietnamkrieg-Demonstrant, war als Gelegenheitsarbeiter, Hilfsbuchhändler und Taxifahrer tätig gewesen. Angesichts des RAF-Terrors kehrte er jedoch allen Formen politischer Gewaltanwendung den Rücken und stieß 1982 zu den Grünen. Je mehr sich der neuen Partei Möglichkeiten der Teilhabe an der Macht eröffneten, umso erregter entbrannte die Auseinandersetzung zwischen den Verfechtern einer »reinen Lehre« (»Fundis« – wie Kelly) und den kompromissbereiten Realpolitikern (»Realos« – wie Fischer), wobei sich bereits in den letzten Jahren der alten Bundesrepublik ein Sieg der Realos abzeichnete. Durch die Vereinigung mit den im Bündnis 90 zusammengeschlossenen Bürger- und Menschenrechtsinitiativen der späten DDR stellten sich der Partei neue Integrations- und Transformationsaufgaben, denen sie sich zunächst außerparlamentarisch zu widmen hatte, nachdem sie in der Bundestagswahl 1990 an der Fünf-Prozent-Hürde gescheitert war.

Die Grünen versprachen mehr Basisdemokratie, indem sie die Trennung von Amt und Mandat propagierten und ihre Abgeordneten auf ein Rotationsprinzip verpflichteten, das sie dazu zwang, ihre Mandate nach der Hälfte der Legislaturperiode abzugeben. Dem widersetzten sich freilich bald gerade die prominenteren der Grünen-Politiker, sahen sie dadurch doch die Kontinuität ihrer Arbeit und wohl auch ihrer Karrieren in Gefahr. Die Partei selbst versuchte sich weniger hierarchisch zu organisieren als die etablierten, wählte keine Vorsitzenden, sondern je mehrere Vorstandssprecher, und agierte »konsequent emanzipatorisch«, indem sie die Hälfte aller Ämter und Mandate für Frauen reservierte (»Frauenquote«). Politische Laufbahnen in zunehmendem Maße auch für Frauen geöffnet zu haben, zählt sicher zu den dauerhafteren Verdiensten grüner Politik, wie auch ihre Leistungen zur Integration der sich gerade in den großen Städten vermehrt multi-ethnisch ausdifferenzierenden Gesellschaft sowie, natürlich, ihr Beitrag zu einem breiten ökologischen Bewusstsein. Im Lebensalltag der 1980er Jahre schuf sich der »ökologische Turn« unzählige Symbole, ob Jute-Tüte, Recycling-Papier oder Dritte Welt-Laden. Im größeren Maßstab trugen die Grünen – nicht allein, aber doch maßgeblich – dazu bei, »Umwelt« als neues Schlüsselressort der Politik zu etablieren. Auch die Bundesregierung trug diesem Erfordernis schließlich Rechnung, indem sie 1986, nach dem Kernreaktorunfall in Tschernobyl, das Ministerium für Umwelt, Naturschutz und Reaktorsicherheit unter dem ersten Bundesumweltminister Walter Wallmann (CDU) einrichtete.

Mit der Etablierung der Grünen kam die über Jahrzehnte festgefügte Tektonik des Drei-Parteien-Systems ins Wanken. Die Rolle der FDP als eines sich entweder nach rechts (zur CDU/CSU) oder nach links (zur SPD) neigenden »Mehrheitsbeschaffers« war durch die Grünen gefährdet, wenn nicht zerstört. Taktisch lag der Vorteil aufseiten der SPD, denn ausschließlich für diese stellten die Grünen in den 1980er Jahren eine zusätzliche Koalitionsoption dar. CDU-Generalsekretär Heiner Geißler entwickelte aus der Analyse dieser Situation seine »Lagertheorie«, der zufolge nunmehr zwei politische Lager existierten: CDU/CSU/FDP auf der einen und SPD/Grüne auf der anderen Seite. Wahlkampf, so Geißler, könne allein »Lager gegen Lager« sinnvoll geführt werden. Dieser Überlegung hafteten, ganz im Sinne Geißlers, zwei Konsequenzen an: Die FDP musste dauerhaft im »bürgerlichen Lager«, an der Seite der CDU, gehalten werden; zusätzliche Stimmen konnten hingegen nur der SPD und den Grünen abgejagt werden. Um beide Ziele zu erreichen, bedurfte es, so Geißler, seitens der Union einer Öffnung nach links, des Abschieds von im Kern christlich-wertkonservativen Positionen.[31] So diente die »Lagertheorie« – von der CSU heftig kritisiert – vor allem der Legitimation einer Linksruckstrategie des Generalsekretärs, mit der eine neue Etappe in der Geschichte der Volkspartei CDU beginnen sollte.

Letzte Hilfe: Milliardenkredit und Honecker-Besuch

Die »Normalisierung« der Beziehungen zum anderen deutschen Staat stand wie bereits in der Regierungszeit Schmidts weit oben auf der Agenda Helmut Kohls.[32] Seit 1979 bewegte sich die Entwicklung des innerdeutschen Verhältnisses im ungünstigen Klima des neuerlich verschärften Ost-West-Konflikts. Erich Honecker drängte nicht zuletzt aus Prestigegründen auf die Ehre eines hohen Staatsbesuchs aus Bonn; Helmut Schmidt sagte 1980 aufgrund der verschärften Ost-West-Spannungen zweimal ab, bevor er im Dezember 1981 schließlich doch in die DDR reiste.

Auch ein Gegenbesuch Honeckers wurde mehrfach verschoben, obgleich Kohl die Einladung seines Vorgängers an den Generalsekretär bereits bald nach seiner Kanzlerwahl ausdrücklich bestätigte. Die Interessen der DDR und vor allem Honeckers an einem Empfang in Bonn waren deutlich existentieller als umgekehrt: Eine Stabilisierung des SED-Regimes in politischer und mehr noch wirtschaftlicher Hinsicht erschien dringend notwendig. Die Regierung Kohl kam diesen, freilich nicht offen ausgesprochenen Wünschen weit entgegen, ihrerseits wiederum mit dem Interesse, weitere humanitäre Konzessionen aus Ost-Berlin zu erhalten.

Am meisten öffentliches Aufsehen erregte die im Frühsommer 1983 von Franz Josef Strauß mit dem DDR-Devisenbeschaffer Alexander Schalck-Golodkowski fast konspirativ ausgehandelte Kreditbürgschaft der Bundesregierung für die DDR über eine Milliarde DM. Im Gegenzug sicherte die DDR-Führung zu, nicht nur den Umgang mit Bundesbürgern im Transitverkehr und beim Grenzübertritt erheblich zuvorkommender zu gestalten, sondern auch die Selbstschussanlagen an der innerdeutschen Grenze abzubauen. Die unverzüglich einsetzende heftige Kritik am »Milliardenkredit« zielte im Wesentlichen auf das Grunddilemma der Politik der Bundesrepublik gegenüber der DDR in den 1980er Jahren: Sicherte nicht Bonn um den Preis einzelner Zugeständnisse das freiheitsfeindliche Regime als Ganzes ab und verlängerte damit die Existenz des bereits sichtlich verfallenden »real existierenden Sozialismus«? Die strategische Antwort auf diese kritische Frage lautete: Nichts zu unternehmen, um die DDR aktiv zu destabilisieren, hingegen Hilfe zu leisten, um eine krisenhafte Zuspitzung der Situation – wie 1953 und 1956 in Ungarn oder 1968 in der Tschechoslowakei – zu vermeiden und andererseits Reformentwicklungen Vorschub zu leisten. Auf dieser Linie bewegte sich auch die Politik der fortgesetzten Wirtschaftshilfe. Eine neuerliche Bürgschaft über fast eine Milliarde DM gab die Bundesregierung im Juli 1984; ein Jahr später erhöhte sie den zinslosen Überziehungskredit (»Swing«) für die DDR auf 850 Millionen DM, und die Aktivitäten um den Freikauf von politischen Häftlingen in der DDR wurden verstärkt. Im Gegenzug forderte die Bundesregierung weitreichendes Entgegenkommen der DDR beim Mindestumtausch, im Grenzverkehr, bei den Ausreiseregelungen sowie im länderübergreifenden Umweltschutz. Vor allem aber sollte die Gewaltanwendung an der Grenze ein Ende haben.

Die intensiv geführten Verhandlungen brachten merkliche Erleichterungen und Fortschritte auf den genannten Gebieten und verbesserten die persönlichen Beziehungen zwischen einzelnen Politikern in West und Ost, allen voran Helmut Kohl und Erich Honecker, deren brieflicher und telefonischer Austausch an Verbindlichkeit zusehends gewann. Dabei darf nicht übersehen werden, dass die Deutschlandpolitik der Bundesregierung, bei aller Konzilianz im Persönlichen, die essentiell zum »politischen Stil« Helmut Kohls gehörte, im Prinzipiellen unbeugsam blieb. So stellte Kanzleramtsminister Wolfgang Schäuble, der eigentliche Koordinator der Deutschlandpolitik Kohls, bei seinen Gesprächen in Ost-Berlin im Dezember 1984 unmissverständlich klar, dass das Ziel der Wiedervereinigung Deutschlands durch Selbstbestimmung in Freiheit unverändert Bestand habe.[33]

Nichts anderes bekam Erich Honecker zu hören, als er im September 1987 endlich zu einem »Arbeitsbesuch« in Bonn eintraf. Kohl hob den Geist pragmatischer Zusammenarbeit zwischen beiden Staaten hervor, betonte jedoch gleichzeitig »unsere Gegensätze in Grundsatzfragen« und mahnte die »Gewährleistung der Menschenrechte« an: »Die Bundesrepublik hält fest an der Einheit der Nation, und wir wollen, daß alle Deutschen in gemeinsamer Freiheit zueinander finden können. Diese Haltung hat im Grundlagenvertrag und im Brief zur Deutschen Einheit ihren Niederschlag gefunden.«[34]

Indem Kohl sich programmatisch zu den Prinzipien bundesrepublikanischer Deutschlandpolitik seit Willy Brandt und Walter Scheel bekannte – anders übrigens als linke SPD-Politiker[35] –, verweigerte er Honecker die offizielle Anerkennung der DDR als souveräner und legitimer Staat durch die Bundesrepublik. Zwar wurde das reine Faktum des Bonn-Besuches von der DDR-Propaganda als eine solche Anerkennung interpretiert und mochte auch der Genugtuung des oligarchischen DDR-Herrschaftsapparates dienen. Allerdings war der desaströse Zustand des deutschen Zonenstaates bereits zu diesem Zeitpunkt kaum mehr zu übersehen.[36] Seit Mitte der 1980er Jahre war die Zahl der Ausreiseanträge sprunghaft angestiegen; viele suchten Asyl in den bundesdeutschen Botschaften, etwa in Prag, oder in der Ständigen Vertretung in Ost-Berlin, um eine Ausreise ohne Repressalien zu erzwingen. Mehrere Tausend Jugendliche forderten im Juni 1987 im Zentrum Ost-Berlins den Abriss der Mauer, nachdem sie daran gehindert worden waren, ein Rockkonzert auf der anderen Seite der Grenze, am Reichstag, mitzuhören. Ebenfalls seit 1987 und über das Jahr 1988 hinweg verstärkten sich die Aktionen zahlreicher oppositioneller Gruppen gegen die SED-Herrschaft deutlich.[37] Aufmerksame Betrachter der *ARD-Tagesschau* konnten am 3. September 1989, nicht nur im Westen, einen Bericht über die Leipziger Herbstmesse sehen, der die DDR-Wirtschaft schlicht als »nicht mehr konkurrenzfähig« kennzeichnete.

Gegenüber den Reformen, die im Gefolge von Michail Gorbatschows *Glasnost-* und *Perestroika*-Wende fast überall im Ostblock einsetzten, versuchten die DDR-Gerontokraten so lange wie möglich die Augen zu verschließen. Unterdessen – besonders nach der Grenzöffnung in Ungarn – wuchsen die Flüchtlingsströme an und formierte sich die innere Opposition. Die Bundesregierung blieb zunächst ihrer deutschlandpolitischen Linie treu, keine wirtschaftlichen Sanktionen gegenüber Ost-Berlin zu ergreifen, um das Regime zu Reformen zu nötigen. Die Probleme der DDR, betonte Kohl im Bundestag am 5. September 1989, einen Tag nach der ersten Montagsdemonstration in Leipzig, müssten in der DDR gelöst werden. Wenige Tage nach dem Mauerfall jedoch, in der Haushaltsdebatte am 28. November, formulierte der Bundeskanzler seine berühmten »Zehn Punkte« und betrat damit – im Ton behutsam, in der Sache entschieden – den Weg zur Wiedervereinigung.[38]

8 Schluss: Das Ende der Nachkriegszeit

Die Bundesrepublik Deutschland wie auch die DDR entstanden als Ergebnisse der Neuorganisation der europäischen Mitte nach dem Zweiten Weltkrieg. Sie waren Phänomene der Nachkriegszeit. Aufgrund der politischen Entscheidungen der Gründergeneration – konsequente parlamentarische Demokratisierung auf der Basis der historischen Erfahrungen des zurückliegenden Jahrhunderts, Rechtsstaatlichkeit, verlässliche Einbindung in die Allianzen des Westens: militärisch in die NATO, ökonomisch in die Organisationsformen des neuen Europa, sowie der inneren Ausgestaltung der sozialen Marktwirtschaft unter den Prinzipien der Solidarität und Subsidiarität – gestaltete sich diese Nachkriegszeit für den westlichen deutschen Teilstaat, die Bonner Republik, als außerordentliche Erfolgsgeschichte. Die »wunderbare« Kopplung von Wiederaufbau- und Nachholeffekten mit den mobilisierten Kräften, den Aufstiegsperspektiven einer Gesellschaft im Aufwind, zusätzlich angekurbelt durch die alliierte, vor allem US-amerikanische Wirtschaftshilfe, führte zu einer Wohlstandsgeschichte sondergleichen, die in ihren Anfängen keineswegs voraussehbar gewesen war. Ein Vierteljahrhundert nach dem verheerenden Zusammenbruch Deutschlands bewegte sich die Bundesrepublik im Kreis der führenden Industrienationen der Welt.

Ökonomisch endete die Nachkriegszeit mit dem Ende des Booms in der Krise der 1970er Jahre[1] – für die Bundesrepublik auf hohem Niveau. Während die Wirtschaft seither unter »normalisierten« Bedingungen zu arbeiten hatte, zog sich der Ausnahmezustand der Nachkriegszeit sicherheits- und nationalpolitisch noch etliche Jahre hin, bis zum Ende des Kalten Krieges, spätestens mit der Auflösung der Sowjetunion 1991, und der deutschen Wiedervereinigung am 3. Oktober 1990. Die Bewältigung des Vereinigungsprozesses stellte die sich zur »Berliner Republik« wandelnde Bonner Republik vor eine neue Integrationsaufgabe. Dabei wirken in der Berliner Republik Problemstellungen weiter, die sich in der Bonner Republik seit den 1970ern bereits formiert hatten: strukturelle Dauerarbeitslosigkeit und, damit verbunden, die Frage nach Zielen, Leistungsfähigkeit und Grenzen des Sozialstaates, die Fragen der Steuergerechtigkeit, der Gesundheitskosten und der Alterssicherung, der Integration ethnischer Minderheiten und der inneren Sicherheit.

Neue Problemkonstellationen kamen hinzu, nahmen die alten teils in sich auf: hier vor allem der demografische Wandel hin zu einer alternden Gesellschaft mit allen seinen Konsequenzen für Arbeitsmarkt, Rente und Gesundheitswesen; die »digitale Revolution« mit ihren wirklichen oder auch nur vermeintlichen Anforderungen an Bildungssystem (»lebenslanges Lernen«) und berufliche Mobilität (»Patchwork-Biografien«); die ökonomische Entkopplung von Konjunktur und Arbeitsplatzsicherheit durch die Mechanismen eines scheinbar »enthemmten« globalen Finanzkapitalismus; die wachsende Zahl derjenigen, die auch mit extensiver Arbeit nicht mehr in der Lage sind, einen angemessenen Lebensunterhalt zu verdienen und sich vielfach dauerhaft im Alltag staatlich garantierter Subvention auf Mindestniveau einzurichten haben. Solche Entwicklungen bleiben nicht ohne Folgen in der politischen Landschaft: Die weitere Ausdifferenzierung des politischen Spektrums vom Vier- zum Fünf-Parteien-System durch die bundespolitische Etablierung der Linken ist ein Indiz dafür.

Wie kann die Bundesrepublik unter »Berliner« Bedingungen mit sich selbst auf Dauer identisch bleiben? Funktionieren die einstigen Garanten ihres Erfolgs auch, wenn der »Fahrstuhl« nach unten geht (Andreas Wirsching), wenn der allgemeine Wohlstand sinkt, die Kluft zwischen sehr arm und sehr reich größer wird, wenn die Homogenität der Gesellschaft schwindet, sie sich in Parallelgesellschaften auflöst und dadurch an Integrationsfähigkeit einbüßt? Bonn war nicht Weimar; in den Berliner Konstellationen hingegen sind einige an Weimar erinnernde Konstellationen enthalten. Freilich ist die Berliner Republik ganz anders gerüstet und stabilisiert, als es die Weimarer Republik jemals gewesen war, die sich als verachtetes Kriegsprodukt in einer anderen katastrophalen Nachkriegszeit vergeblich zu behaupten versucht hatte. Gleichwohl gilt es, über die Aufgaben des Staates intensiv nachzudenken. Bedarf es einer Neudefinition namentlich der sozialen Marktwirtschaft, in der das alte Prinzip der Subsidiarität – der verantwortungsbewussten Gestaltungskraft und -freiheit des Einzelnen – wieder stärker an die Seite des Prinzips der Solidarität tritt? Jedenfalls wäre wohl die Mahnung Helmut Schmidts zu beherzigen, und einer aus der späteren Bonner Republik ererbten Haltung entgegenzuarbeiten, »nämlich der [...] quasi-selbstverständlichen Erwartung vieler Deutscher, der Staat habe ihnen [...] jedwede Beschwernis und Besorgnis abzunehmen. Der Staat und seine Institutionen sollen tausend Forderungen erfüllen, aber viele empfinden keine Pflicht zum eigenen Beitrag und zur eigenen Verantwortung für das Wohl des Ganzen.«[2] Nicht schlichtweg alle Problemlösungskompetenz kann der Staat auf sich nehmen.

Politik darf nicht auf Pragmatismus zur Befriedigung möglichst vieler Einzelinteressen reduziert werden,[3] sondern muss, um in der Diktion Schmidts zu bleiben, »pragmatisches Handeln zu sittlichen Zwecken«[4] sein. Einen solchen sittlichen Zweck setzt das Grundgesetz – und hier liegt das vielleicht bedeutendste Vermächtnis der Bonner an die Berliner Republik.

Das Grundgesetz war durch seine – im Laufe von 40 Jahren Bonner Republik abgelegte – historische Bewährungsprobe über seinen anfänglichen Provisoriumscharakter hinausgewachsen und hatte sich für den Beitritt des anderen Teils Deutschlands zu seinem »Gültigkeitsbereich« qualifiziert. Es rückte ohne ernsthaften Widerspruch in den Rang der Verfassung des ganzen Deutschland ein, weil es eine staatliche Ordnung definiert, die den Lehren aus der deutschen Geschichte gerecht wird. Doch nicht nur das: Es stellt den Staat – wie der Verfassungsvater Carlo Schmid in seinem politischen Vermächtnis resümierte – unter den »moralischen Imperativ, [...] Institutionen und Freiheitsräume zu schaffen, die uns gestatten, Staat und Gesellschaft im Maße unserer [...] Einsichten so einzurichten, daß in unserem Land alle Menschen unter Bedingungen, die sie in solidarischer Verbundenheit und in eigener Verantwortung frei gestalten, ohne Furcht und ohne Not und des Schutzes der Menschenrechte gewiß, in Frieden und gesicherter Freiheit leben können«[5].

Das Grundgesetz definiert den politischen Raum der Bundesrepublik und es stellt den Deutschen fortwährend die Aufgabe, diesen Raum seinem Geist entsprechend auszufüllen. Die Bonner Republik hat diese Aufgabe bewältigt, die Berliner Republik wird sie wieder und wieder bewältigen müssen. Was den Vätern des Grundgesetzes in unerreichbare Ferne zu rücken schien und was sie, allem politischen Streit zum Trotz, nie aus den Augen verloren, die Wiedererlangung der deutschen Einheit, fiel den Enkeln nicht als »Geschenk« zu, sondern auch als das Ergebnis eines politischen Weges, den die Großelterngeneration mit Bedacht und prinzipienfest eingeschlagen hatte. Die »friedliche Revolution« muss nicht zum »Wunder« verklärt werden; sie erwuchs aus besonnenem menschlichen Handeln, für das man gleichwohl dankbar sein muss.

9 Anhang

Anmerkungen

Einleitung (S. 7–12)

1 Zur Geschichte Bonns vgl. Edith Ennen/Dietrich Höroldt: Vom Römerkastell zur Bundeshauptstadt. Kleine Geschichte der Stadt Bonn, Bonn [4]1985.

2 Vgl. Theodor Eschenburg: Jahre der Besatzung 1945–1949, Stuttgart, Wiesbaden 1983, S. 516–519.

3 So Carlo Schmid: Erinnerungen, Bern u.a. 1979, S. 353.

4 So Hermann Schäfer (FDP) in der 11. Plenarsitzung des Parlamentarischen Rates am 10.05.1949 (http://www.parlamentarischerrat.de/sitzungen_894_sitzungen=73_seitentiefe=2_akt_element=2.html, 09.06.2010).

5 Vgl. Ennen/Höroldt: Vom Römerkastell zur Bundeshauptstadt (wie Anm. 1), S. 344 ff.; Hans-Peter Schwarz: Adenauer, Bd. 1, Stuttgart 1986, S. 599 f.

6 Elisabeth Noelle/Erich Peter Neumann (Hrsg.): Jahrbuch der öffentlichen Meinung 1947–1955, Allensbach am Bodensee [3]1956, S. 157 f.

7 Ernst Samhaber: Das Provisorium, in: Merian. Das Heft der Städte und Landschaften, Jg. 8, Heft 11, Hamburg 1955, S. 76–79, hier S. 77.

8 Vgl. Reinhart Koselleck: Diesseits des Nationalstaats. Föderale Strukturen der deutschen Geschichte (1994), in: Ders.: Begriffsgeschichten. Studien zur Semantik und Pragmatik der politischen und sozialen Sprache, Frankfurt am Main 2006, S. 486–503, hier S. 494 f.

9 68 Prozent der Befragten teilten 1979 die Ansicht: »Das Grundgesetz hat sich so bewährt, daß wir kein neues brauchen.« 1974 waren es 60 Prozent, 1968 lediglich 43 Prozent gewesen. Vgl. Elisabeth Noelle-Neuman/Edgar Piel (Hrsg.): Allensbacher Jahrbuch der Demoskopie 1978–1983, München 1983, S. 222.

10 Vgl. dazu jetzt Jens Hacke: Die Bundesrepublik als Idee. Zur Legitimationsbedürftigkeit politischer Ordnung, Hamburg 2009; vgl. hier besonders den Rekurs auf Jürgen Habermas, S. 70 ff.

11 Dolf Sternberger: Verfassungspatriotismus (1979), in: Ders.: Verfassungspatriotismus (= Dolf Sternberger, Schriften, Bd. X), Frankfurt am Main 1990, S. 13–16, hier S. 14.

12 Im Februar 1986 meinten 52 Prozent aller Befragten, vom »geteilten Vaterland der Deutschen« zu sprechen, sei »eigentlich überholt«. 76 Prozent aller Befragten glaubten im Dezember 1986 nicht, eine Wiedervereinigung noch zu erleben, 61 Prozent gaben allerdings auch an, sich eine Wiedervereinigung »sehr zu wünschen« (Juli 1981). Vgl. Elisabeth Noelle-Neumann/Renate Köcher (Hrsg.): Allensbacher Jahrbuch der Demoskopie 1984–1992, München u.a. 1993, S. 431 f.

13 Vgl. Karl Dietrich Erdmann: Drei Staaten, zwei Nationen, ein Volk. Überlegungen zu einer deutschen Geschichte seit der Teilung, in: Ders.: Die Spur Österreichs in der deutschen Geschichte. Drei Staaten, zwei Nationen, ein Volk, Zürich 1989, S. 7–37, hier bes. S. 33–36.

14 Vgl. Manfred Görtemaker: Die Berliner Republik. Wiedervereinigung und Neuorientierung, Berlin 2009, S. 11 f.

Von der Bizone zum Weststaat: Die Entstehung der Bundesrepublik (S. 13–26)

1 Die Entwicklungen der Jahre 1945 bis 1949 können hier nur sehr gerafft wiedergegeben werden. Für Details vgl. Band 11 der vorliegenden Reihe: Matthias Uhl: Die Teilung Deutschlands. Niederlage, Ost-West-Spaltung und Wiederaufbau 1945–1949, Berlin 2009.

2 Potsdamer Abkommen, 02.08.1945, Teil III, A, Abs. 1 und B, Abs. 14.

3 Vgl. Wolfgang Tischner: Der Verfassunggebungsprozeß in der SBZ, in: Günter Buchstab/Hans-Otto Kleinmann (Hrsg.): In Verantwortung vor Gott und den Menschen. Christliche Demokraten im Parlamentarischen Rat 1948/49, Freiburg im Breisgau, Basel, Wien 2008, S. 391–405, hier S. 392 f.

4 Potsdamer Abkommen, Teil IV, Abs. 1 und 3 (Befriedigung der Reparationsansprüche aus der jeweils eigenen Besatzungszone).

5 Eine gut kommentierte und dokumentierte zweisprachige Fassung der Byrnes-Rede auf http://www.byrnes-rede.de (09.06.2010); das Bizonen-Abkommen zwischen den USA und Großbritannien vom 02.12.1946 in: Merith Niehuss/Ulrike Lindner (Hrsg.): Besatzungszeit, Bundesrepublik und DDR 1945–1969 (= Deutsche Geschichte in Quellen und Darstellung, Bd. 10), Stuttgart 1998, S. 60 ff.

6 So z.B. bei. Rudolf Morsey: Die Bundesrepublik Deutschland, München [5]2007, S. 17.

7 Frankfurter Dokumente vom 01.07.1948, hier Dok. Nr. 1, zit. n.: Peter März (Bearb.): Dokumente zu Deutschland 1944–1994, München 1996, S. 79.

8 Ebd., S. 79 f.

9 So der bayerische Staatsminister Anton Pfeiffer (CSU) bei der Eröffnung des Verfassungskonvents auf Herrenchiemsee, 10.08.1948, zit. n.: Niehuss/Lindner (Hrsg.): Besatzungszeit (wie Anm. 5), S. 168–174, hier S. 171.

10 Carlo Schmid im Parlamentarischen Rat, 08.09.1948, in: Der Parlamentarische Rat 1948–1949. Akten und Protokolle, Bd. 9: Plenum, bearb. v. Wolfram Werner, München 1996, S. 20–45, hier S. 31.

11 Vgl., knapp aber präzise, Paul Noack: Deutschland von 1945 bis 1960, München 1960, S. 42.

12 Theodor Heuss im Parlamentarischen Rat, 09.09.1948, in: Der Parlamentarische Rat. Akten und Protokolle, Bd. 9, S. 103–119, hier S. 106.

13 Theodor Heuss im Parlamentarischen Rat, 06.10.1948, in: Der Parlamentarische Rat 1948–1949. Akten und Protokolle, Bd. 5/I: Ausschuß für Grundsatzfragen, bearb. v. Eberhard Pikart und Wolfram Werner, Boppard am Rhein 1993, S. 103–119, hier S. 171; vgl. auch Hildegard Hamm-Brücher/Hermann Rudolph: Theodor Heuss. Eine Bildbiographie, Stuttgart 1983, S. 108.

14 Zur Berlin-Blockade vgl. Uhl: Die Teilung Deutschlands (wie Anm. 1), S. 169–174.

15 Ernst Reuter vor dem Reichstagsgebäude, in: Ders.: Artikel, Briefe, Reden 1946 bis 1949, 3. Bd., bearb. v. Hans J. Reichhardt, Berlin 1974, S. 479.

16 Morsey: Die Bundesrepublik Deutschland (wie Anm. 6), S. 22.

17 Zum Verfassungsgebungsprozeß in der SBZ vgl. Uhl: Die Teilung Deutschlands (wie Anm. 1), S. 185 ff. sowie Winfrid Halder: Von Ulbricht zu Honecker. Die DDR 1949–1989, Berlin 2011. Zum Charakter der DDR-Verfassung vgl. Tischner: Der Verfassunggebungsprozeß in der SBZ (wie Anm. 3), S. 400 ff.

18 Einen lebendigen Eindruck von der Arbeit und der Atmosphäre im Parlamentarischen Rat vermitteln die Fotografien von Erna Wagner-Hehmke: http://www.parlamentarischerrat.de. Die Verhandlungen des Parlamentarischen Rates sind publiziert in: Der Parlamentarische Rat 1948–1949. Akten und Protokolle, 14 Bde., hrsg. v. Deutschen Bundestag und v. Bundesarchiv, Boppard am Rhein u. a. 1975 f. Eine gute Einführung gibt Michael F. Feldkamp: Der Parlamentarische Rat 1948–1949. Die Entstehung des Grundgesetzes, Göttingen 1998.

19 Konrad Adenauer: Erinnerungen I (1945–1953), Stuttgart 1965, S. 36 f.

20 Die Standardbiografie zu Adenauer stammt von: Hans-Peter Schwarz: Adenauer, 2 Bde., Stuttgart 1986/1991.

21 An entsprechende Erwartungshaltungen im Umkreis des Frankfurter Wirtschaftsrates erinnert sich Franz Josef Strauß: Die Erinnerungen, Berlin 1989, S. 101; vgl. auch Manfred Görtemaker: Kleine Geschichte der Bundesrepublik Deutschland, München 2002, S. 39.

22 Die Akten in: Peter Bucher (Bearb.): Der Parlamentarische Rat 1948–1949.

Akten und Protokolle, Band 2: Der Verfassungskonvent auf Herrenchiemsee, hrsg. v. Deutscher Bundestag und v. Bundesarchiv, Boppard am Rhein 1981; vgl. auch Peter März/Heinrich Oberreuter (Hrsg.): Weichenstellung für Deutschland. Der Verfassungskonvent von Herrenchiemsee, München 1999.

23 Ausführlich über die Arbeit des Verfassungskonvents vgl. Carlo Schmid: Erinnerungen, Bern 1979, S. 334–353.

24 Vgl. ebd., S. 365 f.

25 Vgl. ebd., S. 392–395; Adenauer: Erinnerungen I (wie Anm. 19), S. 170–173.

26 Vgl. Schwarz: Adenauer (wie Anm. 20), Bd. 1, S. 610, sowie Peter Jakob Kock: Bayerns Weg in die Bundesrepublik, München 1983, S. 344.

27 Vgl. Beate Dorfey: Die internationale Ruhrbehörde im Spannungsfeld britischer, französischer, belgischer, luxemburgischer und niederländischer Interessen, in: Geschichte im Westen 9 (1994), S. 75–83; dies.: Die Benelux-Länder und die Internationale Ruhrbehörde. Kontrolle oder europäische Integration?, Essen 1999.

28 Besatzungsstatut zur Abgrenzung der Befugnisse und Verantwortlichkeiten zwischen der zukünftigen deutschen Regierung und der Alliierten Kontrollbehörde vom 10. Mai 1949, Sonderdruck sowie Amtsblatt der Alliierten Hohen Kommission in Deutschland, Nr. 1, Bonn 1949, S. 13 ff.

29 Vgl. auch Art. 5 des Besatzungsstatuts: »Jede Änderung des Grundgesetzes bedarf vor ihrem Inkrafttreten der ausdrücklichen Zustimmung der Besatzungsbehörden. Länderverfassungen, Änderungen dieser Verfassungen, jedes andere Gesetz und jede Vereinbarung, die zwischen dem Bund und auswärtigen Regierungen getroffen wird, treten 21 Tage nach ihrem amtlichen Eingang bei den Besatzungsbehörden in Kraft, sofern sie nicht von diesen vorher, einstweilig oder endgültig, abgelehnt worden sind. Die Besatzungsbehörden werden ein Gesetz nicht ablehnen, es sei denn, daß es nach ihrer Ansicht mit dem Grundgesetz, einer Länderverfassung, den Gesetzen oder sonstigen Anordnungen der Besatzungsbehörden selbst oder mit den Bestimmungen dieses Statuts unvereinbar ist oder daß es eine schwere Bedrohung der Grundziele der Besetzung darstellt.«

30 Vgl. die Satzung der Alliierten Hohen Kommission in Deutschland vom 20.06.1949, in: Ursachen und Folgen, Bd. 26: Die staatliche Neuordnung Deutschlands, Berlin 1978, S. 336–344.

Die Grundlagen der Bundesrepublik (S. 27–54)

1 Theodor Heuss am 20.10.1948 in der Aussprache des Plenums über die Präambel, in: Der Parlamentarische Rat 1948–1949, Akten und Protokolle, Bd. 9: Plenum, bearb. Von Wolfram Werner, München 1996, S. 193 f.

2 Als Einführung zum Grundgesetz empfiehlt sich Hans-Otto Kleinmann: »Wahren, pflegen, ausbauen.« Das Werk des Parlamentarischen Rates zwischen Grundgesetzgebung und Erneuerungsdiskurs, in: Günter Buchstab/Hans-Otto Kleinmann (Hrsg.): In Verantwortung vor Gott und den Menschen. Christliche Demokraten im Parlamentarischen Rat 1948/49, Freiburg im Breisgau u. a. 2008, S. 14–90, hier bes. S. 38–84.

3 Das Grundgesetz wird hier und im Folgenden zitiert nach dem Druck im Bundesgesetzblatt vom 23.05.1949, als Faksimile in: Elmar Hucko (Hrsg.): Von der Paulskirche zum Museum Koenig. Vier deutsche Verfassungen, Köln 1984, S. 197–215.

4 Zur Notstandsgesetzgebung der Großen Koalition von 1968, die im Wesentlichen darin bestand, die Möglichkeiten der Beschränkung von Grundrechten zu präzisieren, vgl. Kap. 5, S. 106 ff.

5 Verfassung des Deutschen Reichs 1849, Abschnitt VI, § 130–189; WV, Zweiter Hauptteil, Art. 109–118.

6 Kleinmann: »Wahren, pflegen, ausbauen« (wie Anm. 2), S. 46.

7 Konrad Adenauer auf einer Veranstaltung der CDU in Heidelberg, 01.03.1952, in: Bulletin der Bundesregierung Nr. 26 (1952), S. 251.

8 Vgl. die Rede Höpker Aschoffs im Parlamentarischen Rat am 9.3.1949, in: Der Parlamentarische Rat 1948–1949. Akten und Protokolle, Bd. 8: Die Beziehungen des Parlamentarischen Rates zu den Militärregierungen, bearb. v. Michael F. Feldkamp, München 1995, S. 177–186.

9 Vgl. z. B. Adenauer an Finanzminister Fritz Schäffer, 23.11.1953, in: Hans Peter Mensing (Bearb.): Adenauer. Briefe 1953–1955, Berlin 1995, S. 48.

10 53 Prozent aller Befragten hatten 1988 eine »sehr gute, gute Meinung« vom Bundesverfassungsgericht (zum Vergleich: Bundespräsident: 85 Prozent; Bundesrat: 42 Prozent; Bundestag: 41 Prozent; Bundesregierung: 33 Prozent). Vgl. Elisabeth Noelle-Neumann/Renate Köcher (Hrsg.): Allensbacher Jahrbuch 1984–1992, München 1993, S. 653.

11 Vgl. Hasso Hofmann: Die Entwicklung des Grundgesetzes nach 1949, in: Josef Isensee/Paul Kirchhoff (Hrsg.): Handbuch des Staatsrechts, Bd. 1, Heidelberg 1987, S. 259–319; ein knapper Überblick bei Kleinmann: »Wahren, pflegen, ausbauen« (wie Anm. 2), S. 63–74.

12 Stellungnahme Heuss' zur Dritten Lesung des Grundgesetzes im Hauptausschuss, 09.02.1949 (http://www.parlamentarischerrat.de/mitglieder_891_mitglied=46_seitentiefe=2.html, 09.06.2010)

13 Die Absätze 2 und 3 der Berliner Verfassung vom 01.09.1950 waren »zurückgestellt« und traten erst am 03.10.1990 in Kraft: »Berlin ist ein Land der Bundesrepublik Deutschland« (Abs. 2); »Grundgesetz und Gesetze der Bundesrepublik Deutschland sind für Berlin bindend« (Abs. 3). Einschlägige Dokumentensammlung: Wolfgang Heidelmeyer/Günther Hindrichs (Bearb.): Dokumente zur Berlin-Frage 1944–1966, München [4]1987.

14 Mitteilung der Alliierten Kommandatur Berlin an den Regierenden Bürgermeister betreffend die Übernahme von Bundesrecht, 08.10.1951, in: Ebd., S. 166 f.

15 Gesetz über die Stellung des Landes Berlin im Finanzsystem des Bundes (Drittes Überleitungsgesetz), 04.01.1952, in: Ebd., S. 186–192.

16 Erklärung der Alliierten Kommandantur der Stadt Berlin vom 05.05.1955 über die Stellung West-Berlins nach dem Inkrafttreten der Pariser Verträge, in: Ebd., S. 233–236.

17 Vier-Mächte-Abkommen, 03.09.1971, v. a. Anlage II, Abs. 1 und 2. Vgl. Hans Heinrich Mahnke (Bearb.): Dokumente zur Berlin-Frage 1967–1986, München 1987, S. 190–210, bes. S. 202.

18 Ein Überblick bei Theodor Eschenburg: Die Entstehung Baden-Württembergs, in: Ders./Hermann Bausinger (Hrsg.): Baden-Württemberg. Eine politische Landeskunde, Stuttgart 1975, S. 39–60; sowie Paul Sauer: Das Land Württemberg-Baden 1945–1952, in: Handbuch der Baden-Württembergischen Geschichte, Bd. 4: Die Länder seit 1918, hrsg. v. Hansmartin Schwarzmaier/Meinrad Schwaab, Stuttgart 2003, S. 343–439.

19 Abkommen zwischen der Regierung der Bundesrepublik Deutschland und der Regierung der Französischen Republik über das Statut der Saar, 23.10.1954, Art. XII; Bgbl. II, 7 (1955), S. 296–300.

20 Rudolf Morsey: Die Bundesrepublik Deutschland. Entstehung und Entwicklung bis 1969 (= Oldenbourg Grundriss der Geschichte, Bd. 19). München [5]2007, S. 43.

21 Alfred Müller-Armack: Genealogie der sozialen Marktwirtschaft, Frühschriften und weiterführende Konzepte, Bern, Stuttgart 1975, S. 120.

22 Ludwig Erhard: Wohlstand für alle, Düsseldorf [8]1964, S. 8.

23 Ebd., S. 7.

24 Zur Einführung: Nils Goldschmidt/Michael Wohlgemuth (Hrsg.): Grundtexte zur Freiburger Tradition der Ordnungsökonomik, Tübingen 2008.

25 Vgl. allg. Peter Blickle/Thomas Hüglin/Dieter Wyduckel (Hrsg): Subsidiarität als rechtliches und politisches Ordnungsprinzip in Kirche, Staat und Gesellschaft, Berlin 2002 sowie Holger Backhaus-Maul/Thomas Olk: Von Subsidiarität zu »outcontracting«. Zum Wandel der Beziehungen zwischen Staat und Wohlfahrtsverbänden in der Sozialpolitik, Berlin 1995.

26 Eugen Gerstenmaier: Streit und Friede hat seine Zeit. Ein Lebensbericht, Frankfurt am Main u.a. 1981, S. 404.

27 Vgl. Oscar W. Gabriel/Oskar Niedermayer/Richard Stöss (Hrsg.): Parteiendemokratie in Deutschland, Bonn [2]2001.

28 Vgl. Hubert Kleinert: Abstieg der Parteiendemokratie, in: Aus Politik und Zeitgeschichte 35/36 (2007), S. 3–10.

29 Vgl. allg. Franz Walter: Die SPD, Berlin 2002.

30 Grundsatzprogramm der Sozialdemokratischen Partei Deutschlands. Beschlossen vom Außerordentlichen Parteitag der Sozialdemokratischen Partei Deutschlands in Bad Godesberg vom 13. bis 15. November 1959, Köln 1959, S. 7.

31 Ebd., S. 14f.

32 Vgl. Hans Georg Wieck: Die Entstehung der CDU und die Wiederbegründung des Zentrums im Jahre 1945, Düsseldorf 1953; Guido Hoyer: Nichtetablierte christliche Parteien: Deutsche Zentrumspartei, Christliche Mitte, Christliche Partei Deutschlands und Partei Bibeltreuer Christen im Parteiensystem der Bundesrepublik Deutschland, Frankfurt am Main 2001.

33 Frank Bösch: Die Adenauer-CDU. Gründung, Aufstieg und Krise einer Erfolgspartei 1945–1969, Stuttgart 2001, S. 236ff.

34 Vgl. Günter Buchstab/Klaus Gotto (Hrsg.): Die Gründung der Union. Traditionen, Entstehung und Repräsentanten, München 1981.

35 Vgl. Klaus Gotto: Das Ahlener Programm und die Düsseldorfer Leitsätze, in: Christliche Demokratie in Deutschland. Analysen und Dokumente zur Geschichte und Programmatik der Christlich-Demokratischen Union Deutschlands und der Jungen Union Deutschlands, Melle 1978, S. 21–28.

36 Das Programm von Ahlen, in: Ebd., S. 731–740, hier S. 735.

37 Vgl. Gotto: Das Ahlener Programm (wie Anm. 35).

38 In der bayerischen Landtagswahl 1950 erreichte die BP 17,9 Prozent und 39 Mandate; 1954 war die BP zweitstärkste Kraft in der gegen die CSU gerichteten Regierungskoalition aus SPD, FDP, BP und BHE, vgl. Gerhard Ritter/Merith Niehuss: Wahlen in Deutschland 1946–1991. Ein Handbuch, München 1991, S. 174. Vgl. auch Konstanze Wolf: CSU und Bayernpartei. Ein besonderes Konkurrenzverhältnis 1948–1960, Köln [2]1984.

39 Vgl. allg. Alf Mintzel: Die CSU-Hegemonie in Bayern. Strategie und Erfolg, Gewinner und Verlierer, Passau 1998.

40 Das Grundsatz-Programm der Christlich-Sozialen Union in Bayern, München 1946, hier I,5 (Berufsstände), sowie IV,3 (Klein- und Mittelbetriebe).

41 Vgl. Matthias Deiß: Die Führungsfrage. CDU und CSU im zwischen parteilichen Machtkampf, München 2003, S. 27–35.

42 Vgl. zu diesem Thema allgemein Udo Leuschner: Die Geschichte der FDP. Metamorphosen einer Partei zwischen rechts, sozialliberal und neokonservativ, Münster 2005.

43 So z.B. 1952 in Baden-Württemberg, 1954 in Bayern, 1956 in Nordrhein-Westfalen, 1957 in Hamburg, 1959 in Niedersachsen und Bremen.

44 Walter Tormin: Geschichte der deutschen Parteien seit 1848, Stuttgart u.a. 1966, S. 274.

45 Vgl. Ritter/Niehuss: Wahlen in Deutschland 1946–1991 (wie Anm. 38), S. 100 ff.

46 Vgl. Ingo Nathusius: Am rechten Rand der Union. Der Weg der Deutschen Partei bis 1953, Mainz 1992.

47 Franz Neumann: Der Block der Heimatvertriebenen und Entrechteten 1950–1960, Meisenheim am Glan 1968.

48 Oberländer, NSDAP-Mitglied seit 1933, war während der NS-Zeit einer der Vordenker der deutschen Ostsiedlung gewesen. In einem in der DDR geführten, umstrittenen Schauprozess wurde er 1960 der Kriegsverbrechen in Lemberg und im Kaukasus schuldig gesprochen. Vgl. Philipp-Christian Wachs: Der Fall Oberländer (1905–1998). Ein Lehrstück deutscher Geschichte, Frankfurt/M. 2000.

49 Vgl. Frank Bösch: Die politische Integration der Flüchtlinge und Vertriebenen und ihre Einbindung in die CDU, in: Rainer Schulze (Hrsg.): Zwischen Heimat und Zuhause. Deutsche Flüchtlinge und Vertriebene in (West-)Deutschland 1945–2000, Osnabrück 2001, S. 107–125.

50 Vgl. Hans Woller: Die Loritz-Partei. Geschichte, Struktur und Politik der Wirtschaftlichen Aufbau-Vereinigung (WAV) 1945–1955, Stuttgart 1982.

51 Vgl. Rudolf van Hüllen: Ideologie und Machtkampf bei den Grünen. Untersuchung zur programmatischen und innerorganisatorischen Entwicklung einer deutschen »Bewegungspartei«, Bonn 1990.

52 Einen knappen Überblick zur Entwicklung des Bundestagswahlrechts geben Ritter/Niehuss: Wahlen in Deutschland 1946–1991 (wie Anm. 38), S. 89–99.

53 Vgl. ebd., S. 92 und 227.

54 Die Zahlen nach Ritter/Niehuss: Wahlen in Deutschland 1946–1991 (wie Anm. 38), S. 76 f.

55 Ebd., S. 79 und 81.

56 Vgl. z.B. Ulrich von Alemann: Verbändestaat oder Staatsverbände? Die Bundesrepublik auf dem Weg vom Pluralismus zum neuen Korporatismus, in: Die Zeit, Nr. 39, 19.09.1980.

Gründerjahre und Ära Adenauer: »Keine Experimente!« (1949–1963/66) (S. 55–95)

1 Wehler beispielsweise kennt entsprechend seinem Konzept einer Gesellschaftsgeschichte keinerlei »Ära«, sondern lediglich »Strukturbedingungen und Entwicklungsprozesse«. Vgl. Hans-Ulrich Wehler: Deutsche Gesellschaftsgeschichte, Bd. 5: Bundesrepublik und DDR 1949–1990, München 2008; diametral entgegengesetzt Hans-Peter Schwarz: Die Ära Adenauer. Die Gründerjahre der Republik 1949–1957, Stuttgart, Wiesbaden 1981; ders.: Die Ära Adenauer. Epochenwechsel 1957–1963, Stuttgart, Wiesbaden 1983.

2 Eine solche Auffassung stützt, rückblickend, Franz Josef Strauß: Die Erinnerungen, Berlin 1989, S. 137.

3 Auf die Allensbach-Frage »Wen halten Sie zur Zeit für den fähigsten deutschen Politiker?« antworteten mit »Adenauer«: im Oktober 1948: fünf Prozent; November 1951: 19; August 1952: 33; Juni 1953: 51; November 1953: 62; Januar. 1955: 54 und September 1955: 60. Vgl. Elisabeth Noelle/Erich Peter Neumann (Hrsg.): Jahrbuch der öffentlichen Meinung 1947–1955, ND Allensbach am Bodensee 1975, S. 192.

4 So z.B. auch Rudolf Morsey: Die Bundesrepublik Deutschland. Entstehung und Entwicklung bis 1969, München [4]2000 und Anselm Doering-Manteuffel: Die Bundesrepublik in der Ära Adenauer. Außenpolitik und innere Entwicklung 1949–1963, Darmstadt 1988.

5 Vgl. Gerhard A. Ritter/Merith Niehuss: Wahlen in Deutschland 1946–1991. Ein Handbuch, München 1991, S. 123.

6 Die Daten nach Ritter/Niehuss: Wahlen in Deutschland 1946–1991 (wie Anm. 5), S. 100.

7 Wahlaufruf der Sozialdemokratischen Partei Deutschlands zur Bundestagswahl 1949 (Typoskript; http://library.fes.de/spdpd/1949/490801-sondervers.pdf, 09.06.2010).

8 Zur Regierungsbildung von 1949 vgl. Udo Wengst: Auftakt zur Ära Adenauer. Koalitionsverhandlungen und Regierungsbildung 1949, Düsseldorf 1985.

9 Vgl. Konrad Adenauer: Erinnerungen 1945–1963, 4 Bde., Stuttgart 1965–1968, Bd. I, S. 227.

10 Vgl. Adenauer: Erinnerungen (wie Anm. 9), Bd. I, S. 223–230; Strauß: Die Erinnerungen (wie Anm. 2), S. 104–115.

11 Heuss hatte die nationalsozialistische Bewegung bereits früh aus ablehnend-kritischer Distanz analysiert: Theodor Heuss: Hitlers Weg: Eine historisch-politische Studie über den Nationalsozialismus, Stuttgart 1932.

12 Zur Einführung in Biografie und Werk von Theodor Heuss vgl. Hildegard

Hamm-Brücher/Hermann Rudolph: Theodor Heuss. Eine Bildbiographie, Stuttgart 1983; Thomas Hertfelder/Christiane Ketterle: Theodor Heuss. Publizist – Politiker – Präsident. Begleitband zur ständigen Ausstellung im Theodor-Heuss-Haus, Stuttgart 2003.

13 Adenauer: Erinnerungen (wie Anm. 9), Bd. I, S. 228.

14 Vgl. Erich Kosthorst: Jakob Kaiser (1888–1961), in: Rudolf Morsey (Hrsg.): Zeitgeschichte in Lebensbildern. Aus dem deutschen Katholizismus des 20. Jahrhunderts, Bd. 2, Mainz 1975, S. 143–158.

15 Adenauer: Erinnerungen (wie Anm. 9), Bd. I, 235 f.

16 Schumacher im Bundestag, 25.11.1949, in: Verhandlungen des Deutschen Bundestages. Stenographische Berichte, 1. Wahlperiode, S. 525.

17 Kurt Schumacher: Die Entscheidung über Kohle und Stahl, 24.05.1951, in: Arno Scholz/Walther G. Oschilewski (Hrsg.): Turmwächter der Demokratie. Ein Lebensbild von Kurt Schumacher, Bd. II: Reden und Schriften, Berlin 1953, S. 363–386, hier S. 364.

18 Vgl. Kurt Schumacher: Die deutsche Einheit – eine zentrale Aufgabe, 09.03.1951, in: Scholz/Oschilewski (Hrsg.): Turmwächter der Demokratie (wie Anm. 17), Bd. II, S. 525–535.

19 Das Petersberger Abkommen, 22.11.1949, in: Merith Niehuss/Ulrike Lindner (Hrsg.): Besatzungszeit, Bundesrepublik und DDR 1945–1969 (= Deutsche Geschichte in Quellen und Darstellung, Bd. 10), Stuttgart 1998, S. 206–210, hier S. 207.

20 Nachfolgend werden die wichtigsten Schritte auf dem Weg der Bundesrepublik in die internationale westliche Staatengemeinschaft nur kurz zusammengefasst. Vgl. dazu ausführlich Stefan Creuzberger: Westintegration und Neue Ostpolitik. Die Außenpolitik der Bonner Republik, Berlin 2009, S. 21–83.

21 Erklärung der französischen Regierung über eine gemeinsame deutsch-französische Schwerindustrie, 09.05.1950, in: Niehuss/Lindner (Hrsg.): Besatzungszeit (wie Anm. 19), S. 214–218.

22 Adenauer: Erinnerungen (wie Anm. 9), Bd. I, S. 423.

23 Besatzungsstatut vom 12.05.1949, Art. 2 (a).

24 Vertrag über die Bildung der Europäischen Verteidigungsgemeinschaft, 27.05.1952, in: Niehuss/Lindner (Hrsg.): Besatzungszeit (wie Anm. 19), S. 218–221.

25 Vertrag über die Beziehungen zwischen der Bundesrepublik Deutschland und den Drei Mächten (Deutschlandvertrag), 26.05.1952, Präambel und Art. 2 (1), in: Bgbl. II, 3 (1954), S. 59–77, hier S. 61 f.

26 Deutschlandvertrag, Fassung vom 26.05.1952, Art. 11, in: Ebd., S. 67.

27 Vgl. Adenauer an Churchill, 18.03.1955, in: Hans Peter Mensing (Bearb.): Adenauer. Briefe 1953–1955, Berlin 1995, S. 256 f.

28 Vertrag über die Beziehungen zwischen der Bundesrepublik Deutschland und den Drei Mächten (in der gemäß [...] dem am 23. Oktober 1954 in Paris unterzeichneten Protokoll [...] geänderten Fassung), in: Bgbl. II, 8 (1955), S. 305–320.
29 Adenauer an Gerstenmaier, 05.05.1955, in: Adenauer. Briefe 1953–1955 (wie Anm. 27), S. 269.
30 Vgl. im Detail Hans Ehlert: Innenpolitische Auseinandersetzungen um die Pariser Verträge und die Wehrverfassung 1954–1956, in: Anfänge westdeutscher Sicherheitspolitik 1945–1956, Bd. 3: Die NATO-Option, hrsg. v. Militärgeschichtlichen Forschungsamt, München 1993, S. 235–560.
31 Johanna Vogel: Kirche und Wiederbewaffnung. Die Haltung der Evangelischen Kirche in Deutschland in den Auseinandersetzungen um die Wiederbewaffnung der Bundesrepublik 1949–1956, Göttingen 1978, S. 119–123.
32 Zu Heinemann: Jörg Treffke: Gustav Heinemann – Wanderer zwischen den Parteien. Eine politische Biographie, Paderborn 2009.
33 Vgl. Dirk Palm: »Wir sind doch Brüder«. Der evangelische Kirchentag und die deutsche Frage 1949–1961, Göttingen 2002, S. 70–74.
34 Albertz, zit. b. ebd., S. 72.
35 Vgl. Vogel: Kirche und Wiederbewaffnung (wie Anm. 31), S. 192–197.
36 Eugen Gerstenmeier: Streit und Friede hat seine Zeit. Ein Lebensbericht, Frankfurt am Main u. a. 1981, S. 422.
37 Peter Ruggenthaler (Hrsg.): Stalins großer Bluff. Die Geschichte der Stalin-Note in Dokumenten der sowjetischen Führung, München 2007; vgl. weiterhin Gerhard Wettig: Bereitschaft zu Einheit in Freiheit? Die sowjetische Deutschlandpolitik 1945–1955, München 1999.
38 Zu den politischen Grundorientierungen von Ehlers vgl. Michael Klein: Westdeutscher Protestantismus und politische Parteien. Anti-Parteien-Mentalität und parteipolitisches Engagement von 1945 bis 1963, Tübingen 2005, S. 211–220.
39 Als Überblick Detlef Bald: Die Bundeswehr. Eine kritische Geschichte 1955–2005, München 2007.
40 Elisabeth Noelle/Erich Peter Neumann (Hrsg.): Jahrbuch der öffentlichen Meinung 1958–1964, Allensbach am Bodensee, Bonn 1965, S. 470.
41 Vgl. z. B. die »Erklärungen und Stellungnahmen zur Atomfrage«, in: Kirchliches Jahrbuch 84 (1957), S. 72–97, oder die »Atomdiskussion in der EKD«, in: Ebd. 86 (1959), S. 90–106 und die Stellungnahmen zu »Wehrdienstleistung bzw. Wehrdienstverweigerung und Militärseelsorge in atomar ausgerüsteten Truppen«, in: Ebd., S. 106–122.
42 Text in: Klaus-Jörg Ruhl (Hrsg.): Neubeginn und Restauration. Dokumente zur Vorgeschichte der Bundesrepublik Deutschland 1945–1949, München [2]1984, S. 430–433.

43 Gesetz über die Mitbestimmung der Arbeitnehmer in den Aufsichtsräten und Vorständen der Unternehmen des Bergbaus und der Eisen und Stahl erzeugenden Industrie, 21.05.1951.

44 Die Zahlen nach der Dokumentation bei Ritter/Niehuss: Wahlen in Deutschland 1945–1991 (wie Anm. 5), S. 60–73.

45 Niehuss/Lindner (Hrsg.): Besatzungszeit (wie Anm. 19), S. 282 f.

46 Zahlen nach Ritter/Niehuss, Wahlen in Deutschland 1946–1991 (wie Anm. 5), S. 43.

47 Ebd.

48 Morsey: Die Bundesrepublik Deutschland (wie Anm. 4), S. 50; vgl. auch Lutz Wiegand: Der Lastenausgleich in der Bundesrepublik Deutschland 1949 bis 1985, Frankfurt am Main 1992.

49 Vgl. die Daten in Ritter/Niehuss: Wahlen in Deutschland 1946–1991 (wie Anm. 5), S. 44 sowie Paul Lüttinger/Rita Rossmann: Integration der Vertriebenen. Eine empirische Analyse, Frankfurt am Main 1989; Matthias Stickler: Vertriebenenintegration in Deutschland und Österreich. Ein Vergleich, in: Michael Gehler (Hrsg.): Österreich und die Bundesrepublik Deutschland 1945/49 bis zur Gegenwart, Innsbruck 2007, S. 416–435.

50 Bundesversorgungsgesetz, 20.12.1950; Fremdrenten- und Auslandsrentengesetz, 07.08.1953; Bundesentschädigungsgesetz, 29.06.1956, mit rückwirkender Gültigkeit ab 01.10.1953; Bundesvertriebenengesetz, 19.05.1953. Weitere Gesetze regelten die Sozial- und Arbeitsgerichtsbarkeit neu; vgl. den Überblick bei Morsey: Die Bundesrepublik Deutschland (wie Anm. 4), S. 51 sowie Hans Günter Hockerts: Sozialpolitische Entscheidungen im Nachkriegsdeutschland. Alliierte und deutsche Sozialversicherungspolitik 1945–1957, Stuttgart 1980.

51 Adenauer: Regierungserklärung, 20.10.1953, in: Verhandlungen des Deutschen Bundestages. Stenographische Berichte, 2. Wahlperiode, S. 11–22, hier S. 13.

52 Gleichberechtigungsgesetz, 21.06.1957; vgl. Niehuss/Lindner (Hrsg.): Besatzungszeit (wie Anm. 19), S. 272–275.

53 1. Wohnungsbaugesetz, 24.04.1950 (Novellierung, 25.08.1953); Wohnungsbauprämiengesetz, 17.03.1952; 2. Wohnungsbau- und Familienheimgesetz, 27.06.1956.

54 Eugen Gerstenmaier: Staatsordnung und Gesellschaftsbild. Rede auf dem 8. Bundesparteitag der CDU 1958 in Kiel, in: Ders.: Reden und Aufsätze, Bd. 2, Stuttgart 1962, S. 137–162, hier S. 148.

55 Vgl. Adenauer an John McCloy, 06.05.1955, in: Adenauer. Briefe 1953–1955 (wie Anm. 27), S. 277 f.

56 Vgl. Morsey: Die Bundesrepublik Deutschland (wie Anm. 4), S. 71.

57 Vgl. Niehuss/Lindner (Hrsg.): Besatzungszeit (wie Anm. 19), S. 284 f.; grundsätzlich Hockerts: Sozialpolitische Entscheidungen (wie Anm. 50) sowie als Überblick Doering-Manteuffel: Die Bundesrepublik (wie Anm. 4), S. 201–206.

58 Die Zahlen bei Ritter/Niehuss: Wahlen in Deutschland 1946–1991 (wie Anm. 5), S. 101.

59 Vgl. J.F. Dulles an Adenauer, 04.11.1955, in: Adenauer: Erinnerungen (wie Anm. 9), Bd. III, S. 51 f.

60 Vgl. Creuzberger: Westintegration (wie Anm. 20), S. 70.

61 Vgl. Verhandlungen des Deutschen Bundestages. Stenographische Berichte, 3. Wahlperiode, S. 384–399 und S. 401–406.

62 Note der Regierung der UdSSR an die Regierungen Frankreichs, Großbritanniens und der Vereinigten Staaten, 27.11.1958, in: Dokumente zur Deutschlandpolitik, IV. Reihe, Bd. 1, 1, bearb. v. Ernst Deuerlein und Hannelore Nathan, Berlin, Frankfurt am Main 1971, S. 151–177, hier S. 176.

63 Adenauer: Erinnerungen (wie Anm. 9), Bd. III, S. 454.

64 Vgl. Creuzberger: Westintegration (wie Anm. 20), S. 74–79.

65 Carlo Schmid: Erinnerungen, München 1979, S. 665; zum Deutschlandplan vgl. ebd., S. 662–666.

66 Wehner im Bundestag, 30.06.1960, in: Verhandlungen des Deutschen Bundestages. Stenographische Berichte, 3. Wahlperiode, S. 7056 f.

67 Gerstenmaier im Bundestag, 25.03.1958, in: Ders.: Reden und Aufsätze (wie Anm. 54), Bd. 2, S. 345 f.

68 Ritter/Niehuss: Wahlen in Deutschland 1946–1991 (wie Anm. 5), S. 45.

69 Willy Brandt: Begegnungen und Einsichten. Die Jahre 1960–1975, Hamburg 1976, S. 17.

70 Erklärung des Regierenden Bürgermeisters von Berlin, Brandt, 27.11.1958, in: Dokumente zur Deutschlandpolitik (wie Anm. 62), IV, 1, 1, S. 210.

71 Erklärung des Regierenden Bürgermeisters von Berlin, Brandt, 13.08.1961, in: Dokumente zur Deutschlandpolitik, IV. Reihe, Bd. 7, 1, bearb. v. Gisela Biewer, Frankfurt am Main 1976, S. 13–18, hier S. 13.

72 Erklärung des Bundeskanzlers Adenauer, 13.08.1961, in: Ebd., S. 11; Regierungserklärung, abgegeben von Bundeskanzler Adenauer, 18.08.1961, in: Ebd., S. 74–80.

73 Adenauer erschien erst zehn Tage nach dem 13. August persönlich an der Mauer; Vgl. Hans-Peter Schwarz: Adenauer, Bd. 2, Stuttgart 1991, S. 668.

74 Vgl. Gilbert Ziebura: Die deutsch-französischen Beziehungen seit 1945. Mythen und Realitäten, Stuttgart 1997, S. 141 ff.; vgl. auch Adenauer: Erinnerungen (wie Anm. 9), Bd. III, S. 424–436.

75 Vgl. Yorck Dietrich: Franz Etzel als Finanzpolitiker, in: Historisch-Politische Mitteilungen 2 (1995), S. 173–187, bes. S. 182 ff; Kurt-Dieter Wagner (Bearb.): Haushaltsreden. Franz Etzel 1957–1961, Bonn 1994.

76 Zur »Präsidentenkrise 1959« ausführlich Wolfgang Wagner: Die Bundespräsidentenwahl 1959 (= Adenauer-Studien, Bd. II), Mainz 1972.

77 Vertrag zwischen der Bundesrepublik Deutschland und der französischen Republik über die deutsch-französische Zusammenarbeit, 22.01.1963, in: Peter März (Bearb.): Dokumente zu Deutschland 1944–1994, München 1996, S. 102–106.

78 Gesetz zum deutsch-französischen Freundschaftsvertrag vom 22.01.1963 mit Erklärung des Bundestages, 15.06.1963, in: Ebd., S. 107.

79 Überblick bei Doering-Manteuffel: Die Bundesrepublik (wie Anm. 4), S. 239–246.

80 Vorzensur und Meinungsfreiheit. Publizisten zur Spiegel-Aktion. Brief des Verlegers John Jahr an Bundesjustizminister Stammberger, in: Der Spiegel 45 (1962), S. 62.

81 Höcherl im Bundestag, 08.11.1962, in: Verhandlungen des Deutschen Bundestages. Stenographische Berichte, 4. Wahlperiode, S. 2017.

82 Diese Beobachtung bei Alex Möller: Genosse Generaldirektor, München, Zürich 1978, S. 288.

83 Vgl. dazu die ausführlichen Erörterungen Adenauers, in: Adenauer: Erinnerungen (wie Anm. 9), Bd. III, S. 517–551. Wagner: Die Bundespräsidentenwahl 1959 (wie Anm. 76), S. 43–49.

84 Vgl. Morsey: Die Bundesrepublik Deutschland (wie Anm. 4), S. 84 f.

85 Vgl. Niko Switek: Ludwig Erhard. Formierte Gesellschaft, in: Karl-Rudolf Korte (Hrsg.): »Das Wort hat der Herr Bundeskanzler«. Eine Analyse der großen Regierungserklärungen von Adenauer bis Schröder, Köln 2002, S. 117–144, hier S. 131.

86 Eine Zusammenstellung der einzelnen Maßnahmen, in: Ebd., S. 88 f.

87 Vgl. Georg Picht: Die deutsche Bildungskatastrophe, Olten 1964.

88 Vgl. Switek: Ludwig Erhard (wie Anm. 85), S. 131.

89 Vgl. ebd., S. 130–134.

90 Ritter/Niehuss: Wahlen in Deutschland 1949–1991 (wie Anm. 5), S. 101.

91 Vgl. Brandt: Begegnungen und Einsichten (wie Anm. 69), S. 175 f.; Möller: Genosse Generaldirektor (wie Anm. 82), S. 300–315.

Von der Großen zur sozialliberalen Koalition: Republik im Umbruch (1966–1974) (S. 96–127)

1 »Die Große Koalition ist keine Todsünde und schon gar kein Lotterbett.« Herbert Wehner, zit. n.: Alex Möller: Genosse Generaldirektor, München, Zürich 1978, S. 345.

2 Vgl. »Kanzler-Wahl. Vorsicht, Vorsicht«, in: Der Spiegel 47 (1966), S. 37. Zu Kiesinger vgl. grundsätzlich Philipp Gassert: Kurt Georg Kiesinger (1904–1988). Kanzler zwischen den Zeiten, München 2006.

3 Willy Brandt: Begegnungen und Einsichten. Die Jahre 1960–1975, Hamburg 1976, S. 176.

4 Eugen Gerstenmaier: Streit und Friede hat seine Zeit. Ein Lebensbericht, Frankfurt am Main u.a. 1981, S. 546.

5 Arnulf Baring/Manfred Görtemaker: Machtwechsel. Die Ära Brandt-Scheel, Stuttgart [4]1983, S. 44–48, hier S. 45.

6 Regierungserklärung Kiesingers, 20.01.1967, in: Verhandlungen des Deutschen Bundestages. Stenographische Berichte, 5. Wahlperiode, S. 3996.

7 Gesetz zur Förderung der Stabilität und des Wachstums der Wirtschaft vom 08.06.1967, § 1.

8 Ebd. § 19.

9 Art. 106 GG (Fassung vom 12.05.1969). Detailreiche Ausführungen zur Wirtschaftspolitik der Großen Koalition, in: Möller: Genosse Generaldirektor (wie Anm. 1), S. 316–345, speziell zur Finanzreform S. 339–345.

10 Alle Zahlen nach Gerhard A. Ritter/Merith Niehuss: Wahlen in Deutschland 1946–1991. Ein Handbuch, München 1991, hier die Tabellen S. 51, 53, 58.

11 Ebd., S. 58 und 62.

12 Vgl. im Detail Baring/Görtemaker: Machtwechsel (wie Anm. 5), S. 139–147.

13 Die Literatur über »68« ist mittlerweile auf unübersichtliche Weise angewachsen. Zur ersten Orientierung vgl. Ingrid Gilcher-Holtey: Die 68er-Bewegung. Deutschland – Westeuropa – USA, München 2001; Wolfgang Kraushaar: 1968 als Mythos, Chiffre und Zäsur, Hamburg 2000; Angelika Ebbinghaus: Die 68er. Schlüsseltexte der globalen Revolte, Wien 2008.

14 Vgl. Hans-Ulrich Wehler: Deutsche Gesellschaftsgeschichte, Bd. 5: Bundesrepublik und DDR 1949–1990, München 2008, S. 310–321; Götz Aly: Unser Kampf 1968, Frankfurt am Main 2008.

15 Dokumente der 22. Delegierten-Konferenz des SDS, 04.–08.09.1967, zit. n. Die Welt, 16.04.1968, S. 2.

16 Vgl. Werner Titzrath: Wem beugt sich der Staat?, in: Die Welt, 16.04.1968, S. 2.

17 Dokumente der 22. Delegierten-Konferenz des SDS, 04.–08.09.1967 (wie Anm. 15).

18 Vgl. Die Welt, 19.02.1968, S. 5.

19 Vgl. Berliner Morgenpost, 14.04.1968, S. 3.

20 Auszüge aus der Heinemann-Rede in: Die Welt, 16.04.1968, S. 4; vgl. auch Baring/Görtemaker: Machtwechsel (wie Anm. 5), S. 94; zu Kiesinger: Der Tagesspiegel, 14.04.1968, S. 1.

21 Bericht des Innenministers Ernst Benda zur innenpolitischen Situation, in:

Stenographische Berichte 67, S. 8989–8998; vgl. auch Berliner Morgenpost, 01./02.05.1968, S. 8

22 Wehler: Deutsche Gesellschaftsgeschichte (wie Anm. 14), S. 311; über den gesellschaftlichen Wandel in der Bundesrepublik durch und seit 1968 vgl. den Band von Carsten Kretschmann: Zwischen Spaltung und Gemeinsamkeit. Kultur in Deutschland 1945–1989, Berlin 2010.

23 Gerstenmaier: Streit und Friede hat seine Zeit (wie Anm. 4), S. 583.

24 Über die Popularität Schillers vgl. die Spiegel-Titelgeschichte vom 14.04.1969, »Karl Schiller. Wahl-Trumpf der SPD«, in: Der Spiegel 16 (1969), S. 32.

25 So Brandt z.B. in einer Hausbesprechung des Auswärtigen Amts am 23.02.1967, in: AAPD 1967 I, S. 320–324, hier S. 320; öffentlich z.B. Brandt in Bukarest, 04.08.1967, in: Dokumente zur Deutschlandpolitik, V. Reihe, Bd. 1 (01.12.1966–31.12.1967), zwei Teilbde., bearb. v. Gisela Oberländer, Frankfurt am Main 1984, S. 1505 ff.

26 Scheel im Bundestag, 02.04.1968, in: Verhandlungen des Deutschen Bundestages. Stenographische Berichte, 5. Wahlperiode, S. 8623.

27 Vgl. Der Spiegel 3 (1969), S. 21.

28 Vgl. Erich Mende: Von Wende zu Wende. 1962–1982, München, Berlin 1986, S. 305.

29 Vgl. Der Spiegel 33 (1969), S. 86 ff.: »Günter Graß. Literat im Wahlkampf« sowie Grass' literarische Verarbeitung seiner Wahlkampftour für die »Espede«, Tagebuch einer Schnecke, Neuwied, Darmstadt 1972.

30 Die Zahlen nach Ritter/Niehuss: Wahlen in Deutschland 1946–1991 (wie Anm. 10), S. 101.

31 Regierungserklärung von Bundeskanzler Brandt, 28.10.1968, zit. n.: Dieter Grosser/Stephan Bierling/Beate Neuss (Hrsg.): Bundesrepublik und DDR 1969–1990 (= Deutsche Geschichte in Quellen und Darstellung, Bd. 11), Stuttgart 1996, S. 35–51, hier S. 35 und 51.

32 Brandt: Begegnungen und Einsichten (wie Anm. 3), S. 491.

33 Die Position des Oppositionsführers ist ausführlich und rückblickend dargestellt in Rainer Barzel: Auf dem Drahtseil, München, Zürich 1978, S. 59–170.

34 Vgl. Peter Bender: Die »Neue Ostpolitik« und ihre Folgen. Vom Mauerbau bis zur Vereinigung, München [3]1995, S. 155–161.

35 Aufzeichnung des Ministerialdirektors Bahr, Betr.: Rahmenvertrag mit der DDR, 18.09.1969, in: AAPD 1969 II, Dok. Nr. 295, S. 1030–1047, hier S. 1031. Allg. zur Ostpolitik der sozialliberalen Koalition Bender: Die »Neue Ostpolitik« (wie Anm. 34). Weiterführende Informationen zum Stand der Forschung auch auf www.ostpolitik.net.

36 Andreas Vogtmeier: Egon Bahr und die deutsche Frage. Zur Entwicklung der sozialdemokratischen Ost- und Deutschlandpolitik vom Kriegsende bis zur Vereinigung, Bonn 1996.

37 Deutsch-sowjetischer Vertrag, 12.08.1970, zit. n.: Grosser/Bierling/Neuss (Hrsg.): Bundesrepublik und DDR 1969–1990 (wie Anm. 31), S. 51–55.

38 Brief zur deutschen Einheit an die Regierung der Sowjetunion und der DDR, zit. n.: Ebd., S. 55 bzw. S. 62 f.

39 Vgl. Gregor Schöllgen: Willy Brandt. Eine Biografie, Berlin 2001, S. 175.

40 Zu den Ostverträgen im einzelnen Stefan Creuzberger: Westintegration und Neue Ostpolitik. Die Außenpolitik der Bonner Republik, Berlin 2000, S. 109–118.

41 Die zentralen Dokumente in: Dokumente zur Deutschlandpolitik, VI. Reihe, Bd. 1 (21.10.1969–31.12.1970), bearb. v. Daniel Hoffmann, München 2002; Dokumente zur Deutschlandpolitik, VI. Reihe, Bd. 2 (01.01.1971–31.12.1972. Die Bahr-Kohl-Gespräche 1970–1973), 2 Teilbde., bearb. v. Hanns Jürgen Küsters/Monika Kaiser/Hans-Heinrich Jansen/Daniel Hofmann, München 2004.

42 Vier-Mächte-Abkommen über Berlin, 03.09.1971, in: Peter März (Bearb.): Dokumente zu Deutschland 1944–1994, München 1996, S. 121–125 (Auszug).

43 Ebd., Anlage IV, A, S. 123 f.

44 Grundlagenvertrag zwischen der Bundesrepublik und der DDR, 21.12.1972, zit. n.: Grosser/Bierling/Neuss (Hrsg.): Bundesrepublik und DDR 1969–1990 (wie Anm. 31), S. 57–63.

45 Vgl. Michael Wolffsohn/Thomas Brechenmacher: Denkmalsturz? Brandts Kniefall, München 2005.

46 Interview mit Bundeskanzler Willy Brandt, in: Der Spiegel 51 (1970), S. 31.

47 48 Prozent der Befragten hielten den Kniefall im Dezember 1970 für »übertrieben, nur 41 Prozent für »angemessen«. Vgl. Wolffsohn/Brechenmacher: Denkmalsturz? (wie Anm. 45), S. 8.

48 Karl Theodor Freiherr von und zu Guttenberg im Bundestag, 27.05.1970, in: Verhandlungen des Deutschen Bundestages. Stenographische Berichte, 6. Wahlperiode, S. 2692–2698, hier S. 2695 f.

49 Entscheidung des Bundesverfassungsgerichts über den Grundlagenvertrag, 31.07.1973, zit. n.: Grosser/Bierling/Neuss (Hrsg.): Bundesrepublik und DDR 1969–1990 (wie Anm. 31), S. 63–66 (Auszug), hier S. 65.

50 Vgl. Peter Merseburger: Willy Brandt 1913–1992. Visionär und Realist, Stuttgart, München 2002, S. 689–692.

51 Gemeinsame Erklärung des Bundestags zu den Ostverträgen, in: Grosser/Bierling/Neuss (Hrsg.): Bundesrepublik und DDR 1969–1990 (wie Anm. 31), S. 78–81.

52 Dies im Detail bei Baring/Görtemaker: Machtwechsel (wie Anm. 5), S. 427–447.

53 Die Zahlen nach Ritter/Niehuss: Wahlen in Deutschland 1946–1991 (wie Anm. 10), S. 101.

54 Vgl. Baring/Görtemaker: Machtwechsel (wie Anm. 5), S. 503 ff.; Merseburger: Brandt (wie Anm. 50), S. 657 ff.

55 Wehler: Deutsche Gesellschaftsgeschichte (wie Anm. 14), S. 61.

56 Grundsätzlich: Wolfgang Kraushaar (Hrsg.): Die RAF und der linke Terrorismus, 2 Bde., Hamburg 2006.

Nach dem Schock: Krisenmanagement unter Helmut Schmidt (1974–1982) (S. 128–147)

1 Vgl. Peter Merseburger: Willy Brandt 1913–1992. Visionär und Realist, Stuttgart, München 2002, S. 720–738; Brigitte Seebacher: Willy Brandt, München 2004, S. 270–282; Arnulf Baring/Manfred Görtemaker: Machtwechsel. Die Ära Brandt-Scheel, Stuttgart [4]1983, S. 722–745.

2 Merseburger: Willy Brandt (wie Anm. 1), S. 724.

3 Ebd., S. 732–735.

4 Symptomatisch für diese Diagnose: die Titelgeschichte des »Spiegel« vom 10.12.1973: »Willy Brandt 60: Das Monument bröckelt.«, in: Der Spiegel 50 (1973), S. 28.

5 Gerhard A. Ritter/Merith Niehuss: Wahlen in Deutschland 1946–1991. Ein Handbuch, München 1991, S. 160.

6 Vgl. Hans-Ulrich Wehler: Deutsche Gesellschaftsgeschichte, Bd. 5: Bundesrepublik und DDR 1949–1990, München 2008, S. 265 f.

7 Vgl. u.a. Gerd-Klaus Kaltenbrunner (Hrsg.): Plädoyer für die Vernunft. Signale einer Tendenzwende, Freiburg im Breisgau 1974; Martin Greiffenhagen: Freiheit gegen Gleichheit? Zur »Tendenzwende« in der Bundesrepublik Deutschland. Standpunkte, Hamburg 1975; Clemens Graf Podewils (Hrsg.): Tendenzwende? Zur geistigen Situation der Bundesrepublik, Stuttgart 1975; Kurt Sontheimer: Das Elend unserer Intellektuellen. Linke Theorie in der Bundesrepublik Deutschland, Hamburg 1976.

8 Vgl. Willy Brandt: Begegnungen und Einsichten. Die Jahre 1960–1975, Hamburg 1976, S. 586.

9 Zur Biografie Schmidts grundlegend die beiden Bände von Hartmut Soell: Helmut Schmidt. Bd. I: 1918–1969. Vernunft und Leidenschaft, München [2]2004 und Bd. II: 1969 bis heute. Macht und Verantwortung, München 2008.

10 Die Zahlen bei Ritter/Niehuss: Wahlen in Deutschland 1946–1991 (wie Anm. 5), S. 58 und Dieter Grosser/Stephan Bierling/Beate Neuss (Hrsg.): Bundesrepublik und DDR 1969–1990, Stuttgart 1996, S. 84 f.

11 Im Detail Wehler: Deutsche Gesellschaftsgeschichte (wie Anm. 6), S. 48–88, hier bes. S. 60–63; vgl. auch Michael von Prollius: Deutsche Wirtschaftsgeschichte nach 1945, Göttingen 2006, S. 193–201, bes. S. 196/197.

12 Zum Konzept der »angebotsorientierten Politik« vgl. Grosser/Bierling/Neuss (Hrsg.): Bundesrepublik und DDR 1969–1990 (wie Anm. 10), S. 88 f.

13 Wehler: Deutsche Gesellschaftsgeschichte (wie Anm. 6), S. 266.

14 Die Zahlen nach ebd., S. 82.

15 Wie Anm. 10.

16 Die Daten nach Grosser/Bierling/Neuss (Hrsg.): Bundesrepublik und DDR 1969–1990 (wie Anm. 10), S. 87 und Andreas Wirsching: Abschied vom Provisorium. Geschichte der Bundesrepublik Deutschland 1982–1990, München 2006, S. 267.

17 Vgl. Fritz W. Scharpf: Sozialdemokratische Krisenpolitik in Europa, Frankfurt am Main 1987.

18 Grundsätzlich Wolfgang Kraushaar (Hrsg.): Die RAF und der linke Terrorismus, 2 Bde., Hamburg 2006; Stefan Aust: Der Baader-Meinhof-Komplex, Hamburg 1985; Anne (Ameri-)Siemens: Für die RAF war er das System, für mich der Vater. Die andere Geschichte des deutschen Terrorismus, München 2007.

19 Über Schleyer grundlegend Lutz Hachmeister: Schleyer. Eine deutsche Geschichte, München 2004.

20 Vgl. z. B. die Ausführungen Schmidts und Kohls im Bundestag am 15.09.1977, in: Verhandlungen des Deutschen Bundestages. Stenographische Berichte, 8. Wahlperiode, S. 3164–3167.

21 Schmidt im Bundestag, 15.09.1977: »Sie irren sich! Die Massen stehen gegen Sie«, in: Ebd., S. 3166.

22 Schmidt im Bundestag, 15.09.1977, in: Ebd., S. 3165.

23 Vgl. z. B. Karl-Werner Brand: Neue soziale Bewegungen. Entstehung, Funktion und Perspektive neuer Protestpotentiale, Opladen 1982.

24 Vgl. die Daten in Grosser/Bierling/Neuss (Hrsg.): Bundesrepublik und DDR 1969–1990 (wie Anm. 10), S. 100.

25 Bürgerschaftswahlen vom 07.10.1979: Grüne/Alternative Liste: 6,5 Prozent; vgl. Ritter/Niehuss: Wahlen in Deutschland 1946–1991 (wie Anm. 5), S. 164.

26 Die Grünen. Das Bundesprogramm von 1980, 2., überarb. Fassung von 1982, S. 4 und 10.

27 Vgl. Stefan Creuzberger: Westintegration und Neue Ostpolitik. Die Außenpolitik der Bonner Republik, Berlin 2009, S. 126 f.

28 Kommuniqué der Außen- und Verteidigungsminister der NATO-Staaten anläßlich der Sondersitzung über den bedingten Beschluß zur Stationierung von Mittelstreckenwaffen vom 12. 12. 1979, in: Bulletin Nr. 154 (1979), S. 1409 f.

29 Vgl. Der Spiegel 22 (1981), S. 18.

30 Vgl. Der Spiegel 23 (1981), S. 19.

31 Schreiben Genschers an die Mitglieder der FDP, 20.08.1981, zit. n.: Der Spiegel 35 (1981), S. 20.

32 Ritter/Niehuss: Wahlen in Deutschland 1946–1991 (wie Anm. 5), S. 101.

33 38 Prozent der Befragten erklärten sich im April 1977 mit der Politik von Bundeskanzler Schmidt »einverstanden«, jedoch nur 21 Prozent »zufrieden« mit der Arbeit der Bundesregierung. Vgl. Elisabeth Noelle-Neumann (Hrsg.): Allensbacher Jahrbuch der Demoskopie, Bd. VII (1976–1977), Wien, München 1977, S. 85, 88.

34 Strauß auf einer CSU-Veranstaltung in Kronach, 29.07.1978; vgl. auch Der Spiegel 9 (1980), S. 29–33.

35 Ritter/Niehuss: Wahlen in Deutschland 1946–1991 (wie Anm. 5), S. 102.

36 Vgl. z.B. die Titelgeschichte des »Spiegel« Nr. 37 (1981), »Gesprungen«.

37 Otto Graf Lambsdorff: Konzept für eine Politik zur Überwindung der Wachstumsschwäche und zur Bekämpfung der Arbeitslosigkeit, 09.09.1982 (Beilage »Dokumentation« zu: Neue Bonner Depesche 9 (1982)), hier S. 5.

38 Die Zahlen nach Wirsching: Abschied vom Provisorium (wie Anm. 16), S. 267 und Grosser/Bierling/Neuss (Hrsg.): Bundesrepublik und DDR 1969–1990 (wie Anm. 10), S. 84f.

39 Diesen Zusammenhang stellte bereits Wolfgang Mischnick im Bundestag am 01.10.1982 heraus. Vgl. Verhandlungen des Deutschen Bundestages. Stenographische Berichte, 9. Wahlperiode, S. 7181. Vgl. weiterhin Helmut Kohl: Erinnerungen 1930–1982, München 2004, S. 628f.; Hans-Dietrich Genscher: Erinnerungen, Berlin 1995, S. 458; Soell: Helmut Schmidt (wie Anm. 9), Bd. II, S. 886 sowie Johannes Merck: Klar zur Wende? Die FDP vor dem Koalitionswechsel in Bonn 1980 bis 1982, Diss., FU Berlin 1989, bes. S. 241f.

40 Wirsching: Abschied vom Provisorium (wie Anm. 16), S. 21.

Von der »geistig-moralischen Wende« zum Mauerfall (1982–1989/90) (S. 148–168)

1 Helmut Kohl: Erinnerungen 1930–1982, München 2004, S. 510.

2 Vgl. z.B. Jürgen Leinemann in: Der Spiegel 40 (1982), S. 25–28: Kohl sei »bis zur Lächerlichkeit unerschütterbar«, seine Sprache sei »schon immer von hohem Unterhaltungswert gewesen, halb unfreiwilliges Kabarett, halb Ärgernis«. Weitere Beispiele finden sich bei Klaus Dreher: Helmut Kohl. Leben mit Macht, Stuttgart 1998, S. 295f. und Andreas Wirsching: Abschied vom Provisorium. Geschichte der Bundesrepublik Deutschland 1982–1990, München 2006, S. 23–26.

3 So z. B. Intellektuelle wie Klaus Staeck, Heinrich Böll, Lew Kopelew und Dieter Hildebrandt auf einer Essener Veranstaltung im Februar 1983. Die Texte bei Klaus Staeck (Hrsg.): Verteidigt die Republik, Göttingen 1983.

4 So z. B. in Bernt Engelmann: Das neue Schwarzbuch Strauß, Kohl & Co., Köln 1983; ders.: Schwarzbuch. Das Kohl & Co.-Komplott, Göttingen 1986; Peter Knorr/Hans Traxler: Birne. Das Buch zum Kanzler, Frankfurt am Main 1983; vgl. auch Hellmuth Karasek: Der sprachlose Schwätzer, in: Der Spiegel 43 (1982), S. 248–254, hier S. 248: »Dabei ist Würde ein Wort, das Kohl tunlichst meiden sollte.«

5 Vgl. Wirsching: Abschied vom Provisorium (wie Anm. 2), S. 21 f.

6 Die Zahlen nach Gerhard Ritter/Merith Niehuss: Wahlen in Deutschland 1946–1991. Ein Handbuch, München 1991, S. 102.

7 Regierungserklärung Bundeskanzler Kohls, 04.05.1983, in: Verhandlungen des Deutschen Bundestages. Stenographische Berichte, 10. Wahlperiode, S. 57.

8 Regierungserklärung Bundeskanzler Kohls, 13.10.1982, Schriftform, hier zit. n. Bulletin, Nr. 93 (1982), S. 853–868.

9 Zum Gebrauch der Termini »geistig-moralisch«, »Wende«, »Krise« und »Erneuerung« vgl. Benedikt Dettling/Michael Geske: Helmut Kohl: Krise und Erneuerung, in: Karl-Rudolf Korte (Hrsg.): »Das Wort hat der Herr Bundeskanzler«. Eine Analyse der großen Regierungserklärungen von Adenauer bis Schröder, Wiesbaden 2002, S. 217–246, bes. S. 224.

10 Helmut Kohl: »Ich wollte Deutschlands Einheit«. Dargestellt von Kai Diekmann und Ralf Georg Reuth, Berlin 1996, bes. S. 11–18.

11 Helmut Kohl, Regierungserklärung vom 13.10.1982, in: Verhandlungen des Deutschen Bundestages. Stenographische Berichte, 9. Wahlperiode, S. 7227.

12 Joachim Fest: Von der Unverlorenheit der deutschen Frage. Eine sechsbändige Geschichte der Deutschen und ihrer Nation weist auf ein altes Dilemma (1982), in: Ders.: Nach dem Scheitern der Utopien. Gesammelte Essays zu Politik und Geschichte, Hamburg 2007, S. 131–140, hier S. 139.

13 Yitzhak Ben-Ari, zit. n.: The New York Times, 06.05.1985 (»Reagan joins Kohl in brief memorial at Bitburg graves«).

14 Vgl. Dan Diner: Gegenläufige Gedächtnisse. Über Geltung und Wirkung des Holocaust, Göttingen 2007, S. 43 ff.

15 Richard von Weizsäcker: Rede im Bundestag am 08.05.1985, in: Ders.: Reden und Interviews I, Bonn 1986, S. 279–296, hier S. 280, 284, 293.

16 Vgl. z. B. Hans-Ulrich Wehler: Entsorgung der deutschen Vergangenheit? Ein polemischer Essay zum »Historikerstreit«, München 1988.

17 Vgl. Klaus Große Kracht: Debatte: Der Historikerstreit, Version: 1.0, in: Docupedia-Zeitgeschichte, 11.1.2010 (http://docupedia.de/docupedia/index.php?title=Historikerstreit&oldid=69058, 09.06.2010).

18 Vgl. Thomas Stamm-Kuhlmann: Rüstungsparität und Rüstungskontrolle zwischen Kuba-Krise und Perestroika, in: Ders./Reinhard Wolf (Hrsg.): Raketenrüstung und internationale Sicherheit von 1942 bis heute, Stuttgart 2004, S. 111–125, bes. S. 123 ff. sowie Stefan Creuzberger: Westintegration und Neue Ostpolitik. Die Außenpolitik der Bonner Republik, Berlin 2009, S. 141 f.

19 Hans-Ulrich Wehler: Deutsche Gesellschaftsgeschichte, Bd. 5: Von der Gründung der beiden deutschen Staaten bis zur Vereinigung 1949–1990, München 2008, S. 267.

20 Die Zahlen nach Wirsching: Abschied vom Provisorium (wie Anm. 2), S. 267.

21 Vgl. dazu die auf alle öffentlichen Haushalte bezüglichen Zahlen bei Dieter Grosser/Stephan Bierling/Beate Neuss (Hrsg.): Bundesrepublik und DDR 1969–1990, Stuttgart 1996, S. 134.

22 Die Zahlen nach Ritter/Niehuss: Wahlen in Deutschland 1946–1991 (wie Anm. 6), S. 58.

23 Dazu ausführlich Wirsching: Abschied vom Provisorium (wie Anm. 2), S. 270–288.

24 Ausführlicher dazu Creuzberger: Westintegration und Neue Ostpolitik (wie Anm. 18), S. 149–153.

25 Vgl. ebd., S. 192–199.

26 Vgl. Ritter/Niehuss, Wahlen in Deutschland 1946–1991 (wie Anm. 6), S. 168.

27 Ebd., S. 102.

28 Joseph Fischer im Bundestag, 18.10.1984; vgl. Sibylle Krause-Burger: Joschka Fischer. Der Marsch durch die Illusionen, Stuttgart 1997, S. 156. Im Bundestagsprotokoll ist die Ausfälligkeit Fischers nicht vermerkt. Vgl. Verhandlungen des Deutschen Bundestages. Stenographische Berichte, 10. Wahlperiode, S. 6698.

29 Vgl. Der Spiegel 32 (1982), S. 30 f.

30 Überblick bei Josef Boyer: Die Grünen. Mitgliedschaft und Sozialstruktur, in: Ders./T. Kössler: SPD, KPD und kleinere Parteien des linken Spektrums sowie Die Grünen. Mitgliedschaft und Sozialstruktur 1945–1990, Düsseldorf 2005, S. 943–1032; Rudolf van Hüllen: Ideologie und Machtkampf bei den Grünen. Untersuchung zur programmatischen und innerorganisatorischen Entwicklung einer deutschen »Bewegungspartei«, Bonn 1990.

31 Vgl. Der Spiegel 39 (1987), S. 17 f.; Franz Josef Strauß: Die Erinnerungen, Berlin 1989, S. 510.

32 Dazu und zum folgenden Heinrich Potthoff (Hrsg.): »Die Koalition der Vernunft«. Deutschlandpolitik in den 80er Jahren, München 1995.

33 Ebd., S. 25 f.

34 Ansprache von Bundeskanzler Kohl zum Beginn des Arbeitsbesuches von Staats- und Parteichef Honecker in Bonn, 07.09.1987, in: Grosser/Bierling/Neuss

(Hrsg.): Bundesrepublik und DDR 1969–1990 (wie Anm. 21), S. 145–149, hier S. 145.

35 Zur Deutschlandpolitik der SPD vgl. Wirsching: Abschied vom Provisorium (wie Anm. 2), S. 614–621.

36 Vgl. André Steiner: Die DDR-Volkswirtschaft am Ende, in: Klaus-Dietmar Henke (Hrsg.): Revolution und Wiedervereinigung 1989/90. Als in Deutschland die Realität die Phantasie überholte, München 2009, S. 113–129.

37 Vgl. Ehrhart Neubert: Unsere Revolution. Die Geschichte der Jahre 1989/90, München, Zürich 2008, bes. S. 42–51; Potthoff (Hrsg.): »Koalition der Vernunft« (wie Anm. 32), S. 33–36.

38 Die Geschichte der »friedlichen Revolution« und der Wiedervereinigung behandelt im Rahmen des vorliegenden Reihenwerkes Manfred Görtemaker: Die Berliner Republik. Wiedervereinigung und Neuorientierung, Berlin 2009, S. 11–45.

Schluss: Das Ende der Nachkriegszeit (S. 169–172)

1 Vgl. Anselm Doering-Manteuffel/Lutz Raphael: Nach dem Boom. Perspektiven auf die Zeitgeschichte seit 1970, Göttingen 2008.

2 Helmut Schmidt: Weggefährten. Erinnerungen und Reflexionen, Berlin 1996, S. 561.

3 Zu diesem Trend in der Wahrnehmung der Aufgaben deutscher Politik durch die Bürger vgl. Uwe Volkmann: Die Privatisierung der Demokratie, in: FAZ, 26.02.2010, S. 48.

4 Schmidt: Weggefährten (wie Anm. 1), S. 652.

5 Carlo Schmid: Erinnerungen, München 1979, S. 858.

Auswahlbibliografie

Die folgende Bibliografie stellt eine Auswahl wichtiger Quellen sowie Überblickswerke zusammen. Umfangreiche Bibliografien auf aktuellem Stand finden sich in den Werken von Conze, Morsey, Rödder, Wehler, Wirsching und Wolfrum, weiterführende Literatur auch in den Anmerkungen zum vorliegenden Band.

Abelshauser, Werner: Deutsche Wirtschaftsgeschichte seit 1945. München 2004.

Adenauer, Konrad: Erinnerungen 1945–1963, 4 Bde. Stuttgart 1965–1968.

Adenauer, Konrad: Briefe 1945–1963, 9 Bde., hrsg. von Rudolf Morsey und Hans-Peter Schwarz, bearb. von Hans Peter Mensing. Berlin [ab Bd. 7: Paderborn] 1983–2006 (Rhöndorfer Ausgabe).

Adenauer, Konrad: Die letzten Lebensjahre 1963–1967. Briefe und Aufzeichnungen, Gespräche, Interviews und Reden, hrsg. von Rudolf Morsey und Hans-Peter Schwarz, bearb. von Hans Peter Mensing, 2 Bde. Paderborn 2009.

Adenauer, Konrad; Heuss, Theodor: Unter Vier Augen Gespräche aus den Gründerjahren 1949–1959, bearb. v. Hans Peter Mensing, Berlin 1997.

Aly, Götz: Unser Kampf 1968. Frankfurt am Main 2008.

Baring, Arnulf; Görtemaker, Manfred: Machtwechsel. Die Ära Brandt-Scheel. Stuttgart [4]1983.

Barzel, Rainer: Auf dem Drahtseil. München, Zürich 1978.

Bender, Peter: Die »Neue Ostpolitik« und ihre Folgen. Vom Mauerbau bis zur Vereinigung. München [3]1995.

Benz, Wolfgang: Deutschland seit 1945. Entwicklungen in der Bundesrepublik und in der DDR. Chronik, Dokumente, Bilder. München 1990.

Benz, Wolfgang: Die Gründung der Bundesrepublik. Von der Bizone zum souveränen Staat. München [5]1999.

Birke, Adolf M.: Nation ohne Haus. Deutschland 1945–1961 (= Die Deutschen und ihre Nation, Bd. 6). Berlin 1989.

Bracher, Karl-Dietrich; Fest, Joachim; Jäckel, Eberhard (Hrsg.): Geschichte der Bundesrepublik Deutschland, 6 Bde., Stuttgart u.a. 1983–2006.

Bracher, Karl-Dietrich; Jäger, Wolfgang; Link, Werner: Republik im Wandel 1969–1974 (= Geschichte der Bundesrepublik Deutschland, Bd. 5,1). Stuttgart, Wiesbaden 1986.

Brandt, Willy: Begegnungen und Einsichten. Die Jahre 1960–1975. Hamburg 1976.

Brandt, Willy: Erinnerungen. Frankfurt am Main, Berlin 1989.

Bucher, Peter (Bearb.): Der Parlamentarische Rat 1948–1949. Akten und Protokolle, Band 2: Der Verfassungskonvent auf Herrenchiemsee. Boppard am Rhein 1981.

Buchstab, Günter (Bearb.): Adenauer: »Wir haben wirklich etwas geschaffen«. Die Protokolle des CDU-Bundesvorstands 1953–1957. Düsseldorf 1990.

Buchstab, Günter; Kleinmann, Hans-Otto (Hrsg.): In Verantwortung vor Gott und den Menschen. Christliche Demokraten im Parlamentarischen Rat 1948/49. Freiburg im Breisgau, Basel, Wien 2008.

Conze, Eckart: Die Suche nach Sicherheit. Eine Geschichte der Bundesrepublik Deutschland von 1949 bis in die Gegenwart. München 2009.

Conze, Werner; Lepsius, M. Rainer: Sozialgeschichte der Bundesrepublik Deutschland. Stuttgart 1983.

Doering-Manteuffel, Anselm: Die Bundesrepublik Deutschland in der Ära Adenauer. Außenpolitik und innere Entwicklung 1949–1963. Darmstadt [2]1988.

Dörr, Nikolas: Die Sozialdemokratische Partei Deutschlands im Parlamentarischen Rat 1948/1949. Berlin 2007.

Eckardt, Felix von: Ein unordentliches Leben. Lebenserinnerungen. Düsseldorf, Wien 1967.

Eschenburg, Theodor: Jahre der Besatzung 1945–1949 (= Geschichte der Bundesrepublik Deutschland, Bd. 1). Stuttgart, Wiesbaden 1983.

Feldkamp, Michael F. (Hrsg.): Die Entstehung des Grundgesetzes für die Bundesrepublik Deutschland 1949. Eine Dokumentation. Stuttgart 1999.

Fest, Joachim: Nach dem Scheitern der Utopien. Gesammelte Essays zur Politik und Geschichte. Hamburg 2007.

Frei, Norbert: Vergangenheitspolitik. Die Anfänge der Bundesrepublik und die NS-Vergangenheit, München [2]1997.

Gassert, Philipp: Kurt Georg Kiesinger (1904–1988). Kanzler zwischen den Zeiten. München 2006.

Genscher, Hans-Dietrich: Erinnerungen. Berlin 1995.

Geppert, Dominik: Die Ära Adenauer. Darmstadt 2002.

Gerstenmaier, Eugen: Reden und Aufsätze, 2 Bde. Stuttgart 1956/1962.

Gerstenmaier, Eugen: Streit und Friede hat seine Zeit. Ein Lebensbericht. Frankfurt am Main, Berlin, Wien 1981.

Goschler, Constantin: Schuld und Schulden. Die Politik der Wiedergutmachung für NS-Verfolgte seit 1945, Göttingen 2005.

Görtemaker, Manfred: Geschichte der Bundesrepublik Deutschland. Von der Gründung bis zur Gegenwart. Frankfurt am Main 2004.

Grosser, Dieter; Bierling, Stephan; Neuss, Beate (Hrsg.): Bundesrepublik und DDR 1969–1990 (= Deutsche Geschichte in Quellen und Darstellung, Bd. 11). Stuttgart 1996.

Hacke, Jens: Die Bundesrepublik als Idee. Zur Legitimationsbedürftigkeit politischer Ordnung. Hamburg 2009.
Hachmeister, Lutz: Schleyer. Eine deutsche Geschichte. München 2004.
Henke, Klaus-Dietmar: Revolution und Wiedervereinigung 1989/90. Als in Deutschland die Realität die Phantasie überholte. München 2009.
Hentschel, Volker: Ludwig Erhard. Ein Politikerleben. München 1996.
Heuss, Theodor; Adenauer, Konrad: Unserem Vaterlande zugute. Der Briefwechsel 1948–1963, bearb. v. Hans Peter Mensing. Berlin 1989.
Hildebrand, Klaus: Von Erhard zur Großen Koalition (= Geschichte der Bundesrepublik Deutschland, Bd. 4). Stuttgart, Wiesbaden 1984.

Jäger, Wolfgang; Link, Werner: Republik im Wandel 1974–1982. Die Ära Schmidt (= Geschichte der Bundesrepublik Deutschland, Bd. 5,2). Stuttgart, Mannheim 1987.

Kielmannsegg, Peter Graf: Das geteilte Land. Deutsche Geschichte 1945–1990, durchges. u. aktualis. Neuausg. München 2007.
Kohl, Helmut: »Ich wollte Deutschlands Einheit«. Dargestellt von Kai Diekmann und Ralf Georg Reuth. Berlin 1996.
Kohl, Helmut: Erinnerungen 1930–1982. München 2004.
Kohl, Helmut: Erinnerungen 1982–1990. München 2005.
Koerfer, Daniel: Kampf ums Kanzleramt. Erhard und Adenauer. Stuttgart 1987.
Korte, Karl-Rudolf (Hrsg.): »Das Wort hat der Herr Bundeskanzler«. Eine Analyse der großen Regierungserklärungen von Adenauer bis Schröder. Wiesbaden 2002.
Kraushaar, Wolfgang (Hrsg.): Die RAF und der linke Terrorismus, 2 Bde. Hamburg 2006.
Küsters, Hanns Jürgen: Das Ringen um die deutsche Einheit. Die Regierung Helmut Kohl im Brennpunkt der Entscheidungen 1989/90. Freiburg im Breisgau 2009.

Löffler, Bernhard: Soziale Marktwirtschaft und administrative Praxis. Das Bundeswirtschaftsministerium unter Ludwig Erhard. Stuttgart 2002.
Lütjen, Torben: Karl Schiller (1911–1994). »Superminister« Willy Brandts. Bonn 2007.

Mende, Erich: Von Wende zu Wende 1962–1982. München, Berlin 1986.

Merseburger, Peter: Der schwierige Deutsche Kurt Schumacher. Eine Biographie. Stuttgart 1995.
Merseburger, Peter: Willy Brandt (1913–1992). Visionär und Realist. Stuttgart, München 2002.
Möller, Alex: Genosse Generaldirektor. München, Zürich 1978.
Möller, Horst: Theodor Heuss. Staatsmann und Schriftsteller. Bonn 1990.
Morsey, Rudolf: Die Bundesrepublik Deutschland. Entstehung und Entwicklung bis 1969 (= Oldenbourg Grundriss der Geschichte, Bd. 19). München [5]2007.
Morsey, Rudolf: Heinrich Lübke. Eine politische Biographie. Paderborn 1996.

Niehuss, Merith; Lindner, Ulrike (Hrsg.): Besatzungszeit, Bundesrepublik und DDR 1945–1969 (= Deutsche Geschichte in Quellen und Darstellung, Bd. 10). Stuttgart 1998.

Oberndörfer, Dieter (Hrsg.): Die Große Koalition 1966–1969. Reden und Erklärungen des Bundeskanzlers. Stuttgart 1979.

Paul, Gerhard (Hrsg.): Das Jahrhundert der Bilder. Bildatlas 1949 bis heute. Göttingen 2008.
Potthoff, Heinrich (Hrsg.): Die »Koalition der Vernunft«. Deutschlandpolitik in den 80er Jahren. München 1995.
Prollius, Michael von: Deutsche Wirtschaftsgeschichte nach 1945. Göttingen 2006.

Recker, Marie-Luise: Geschichte der Bundesrepublik Deutschland. München 2002.
Ritter, Gerhard; Niehuss, Merith: Wahlen in Deutschland 1946–1991. Ein Handbuch. München 1991.
Rödder, Andreas: Die Bundesrepublik 1969–1990 (= Oldenbourg Grundriss der Geschichte, Bd. 19a). München 2003.
Rödder, Andreas: Deutschland, einig Vaterland. Die Geschichte der Wiedervereinigung. München 2009.

Schildt, Axel: Die Sozialgeschichte der Bundesrepublik Deutschland bis 1989/90. München 2007.
Schmid, Carlo: Erinnerungen. München 1979.
Schmidt, Helmut: Weggefährten. Erinnerungen und Reflexionen. Berlin 1996.
Schumacher, Kurt: Reden und Schriften, hrsg. v. Arno Scholz und Walther G. Oschilewski (= Turmwächter der Demokratie. Ein Lebensbild von Kurt Schumacher, Bd. II). Berlin 1953.
Schwarz, Hans-Peter: Die Ära Adenauer. Die Gründerjahre der Republik 1949–

1957 (= Geschichte der Bundesrepublik Deutschland, Bd. 2). Stuttgart, Wiesbaden 1981.

Schwarz, Hans-Peter: Die Ära Adenauer. Epochenwechsel 1957–1963 (= Geschichte der Bundesrepublik Deutschland, Bd. 3). Stuttgart, Wiesbaden 1983.

Schwarz, Hans-Peter: Adenauer, Bd. I: Der Aufstieg, 1876–1952. Stuttgart 1986; Bd. II: Der Staatsmann, 1952–1967. Stuttgart 1991.

Schwarz, Hans-Peter: Konrad Adenauers Regierungsstil. Bonn 1991.

Schwarz, Hans-Peter: Anmerkungen zu Adenauer. München 2004.

Schwarz, Hans-Peter (Hrsg.): Die Bundesrepublik Deutschland. Eine Bilanz nach 60 Jahren. München 2008.

Seebacher, Brigitte: Willy Brandt. München, Zürich 2004.

Soell, Hartmut: Helmut Schmidt, Bd. 1: 1918–1969. Vernunft und Leidenschaft. München ^{2}2004; Bd. 2: 1969–heute. Macht und Verantwortung. München 2008.

Sontheimer, Kurt: Die Adenauer-Ära. Grundlegung der Bundesrepublik. München 2003.

Strauß, Franz Josef: Die Erinnerungen. Berlin 1989.

Thoß, Bruno: NATO-Strategie und nationale Verteidigungsplanung. Planung und Aufbau der Bundeswehr unter den Bedingungen einer massiven atomaren Vergeltungsstrategie 1952–1960. München 2006.

Thränhard, Dietrich: Geschichte der Bundesrepublik Deutschland. Frankfurt am Main 1986.

Treffke, Jörg: Gustav Heinemann – Wanderer zwischen den Parteien. Eine politische Biographie. Paderborn 2009.

Venohr, Wolfgang (Hrsg.): Die deutsche Einheit kommt bestimmt. Bergisch Gladbach 1982.

Wehler, Hans-Ulrich: Deutsche Gesellschaftsgeschichte. Bd. 5: Von der Gründung der beiden deutschen Staaten bis zur Vereinigung 1949–1990. München 2008.

Winkler, Heinrich August: Der lange Weg nach Westen, Bd. 2: Deutsche Geschichte vom »Dritten Reich« bis zur Wiedervereinigung. München 2000.

Wirsching, Andreas: Abschied vom Provisorium. Geschichte der Bundesrepublik Deutschland 1982–1990 (= Geschichte der Bundesrepublik Deutschland, Bd. 6). München 2006.

Wolfrum, Edgar: Die Bundesrepublik Deutschland (1949–1990) (= Der Neue Gebhardt, Bd. 23). Stuttgart 2005.

Wolfrum, Edgar: Die geglückte Demokratie. Geschichte der Bundesrepublik Deutschland von ihren Anfängen bis zur Gegenwart. Stuttgart 2006.

Register

Der Autor

Thomas Brechenmacher, geboren 1964 in Immenstadt/Allgäu, studierte Geschichte, Germanistik und Philosophie in München. Er wurde 1995 an der FU Berlin zum Dr. phil. promoviert und habilitierte sich 2003 an der Universität der Bundeswehr in München, an der er seit 1995 als Wissenschaftlicher Mitarbeiter wirkte. Auf Gast- und Vertretungsdozenturen am Deutschen Historischen Institut in Rom sowie an der Universität Passau folgte 2007 die Berufung Thomas Brechenmachers auf die Professur für Neuere Geschichte II am Historischen Institut der Universität Potsdam.

»Deutsche Geschichte im 20. Jahrhundert«

Mit der Reihe »Deutsche Geschichte im 20. Jahrhundert« wendet sich erstmals eine junge Generation von Historikern dem gerade zu Ende gegangenen »deutschen Jahrhundert« zu. In 16 populär geschriebenen Bänden werfen sie einen unverstellten Blick auf Alltag, Kultur, Politik und Wirtschaft vom Kaiserreich bis zur Berliner Republik.

Jeder Band ca. 208 Seiten, ca. 20 Abb., 19,90 € [D] / 33,80 SFr / 20,50 € [A]

Bd. 1: Frank-Lothar Kroll
Geburt der Moderne. Politik, Kultur und Gesellschaft im deutschen Kaiserreich 1900–1917. *Erscheint Herbst 2011*

Bd. 2: Jürgen Angelow
Der Weg in die Urkatastrophe. Der Zerfall des alten Europa 1900–1914. *Bereits erschienen*

Bd. 3: Sönke Neitzel
Weltkrieg und Revolution. 1914–1918/19. *Bereits erschienen*

Bd. 4: Hans-Christof Kraus
Versailles und die Folgen. Die Außenpolitik zwischen Revisionismus und Verständigung (1919–1933). *Erscheint ca. Frühjahr 2011*

Bd. 5: Peter Hoeres
Die Kultur von Weimar. *Bereits erschienen*

Bd. 6: Hendrik Thoß
Demokratie ohne Demokraten? Die Innenpolitik der Weimarer Republik. *Bereits erschienen*

Bd. 7: Riccardo Bavaj
»Machtergreifung« und »Gleichschaltung«. Die Diktatur des Nationalsozialismus. *Erscheint ca. Herbst 2011*

Bd. 8: Lars Lüdicke
Die Außenpolitik des Dritten Reiches 1933–1945. *Bereits erschienen*

Bd. 9: Alexander Brakel
Der Holocaust. Judenverfolgung und Völkermord. *Bereits erschienen*

Bd. 10: Rainer F. Schmidt
Der Zweite Weltkrieg. Die Zerstörung Europas. *Bereits erschienen*

Bd. 11: Matthias Uhl
Die Teilung Deutschlands. Niederlage, Ost-West-Spaltung und Wiederaufbau 1945–1949. *Bereits erschienen*

Bd. 12: Carsten Kretschmann
Zwischen Spaltung und Gemeinsamkeit. Kultur in Deutschland 1945–1989. *Erscheint ca. Herbst 2010*

Bd. 13: Thomas Brechenmacher
Die Bonner Republik. Politisches System und innere Entwicklung der Bundesrepublik. *Bereits erschienen*

Bd. 14: Stefan Creuzberger
Westintegration und Neue Ostpolitik. Die Außenpolitik der Bundesrepublik. *Bereits erschienen*

Bd. 15: Winfrid Halder
Von Ulbricht zu Honecker. Die DDR 1949–1989. *Erscheint ca. Frühjahr 2011*

Bd. 16: Manfred Görtemaker
Die Berliner Republik. Wiedervereinigung und Neuorientierung. *Bereits erschienen*